비트코인
사용설명서

웹 3.0 시대 넥스트 머니의 주인이 되는 법

비트코인 사용설명서

초판 1쇄 인쇄 2024년 7월 17일
초판 1쇄 발행 2024년 7월 24일

지은이 백훈종
발행인 선우지운
편집 이주희
디자인 박선향
마케팅 김단희
제작 예인미술

출판사 여의도책방
출판등록 2024년 2월 1일(제2024-000018호)

이메일 yidcb.1@gmail.com
ISBN 979-11-987010-7-7 03320

비트코인 사용설명서

백훈종 지음

여의도 책방

내가 비트코인을 사랑하는 이유

누구나 살다 보면 어려운 시기가 온다. 나도 갑자기 경제적으로 어려워진 시기가 있었다. 미국에서 대학교를 다니던 중에 아버지의 사업이 망해서 학비조차 감당하기 어려운 형편이 되었다.

지금 와서 생각해 보면 지금의 나를 있게 해준 고마운 경험이지만 당시에는 무척 힘들었다. 하지만 원래부터 긍정적인 성격인 나는 그럴수록 더 열심히 사는 게 최선의 해결책이라고 생각했다.

무사히 학교를 졸업하고 취직해서 회사 생활도 열심히 했다. 그러다가 5년 차 대리로 진급한 지 얼마 되지 않은 어느 날, 불현듯 앞으로 이렇게 5년을 더 다녀도 상황이 크게 나아지지는 않겠다는 생각이 들었다.

새로운 물결에 올라타다

그렇게 이직한 회사가 바로 코인원이다. 당시만 해도 나는 블록체인과 암호화폐에 큰 관심도, 지식도 없었지만 그냥 무작정 가장 혁신적인 분야에서 일해 보고 싶었다. 코인원은 2017년 찾아온 엄청난 비트코인 상승장 덕분에 성공가도를 달리고 있었고, 더 큰 성장을 위해 국외 진출을 고민 중이었기 때문에 나같이 암호화폐에 대해서는 잘 모르지만 외국어 능력과 해외 네트워크가 있는 사람들이 필요했다. 그렇게 나는 운 좋게 국내 암호화폐 업계에서 가장 똑똑한 사람들이 모인 스타트업에서 암호화폐 업계 커리어를 시작했다.

그때부터 정말 수많은 암호화폐를 공부하고 투자하고 경험했다. 거래소는 일반 투자자들이 다양한 종류의 암호화폐를 거래하는 플랫폼이다. 그렇기 때문에 거래소 직원들은 자연스럽게 그곳에서 다루는 모든 암호화폐들을 아주 디테일한 수준까지 들여다보게 된다. 그때 읽어본 백서가 수백여 개에 달한다.

백서에는 기술적인 내용이 많아서 뭐든 한 번에 이해하기가 어려웠다. 내용을 이해하기 위해 최소 두세 번씩은 정독했고 그래도 이해가 안 되면 옆자리에 앉은 개발자들에게 물어봤다. 그래도 이해가 안 되면 사비로 해당 코인을 사봤다. 코인이 대체 어디에 쓰이는지, 어떤 매커니즘으로 가격이 올라가는지 이해하는 데는 역시 직접 투자가 최고였다.

그렇게 나는 한동안 하루가 멀다 하고 등장하는 새로운 암호화폐들과 그들이 내세우는 혁신적인 토크노믹스를 연구했다. 그리고 스스로 전문가가 되어간다고 생각했다. 블록체인 기술은 비트코인으로 시작해 이더리움으로 진화했으며, 앞으로 더 기술력이 뛰어난 암호화폐들이 계속해서 블록체인 기술을 발전시킬 것이라 생각했다. 그리고 이 모습이 2000년대 초반 인터넷 산업의 폭발적인 성장과 매우 닮았다고 믿었다. 내가 공부한 암호화폐들 중 2000년대의 아마존과 구글에 해당하는 종목을 찾아 투자하기만 하면 대박이 나리라 믿었다.

이게 엄청난 착각이라는 걸 깨닫는 데는 그리 오랜 시간이 걸리지 않았다. 내가 하나부터 열까지 직접 서칭해서 성공 가능성이 높다고 평가한 암호화폐들이 얼마 안 가 소리소문없이 사라져버리는 일이 허다하게 일어났다. 모두 혁신적인 기술과 유능한 팀, 든든한 투자자 라인업까지 갖춘 회사들이었다.

가짜 암호화폐들이 활개 치다

러그풀처럼 대놓고 투자금을 떼어먹고 잠적하는 사기 행위도 있었지만 코인을 대중에게 판매(ICO)하며 약속한 로드맵을 제대로 지키지 않고, 코인 가격이 떨어져도 방치하는 '조용한 러그풀'이 더 많았다. 2018년 국내에서 열린 크고 작은 암호화폐 컨퍼런스에 참석하면 알트코인 ICO에 참여했다가 물린 투자자들을 쉽게 볼 수 있었다. 그들은 부스를 차린 프로젝트 팀에게 언제 코인 가격이 올라가는지, 언제 대형 거래소에 상장하는지 따졌다. 결과적으로 이 투자자들 중 대부분은 투자금을 모두 날렸다.

'블록체인'과 '탈중앙성'을 내세워 자신들을 홍보하는 암호화폐들 중 진짜 탈중앙화된 암호화폐는 거의 없다는 사실이 나에게 커다란 충격으로 다가왔다. 혁신적인 신기술과 유명한 창업자의 화려한 명함 뒤에 숨겨진 '무늬만 탈중앙화'된 구조, 그로부터 파생된 위선의 문제는 거의 대부분의 암호화폐가 지닌 치명적인 약점이었다. 백서를 아무리 복잡하고 길게 적은들 무슨 소용인가? 투자자들에게 일단 코인만 팔고 그 다음 약속은 지키지 않으면 그만인 것을.

그때부터 암호화폐가 지닌 고질적인 문제가 무엇인지, 해결 방안은 없는지 알아내기 위해 여러 권의 전문서적들을 찾아 읽었다. 블록체인 분야 전문가들의 강연 영상을 찾아보기도 했다. 공대생이나 개발자 출신도 아닌 내가 컴퓨터 코드로 이루어진 암호화폐 구조를 이해하는 건 정말 힘들었다.

해결책, 돈의 인터넷

그 시기에 안드레아스 안토노폴루스의 『Internet of Money』라는 책을 읽었다(국내에선 '비트코인, 그 시작과 미래'라는 제목으로 출간되었다). 원제를 우리말로 번역하면 '돈의 인터넷'인데, 처음에는 이 개념이 잘 이해가 되지 않았다. '인터넷의 돈'도 아니고 '돈의 인터넷'이라니 이게 대체 무슨 뜻이란 말인가? 물론 지금은 이만큼 비트코인을 완벽히 설명하는 표현이 없다고 생각한다.

안토노폴루스는 시스템과 정보보안 전문 컴퓨터 과학자 출신으로 2012년부터 비트코인에 매료돼 이 산업에 뛰어든 인물이다. 그는 전 세계를 다니며 비트코인 강연을 하는데, 『Internet of Money』는 그의 강연 내용을 텍스트로 바꿔 책으로 묶은 것이다. 152쪽밖에 안 되는 얇은 책이지만 대부분의 암호화폐가 지닌 근본적인 문제에 대한 해결책을 완벽히 제시한다. 그 해결책은 바로 다름 아닌 비트코인이다.

내가 몸담은 '암호화폐 산업'에서 비트코인은 마치 2G폰 같은 낡은 기술로 받아들여진다. 이는 국내와 국외 모두 마찬가지다. 비트코인의 가치를 조금 더 높게 매기는 사람들조차도 비트코인을 '가치저장 수단이자 디지털 골드'로써는 인정하지만 그 이상의 역할은 할 수 없다고 여긴다. 여기서 그 이상의 역할이라 함은 2000년대 초 인터넷이 불러온 파급력에 버금갈 엄청난 사회적 변혁을 말한다. 인터넷이 우리에게 지구 반대편 사람들과 언제나 실시간으로 '정보'를 교류할 수 있는 세상을 가져다주었듯, 암호화폐는 지구 반대편 사람들과 실시간으로 '가치'를 교류할 수 있는 세상을 가져다주는 변혁이다. 그리고 나는 비트코인이 인터넷만큼이나 세상을 변화시킬 혁신이라고 생각한다.

비트코인, 가장 강력한 가치 전달 네트워크

비트코인을 단순히 장기적으로 가격이 우상향하는 투자자산으로 보면 곤란하다. 이제 비트코인 ETF가 출시되어 기관자금이 들어오고 있으니 예전 같은 급격한 가격 상승은 보기 어려울 것이라는 전망도 틀렸다. 이는 모두 비트코인을 그저 수많은 암호화폐 종목들 중 하나일 뿐이라고 생각하기 때문에 나오는 얕은 수준의 분석이다. 네트워크로써의 비트코인과 코인으로써의 비트코인을 구분하지 않으면 비트코인 가격이 왜 오르는지 이해할 수 없다. 비트코인은 코인이기 이전에 네트워크다(이 개념에 대해서는 본문에서 더 제대로 설명할 것이다).

모든 네트워크는 거기에 참여하는 사용자 수가 늘어날수록 네트워크의 가치는 기하급수적으로 상승하는 '메칼프의 법칙'을 따른다. 한 번 사용자 수가 기하급수적으로 늘어나기 시작한 네트워크는 그 성장 속도가 워낙 가파르기 때문에 후발주자들이 도저히 따라갈 수 없게 된다. 그래서 네트워크끼리의 경쟁에서 어느 정도 승자가 정해지면 그 승자가 아주 오랫동안 해당 카테고리의 모든 사용자를 흡수하는 승자독식 현상으로 이어진다. 구글, 아마존, 페이스북은 벌써 20년 넘게 각자의 영역에서 우리의 일상생활을 완전히 독차지해 왔다.

비트코인은 가장 강력하고 오래된 가치 전달 네트워크다. 그런데도 그 역사가 15년밖에 되지 않았다. 인터넷이 1960년대 미 국방성의 한 프로젝트에서 시작해 2000년대 닷컴버블을 통해 꽃을 피우기까지 40년의 세월을 견딘 것처럼, 비트코인도 앞으로 더 오랜 시간 동안 FUD(Fear, Uncertainty, Doubt)에 시달릴 것이다. 앞으로 얼마나 걸릴지는 모르겠지만 비트코인 '네트워크'가 본격적으로 대중화되기 전까지 조용히 비트코인 '코인'을 모을 수 있다는 것은 개인적으로 매우 신나는 일이다.

이 엄청난 부의 기회를 붙잡은 여러분들에게 미리 축하의 말을 건넨다. 부디 이 책을 끝까지 읽고 진짜 비트코인의 가치를 깨닫기 바란다. 그리고 앞으로 '돈의 인터넷'이 불러올 변혁의 물결에 올라타길 기원한다.

차 례

Part 2
비트코인의 백그라운드, 웹 3.0

일러두기

소셜미디어 기업이자 서비스의 이름인 '트위터'는 2023년 말경 엑스홀딩스가 기업을 흡수합병하며 이름이 '엑스'로 변경되었다. 본문에서는 편의상 시기와 상관없이 모두 '트위터'로 표기했다.

PART 1

■

아무도 믿지 않았던 '비트코인 1억 간다'

Chapter 1

비트코인 ETF 승인이 불러올 변화는 무엇일까?

비트코인은 글로벌 경제의 새로운 표준이 될 것이다.
_팀 드레이퍼

2024년 1월 10일, 암호화폐 투자자라면 누구나 손꼽아 기다렸을 그날, 미국 증권거래위원회(SEC)가 계류 중이던 열한 개의 비트코인 현물 ETF 종목의 상장 및 거래를 한꺼번에 승인했다. 2013년 첫 신청이 거절된 후 10년 넘게 SEC의 문턱을 넘지 못하던 비트코인 현물 ETF가 마침내 세상에 등장했다.

그러나 비트코인 가격은 승인 당일부터 연일 하락했다. ETF 승인이 대규모 기관 자금의 유입으로 이어져 곧이어 대세 상승장이 시작될 것이라 믿었던 투자자들의 바람과는 정반대 움직임이었다. 이유가 무엇일까?

GBTC발 자금 유출에 주목하자

일차적인 원인을 찾자면 특정 신탁상품에서 자금이 지속적으로 빠져나갔기 때문이다. 바로 그레이스케일 비트코인 투자신탁(GBTC: Grayscale Bitcoin Trust)이다.

현물 ETF 출시 전 기관 투자자들이 비트코인에 투자하는 거의 유일한 방법은 그레이스케일에서 출시한 신탁상품인 GBTC에 투자하는 것이었다. 그런데 GBTC는 장외시장에서만 거래되는 상품이라 유동성이 낮고, 한 번 매수하면 6개월 동안 팔 수 없었다. 이 때문에 상품의 자산가치(NAV)가 비트코인 현물 대비 40퍼센트까지 낮아지기도 했다. 2024년 1월 10일 승인된 현물 ETF 중에는 이 GBTC 신탁상품도 포함되었는데, 그레이스케일이 GBTC 신탁상품을 ETF로 전환해서 증시에 상장하게 해달라고 SEC에 신청했기 때문이다. 그 덕에 GBTC ETF는 1월 11일 거래가 개시됨과 동시에 약 280억 달러 규모 자금이 실시간 현금 환매가 가능해졌다. 다른 열 개의 ETF와는 다르게 GBTC에서는 1월 11일부터 지속적으로 자금이 빠져나가, 5일(거래일 기준) 동안 약 50억 달러가 순유출되었다. 이는 같은 기간 나머지 열 개 ETF 종목에 유입된 약 23억 달러의 두 배를 상회하는 규모다.

하지만 GBTC발 자금 유출은 시간이 지나면서 점차 안정화될 것이다. GBTC 투자자들이 지금 ETF를 매도하면 대규모 수익을

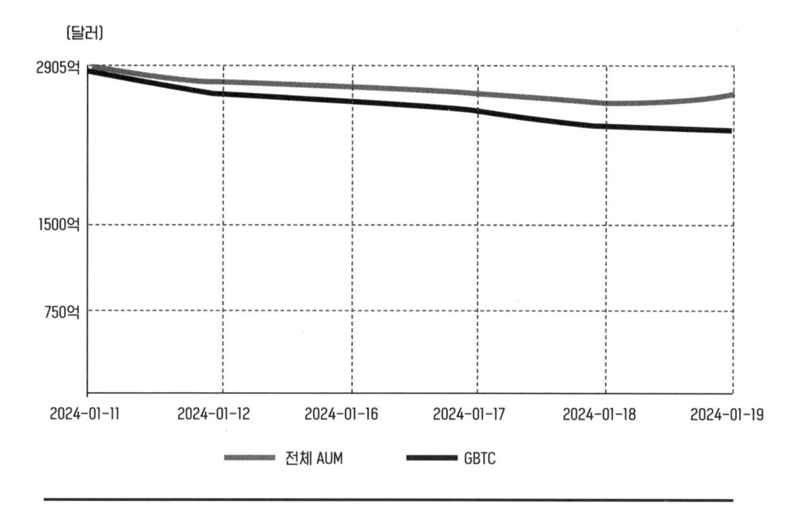

GBTC에서 발생하는 자금 순유출 때문에 AUM(ETF 총 운용자산) 규모도 줄어들고 있다. (출처: bitcoinetffundflow.com)

실현하고 그레이스케일에 지불해야 하는 연 1.5퍼센트의 운용수수료도 아낄 수 있지만, 동시에 엄청난 자본이득세를 물어야 한다. 미국의 자본이득세율은 소득 구간과 투자 기간에 따라 다르긴 하지만 최고 25퍼센트로 적지 않은 수준이다.

참고로 얼마전 GBTC 포지션을 모두 청산한 캐서린 우드[1]의 아크 인베스트먼트(Ark Investment) 매수 평균 단가는 24.08달러로 알려졌다. 만약 1월 19일 종가인 35달러에 매도했다면 주당 10.92달러의 수익에 대해 20퍼센트의 세금을 냈을 것이다. 만약 1억 달러를 투자했다면 이에 따른 수익은 3억 달러로, 최고 세율 구간인

1 캐시 우드, 한국에서는 '돈나무 언니'라는 별칭으로도 불린다.

25퍼센트에 해당돼 7500만 달러를 세금으로 내야 한다.

이런 큰 세금을 국세청에 내느니 ETF를 조금 더 보유하면서 추가로 가격이 오르길 기다리는 투자자들도 많을 것이다. 특히 비트코인 투자자들 사이에서는 2024년 4월 비트코인 반감기 이후 6~12개월 안에 비트코인 가격이 전 고점을 돌파할 가능성을 높게 점치는 분위기라 GBTC발 자금 순유출은 시간이 가며 점차 수그러들 것으로 보인다.

고액자산가가 BTC를 사는 이유

미국에서 고액자산가의 자산을 전문으로 관리해 주는 자산관리사들은 무려 100조 달러의 자금을 굴리는 것으로 알려져 있다.

비트코인 ETF는 바로 이 자산관리사들이 비트코인을 본격적으로 포트폴리오에 편입할 수 있다는 면에서 의미가 크다. 우선은 평소 비트코인에 관심이 있던 소수의 자산관리사들이 본인 포트폴리오에 직접 ETF를 담아볼 것이다. 어느 정도 비트코인에 대한 이해도가 올라가면 그 다음엔 본인이 관리하는 고객들 중 비트코인을 매수하고 싶어 하는 사람들을 위해 ETF를 추천할 것이다. 처음엔 포트폴리오의 1퍼센트 정도로 시작하겠지만, 비트코인의 훌륭한 위험 대비 수익률을 직접 경험하고 나면 그 비중을 점차 늘려나갈 것이다.

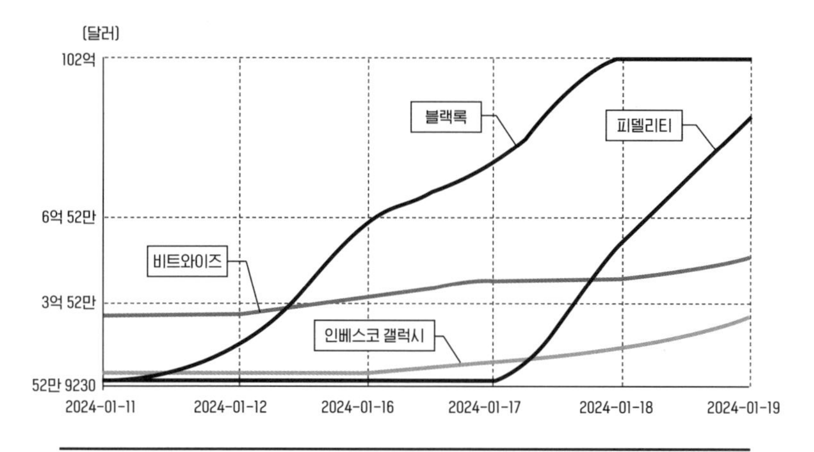

블랙록과 피델리티의 AUM이 큰 폭으로 상승했다. (출처: bitcoinetffundflow.com)

이번에 비트코인 ETF 발행사 목록에 이름을 올린 블랙록(BlackRock), 피델리티(Fidelity) 등 대형 기관들도 바로 이 자산관리사들을 통해 자사 상품을 고객들에게 홍보하고 판매한다. ETF 거래 개시 후 5거래일 만에 블랙록과 피델리티 두 기관에 들어온 자금만 벌써 20억 달러 가까이 된다. 분명 아직도 엄청난 규모의 대기 수요가 있음을 의미한다.

2023년 10월, 비트코인 ETF 발행사 중 한 곳인 비트와이즈(Bitwise)에서 437명의 미국 내 자산관리사를 대상으로 비트코인 및 암호화폐에 대한 관심도를 알아봤다. 이 설문조사 결과를 살펴보면 자산관리사들의 비트코인에 대한 관심이 어느 정도인지 알 수 있다.

24%	1 ~ 2499만 달러
17%	2500만 ~ 4999만 달러
19%	5000만 ~ 9999만 달러
24%	1억 ~ 4억 9999만 달러
5%	5억 ~ 9억 9999만 달러
7%	10억 ~ 99억 9000만 달러
2%	100억 ~ 499억 9000만 달러
0%	500억 ~ 999억 9000만 달러
2%	1조 달러 이상

설문에 참여한 자산관리사의 운용자산 규모별 비율이다. (출처: 비트와이즈)

44%	개인 투자 자문업자
27%	독립 주식 중개인
16%	재무설계사
4%	종합증권사 대표
4%	기관 투자자(연금, 기부금, 재단 등)
5%	기타(패밀리 오피스, 프라이빗 뱅크 자산 관리 등)

설문에 참여한 자산관리사의 업무 형태별 비율이다. (출처: 비트와이즈)

우선 비트코인 현물 ETF 승인 가능성에 대해 2023년의 자산관리사들은 어떻게 생각했었는지 알아보자. 미국에서 언제 현물

ETF가 승인될 것 같냐는 질문에 단 39퍼센트만이 2024년에 승인될 것 같다고 응답했다. 22퍼센트는 2025년에, 24퍼센트는 그 이후에, 그리고 12퍼센트는 절대 승인되지 않을 것이라 답했다.

2023년	2%
2024년	39%
2025년	22%
2025년 이후	24%
절대 승인되지 않을 것이다	12%

'미국에서 비트코인 ETF가 언제 승인될 것 같나?'라는 질문에 대한 답변이다. (출처: 비트와이즈)

암호화폐 업계에서 2024년 1월 10일이나 그 이전에 일괄 승인될 확률을 아주 높게 점쳤던 것과는 대조되는 결과다. 그도 그럴 것이, 암호화폐 업계에서는 그레이스케일과 SEC의 소송 결과 및 그 안의 디테일한 내용들까지 자세하게 팔로업하니 SEC가 코너에 몰렸다는 것을 잘 알았다. 그러나 비트코인 뉴스를 관심 있게 보지 않는 자산관리사들은 지난 10년간 계속 승인 거절된 비트코인 ETF가 갑자기 승인되리라 예상치 못했을 것이다.

아직 비트코인에 본인이나 고객의 자산을 투자해 본 적이 없는 자산관리사들 중 88퍼센트는 현물 ETF가 출시된 후에 비트코인에 투자할 것이라 답했다. 관심을 보인 주체가 본인이든 그들이 관리하는 고객이든 간에 대부분의 자산관리사들이 비트코인 ETF를 중요하게 보았다.

현물 ETF가 출시되기 전	12%
현물 ETF가 출시된 이후	88%

'언제 비트코인에 투자하고 싶은가?'라는 질문에 대한 답변이다. (출처: 비트와이즈)

자산관리사들은 고객 포트폴리오에 비트코인을 추가하기 위한 선결 조건으로 '더 나은 규제 상황(50퍼센트)'과 '현물 ETF 출시(14퍼센트)'를 꼽았다. 만약 지금 비트코인에 투자할 수 있다면 여러가지 방법들 중 어느 것을 택하겠느냐는 질문에도 64퍼센트가 ETF를 선택했다.

규제 개선	50%
현물 기반 ETF 출시	14%
더 나은 교육	10%
더 나은 커스터디 솔루션	9%
변동성 감소	4%
더 쉬운 거래	3%
그 외	10%

'다음 중 어떤 조건이 해결되면 마음 편히 암호화폐에 투자할 것인가?'라는 질문에 대한 답변이다. (출처: 비트와이즈)

상장지수 펀드	64%
개별 코인의 직접 소유	13%
전통적인 뮤추얼 펀드	1%
별도 관리 계좌(SMA)	4%
펀드 오브 펀드	2%
사모 펀드	1%
폐쇄형 펀드	1%
헤지 펀드	0%
그 외	7%

'만약 모든 옵션이 가능하다면 다음 중 어떤 방법으로 암호화폐에 투자하고 싶은가?'라는 질문에 대한 답변이다. (출처: 비트와이즈)

불확실한 규제는 자산관리사들이 고객에게 비트코인을 적극적으로 추천하지 못하는 가장 큰 이유로 보인다. 비트코인에 처음 투자하거나 비중을 늘리는 것을 가로막는 가장 큰 이유로 '규제에 대한 우려'가 3년 연속 1위를 차지했다(64퍼센트).

참고로 가격 변동성에 대한 우려가 2022년에는 60퍼센트였는데 다음 해인 2023년에는 47퍼센트로 크게 감소한 것이 매우 흥미롭다. 비트코인의 장기적인 가치를 깨달은 자산관리사가 그만큼 늘었다고 볼 수 있다.

	2021	2022	2023
규제 우려	60%	65%	64%
너무 높은 변동성	53%	60%	47%
암호화폐 자산의 가치를 평가하는 방법을 모른다	34%	48%	42%
ETF 또는 뮤추얼 펀드처럼 접근이 쉬운 투자 수단이 부족하다	32%	32%	42%
보관 문제/해킹에 대한 두려움	31%	38%	31%
이해 부족	28%	25%	24%
암호화폐 자산이 범죄 활동과 연관된다	13%	18%	21%
고객과 암호화폐에 대해 이야기할 자신이 없다	18%	16%	16%
암호화폐는 사기다	5%	15%	14%
암호화폐 자산은 거품이 있다	16%	7%	12%
동료들 사이의 평판에 리스크가 있다	7%	10%	7%
기타	5%	9%	14%

'암호화폐 투자를 늘리거나 시작하는 것을 가로막는 문제가 무엇인가?'라는 질문에 대한 답변이다. (출처: 비트와이즈)

결국 지금까지 미국 내 자산관리사들이 고객 포트폴리오에 비트코인을 추천하고 편입하지 못한 가장 큰 이유는 비트코인에 대한 규제가 불명확해서다. 고객 포트폴리오에 비트코인을 비롯해 어떤 암호화폐라도 편입해 보았다는 자산관리사는 전체 응답자들 중 단 11퍼센트에 불과했다.

	2019	2020	2021	2022	2023
네	6%	9%	16%	15%	11%
아니오	94%	91%	84%	85%	89%

'지금 고객 계정으로 암호화폐에 투자하는가?'라는 질문에 대한 답변이다. (출처: 비트와이즈)

그런 반면 자신의 자문 영역 밖에서 고객들이 스스로 비트코인에 투자한다고 밝힌 자산관리사의 비율은 59퍼센트나 되었다. 따라서 자산관리사들에게 비트코인 현물 ETF의 출시는 분명 새로운 먹거리의 등장이라 볼 수 있다.

	2019	2020	2021	2022	2023
모두가 한다	1%	2%	6%	14%	1%
일부가 한다	34%	34%	62%	45%	58%
모른다	37%	38%	19%	24%	18%
하지 않는다	27%	26%	14%	17%	23%

'고객들이 스스로 암호화폐에 투자하는가?'라는 질문에 대한 답변이다. (출처: 비트와이즈)

이미 비트코인을 고객 포트폴리오에 편입한 자산관리사들의 경우, 포트폴리오에서 비트코인이 차지하는 비중이 늘어나고 있다. 2023년에는 고객 자산의 3퍼센트 이상을 암호화폐에 배분했다는 자산관리사의 비율이 47퍼센트에 이르렀다. 이는 2022년 대비 두 배 이상 오른 수치다.

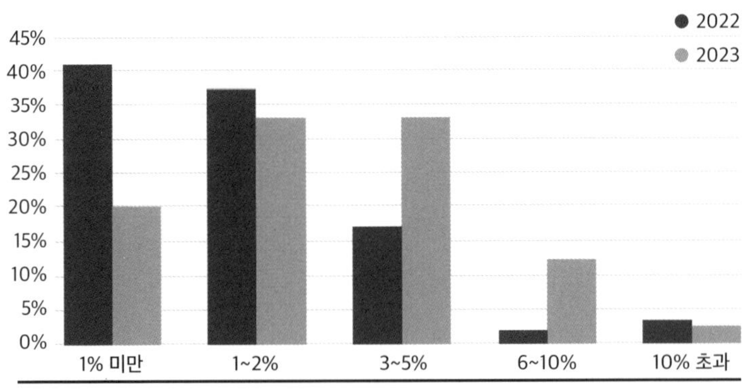

'고객 포트폴리오에서 암호화폐를 포함한 경우 전체 대비 암호화폐가 차지하는 비중은?'이라는 질문에 대한 답변을 정리한 그래프이다. 가로축이 암호화폐 투자 비율, 세로축이 그에 해당하는 자산관리사 비율이다. (출처: 비트와이즈)

비트와이즈의 설문조사 결과를 종합해 보면, 미국에서 100조 달러를 주무르는 자산관리사들은 분명 고객 포트폴리오의 안정적인 수익 창출을 위해서 비트코인에 대한 관심을 점점 높여가는 중이다.

그러나 지금까지는 비트코인 관련 규제에 대한 불확실성 때문에 공격적인 자산 배분을 꺼려왔다. 고무적인 사실은 상당수의 자산관리사들은 미국 내 현물 ETF 출시가 이 우려를 상당 부분 해소할 것이라 기대한다는 점이다.

비트코인 ETF를 통한 본격적인 자금 유입은 향후 몇 개월에서 몇 년에 걸쳐 천천히 일어날 것이다. ETF의 정식 출시는 비트코인 유입을 막는 장막을 한꺼풀 걷어냈지만 그렇다고 비트코인에 대한 인식이 하루아침에 변하리라 기대하는 것은 무리다.

처음에는 자산관리사 자신의 계정으로, 그 다음에는 비트코인 투자를 원하는 소수 고객들의 계정으로, 그 다음에는 그 고객들의 비중을 1퍼센트에서 2퍼센트, 3퍼센트, 5퍼센트로 서서히 늘려갈 것이다.

마지막으로 한 가지 재미있는 사실. 2023년 비트와이즈 설문조사 응답자들 중 무려 71퍼센트가 2024년에도 비트코인이 이더리움보다 전망이 좋다고 대답했다. 2022년에는 이 전망이 53퍼센트 대 47퍼센트로 비등비등했던 것에 비해, 1년이 지나서는 두 암호화폐에 대한 자산관리사들의 견해가 크게 벌어진 모습이다. 올해 비트코인과 이더리움의 가격을 보면서 과연 자산관리사들의 견해가 맞는지 지켜보는 것도 좋은 관전 포인트가 될 것 같다.

Chapter 2

중국인들은 왜 암호화폐에 진심일까?

비트코인은 전 세계적으로 자유로운 송금을
가능하게 한다.

_피터 틸

2024년 1월, 홍콩에서 열린 '2024 아시아금융포럼(Asian Financial Forum)'에 참가했다. 10년 만에 방문한 홍콩은 과거와 많이 달랐다. 노란우산 시위와 코로나19 팬데믹을 거치며 거의 7만 명의 홍콩인들이 고향을 떠났고, 그 자리는 중국인들이 채웠다. 현재 홍콩 인구의 약 40퍼센트가 중국 본토에서 이주해 온 중국인이라는 통계도 있다. 그래서 그런지 어디를 가든 광동어와 영어만 들리던 과거와 달리 북경어로 대화하는 사람들을 자주 마주쳤다.

하루는 홍콩 센트럴 지역 번화가인 애드미럴티역 근처를 거닐고 있는데, 비트코인과 이더리움 가격이 적힌 커다란 전광판이 눈

홍콩 센트럴 번화가에 위치한 오프라인 암호화폐 환전소 '크립토 판다'의 모습이다. (출처: 저자)

에 들어왔다. '크립토 판다(Crypto Panda)'라는 이름이 간판에 적힌 이 매장은 알고보니 현금을 암호화폐로 환전해 주는 오프라인 거래소였다.

홍콩 오프라인 암호화폐 환전소의 역할

홍콩의 비즈니스 중심가 및 쇼핑 거리에는 이런 오프라인 암호화폐 환전소 매장이 곳곳에 자리했다. 이 상점들은 별다른 규제를 받지 않고 운영된다고 한다. 최소금액 500홍콩달러(약 64달러)로 암호화폐를 구매할 수 있으며, 신분증 제시를 비롯한 어떠한 신원

인증도 할 필요가 없다.

이 환전소를 이용하는 주요 고객은 바로 중국인들이다. 중국 상하이 금융업계 종사자들은 중국 경제와 주식시장이 내리막길이라는 사실을 깨달은 2023년 초부터 자신들의 자산을 암호화폐로 조금씩 옮기기 시작했다. 참고로 중국에서는 2021년부터 암호화폐 거래와 채굴이 전면 금지된 상태다.

개인들은 보통 소규모 지방 상업은행에서 발급한 은행 직불카드를 이용하여 암시장 딜러를 통해 암호화폐를 구매한다. 이때 정부의 감시를 피하기 위해 거래 한도를 5만 위안(약 7000달러)으로 제한한다. 이들이 이렇게 하면서까지 암호화폐를 사는 이유는 전통적인 투자 분야에서는 더 이상 기회를 찾기가 어렵기 때문이다. 중국 주식과 부동산 등 대표적인 위험자산의 투자 실적은 지난 수년간 저조했다. 중국인들은 중국 경제가 중요한 전환기를 맞았음을 피부로 느끼고 있다.

지난 3년 동안 중국 정부의 부동산 부문에 대한 단속은 중국인들이 전통적으로 가계 저축 포트폴리오의 주축으로 삼았던 주택 가격에 큰 타격을 입혔다. 그 피해는 주식시장에까지 고스란히 전해졌다. 중국 상하이 및 심천 거래소에 상장된 300개 대형주를 대상으로 하는 CSI300 지수는 2021년 초 이후 가치가 절반으로 떨어졌다.

반면 비트코인 가격은 2023년 10월 중순 이후 50퍼센트나 급등했다. 중국 주식시장이 지난 3년 동안 침체기를 겪으며 자신들의 포트폴리오 수익률이 반토막 나는 것을 경험한 중국인들은 이제 비트코인을 금과 같은 안전한 피난처로 인식한다. 점점 더 많은 중국 투자자들이 자국 주식과 부동산 시장에 투자하는 것보다 비트코인이 더 안전한 수익률을 올려줄 것이라 기대한다. 그리고 그들이 비트코인에 투자하는 방법 또한 창의적으로 발전하고 있다.

이들은 주로 회색지대에서 암호화폐를 거래한다. 잘 알려졌다시피, 중국 본토에서는 암호화폐 거래가 금지되었고 국경을 넘는 자본 이동에 대한 엄격한 통제가 이루어진다. 하지만 사람들은 여전히 오케이엑스(OKX)나 바이낸스(Binance) 같은 암호화폐 거래소를 사용하며 각종 장외시장에서 P2P로 거래한다.

최근 나온 「로이터」 기사에 따르면 중국 본토에서 비트코인에 접근하는 것은 그리 어렵지 않다. OKX와 바이낸스 같은 거래소는 여전히 중국 투자자들에게 거래 서비스를 제공하며, 앤트그룹의 알리페이(Alipay)와 텐센트의 위챗페이(WeChat Pay) 같은 핀테크 플랫폼으로 달러를 통해 위안화를 스테이블코인[2]으로 전환해 암호화폐를 거래하도록 안내한다.

암호화폐 데이터 플랫폼 체이널리시스(Chainalysis)에 따르면 중국 내 암호화폐 관련 활동이 완전 금지된 2021년 대비 반등했으며, P2P 거래량 기준 세계 순위가 2022년 144위에서 2023년 13위

---

2 Stablecoin. 미국 달러와 1:1로 가치가 연동된 암호화폐. 테더(Tether)에서 발행한 USD테더(USDT), 써클(Circle)에서 발행한 USD써클(USDC)이 대표적이다. 이 코인들은 발행사가 매수하여 보유하는 미국 채권 등 달러 기반 현금성 자산으로 가치를 보장한다.

로 뛰어올랐다고 한다.

중국 암호화폐시장은 정부의 강력한 금지 조치에도 불구하고 2022년 7월부터 2023년 6월까지 약 864억 달러의 거래량을 기록했다. 이는 640억 달러의 암호화폐 거래량을 기록한 홍콩을 앞지른 수치다. 또한 1만 달러에서 100만 달러에 이르는 대형 거래의 비율도 전 세계 평균인 3.6퍼센트의 거의 두 배에 달했다.

중국의 암호화폐시장은 다시 번성하고 있다. 개인들의 강력한 수요 때문에 현지에서 디지털 자산 구매를 돕는 딜러들의 하루 거래량이 수백만 위안, 심지어 수천만 위안에 이른다고 한다. 특히 홍콩은 이들이 중국 정부의 감시에서 일부 자유로우면서도 합법적으로 암호화폐를 거래할 수 있는 곳으로 급부상했다. 홍콩 주민들은 보통 홍콩 정부가 라이센스를 발급하여 합법적으로 운영되는 해시키(Hashkey) 거래소를 통해 비트코인을 매수한다.

홍콩은 2023년 처음으로 싱가포르에게 아시아 금융 허브의 지위를 빼앗긴 후, 절치부심하여 옛 영광을 되찾기 위해 부단히 노력 중이다. 개인 투자자의 암호화폐 거래를 공개적으로 승인했고, 토큰증권(STO) 관련 규제를 내놓았다. 그리고 세 개 자산운용사가 신청한 비트코인과 이더리움 현물 ETF가 승인되어 2024년 4월 30일부터 거래 중이다. 암호화폐를 이용해 다시 아시아의 금융 허브 지위를 되찾기 위한 홍콩의 전략이 엿보인다.

중국인들은 외환거래 한도인 연간 5만 달러를 홍콩 내 계좌로 옮길 수 있다. 원래 중국 내부 규정에 따라 이 돈은 외국 여행이나 교육 등의 목적으로만 사용할 수 있다. 그러나 일단 홍콩의 오프라인 암호화폐 환전소에서 익명으로 환전된 이후에는 이 자금이 어디로 어떻게 흘러갔는지 확인하기 매우 어렵다.

개인 투자자들이 적극적으로 암호화폐에 뛰어들면서 중국의 자산관리사들 및 금융기관들도 뒤처지지 않으려 노력 중이다. 한동안 본국에서 좋은 투자기회를 찾지 못한 이들은 홍콩에서 암호화폐 관련 사업으로 돌파구를 모색하고 있다. 중국 내 주식시장 침체, 기업공개(IPO) 수요 약화, 기타 금융 서비스 산업 위축에 정통으로 타격받은 중국 기관 투자자들은 주주와 이사회에 알릴 성장 스토리가 필요한 상태다. 중국은행, 중국 자산관리공사(China AMC), 하베스트 펀드 매니지먼트(Harvest Fund Management) 등 기라성 같은 중국 내 대형 기관들은 모두 홍콩 자회사를 통해 디지털 자산을 취급하는 사업 진출을 준비 중인 것으로 알려졌다.

중국 금융당국이 이런 상황을 모를 리는 없다. 본토 자금이 비트코인을 통해 국외로 빠져나간다는 사실을 잘 알면서도, 동시에 비트코인이 지닌 잠재력 또한 잘 알기에 강하게 규제하지 않는 것으로 보인다. 엄연히 말하면 비트코인에 투자한다고 해서 반드시 자금이 국외로 반출되는 것은 아니다. 오히려 홍콩에 인가된 거래소와 잘 정리된 규제 체계를 갖춰 놓음으로써 주식과 부동산에서 빠져나온 자금을 다시 홍콩에 모여들게 할 수 있다. 싱가포르와 뉴욕 같은 금융 허브 도시들에서 유동성을 빼앗아 올 수도 있다. 따라서 홍콩을 통해 비트코인으로 유입되는 중국 본토 자금은 중국 내 주식과 부동산 시장이 침체기를 겪는 동안 지속적으로 늘어날 것으로 전망된다.

중국에서 금지된 것들의 공통점

최근 넷플릭스 한국 오리지널 시리즈 〈오징어 게임〉의 인기가 놀라웠다. 넷플릭스 시청 순위 전 세계 1위를 차지하는 등 글로벌 흥행에 성공하고 올해는 시즌2까지 예고되었다. 재미있는 것은 중국인들의 반응이다. 참고로 중국은 2016년 한반도 사드 배치 이후 공식적으로 한한령을 발표하여 자국 내 영화관, 방송국 및 동영상 플랫폼에 한류 콘텐츠 방영을 금지한 국가다. 그런데도 중국 최대 SNS인 웨이보에서 #오징어게임 누적 조회수는 16억 건을 넘어섰다. 지금도 오징어 게임의 유명 장면에 중국인 배우 얼굴을 합성한 사진, 달고나를 직접 만들어 먹어봤다는 인증 영상까지 다양한 게시물들이 올라온다.

넷플릭스와 한국 드라마가 모두 금지된 중국에서 어떻게 이런 현상이 일어날까? 많은 중국인이 VPN(가상사설망)으로 우회 접속하거나 불법 다운로드를 이용한 것으로 추정된다. 실제 중국에서 한국 콘텐츠를 불법으로 내려받는 것은 그리 어렵지 않다. 중국에서 가장 큰 검색 사이트인 바이두에서 '오징어 게임'을 검색하면 수십 개의 불법 내려받기 웹사이트가 나온다. 온라인 쇼핑몰 타오바오에서는 〈오징어 게임〉 불법 DVD를 판다는 광고가 버젓이 노출된다.

중국에서 넷플릭스와 한국 드라마 등 외국 콘텐츠 방영이 금지된 배경엔 시진핑 주석이 밀고 있는 '공동부유(다 함께 잘살기)' 공약이 있다. 중국은 지금 수십 년째 점점 심각해지는 소득불평등을 해소하기 위해 국가적으로 총력을 다하고 있다. 중국 국가통계국이 발표한 2019년 중국 월 소득 수준별 인구 구성에 따르면, 중국 인구의 70퍼센트는 평균 월 소득이 100만 원 이하다. 중국 전체 인구가 14억 명에 달하니 거의 10억 명의 인구가 한 달에 100만 원도 벌지 못한다는 뜻이다. 서울보다 비싸다는 중국 대도시 부동산 가격과 월세를 고려하면 얼마나 많은 사람이 가난하게 사는지 알 수 있다.

중국 공산당은 그동안 펼친 정책의 실패를 인정하는 대신 인터넷 플랫폼, 사교육, 부동산 등을 문제의 원인으로 지목했다. 엔터테인먼트 산업도 관리 대상 중 하나다. 특히 중국의 신흥 귀족이라 불리는 고소득 연예인들에 대한 규제는 그 정도가 굉장히 심하다. 지난 9월, 중국 국가방송총국(NRTA)은 메이크업을 많이 한 남자 연예인들을 콕 집어 비난하며 방송사들에 앞으로 이들이 더욱 남성적인 이미지를 갖도록 독려하고 배우 선정 시 정치적, 도덕적 소양을 포함하라고 명령했다고 한다. 또한 스타들에게 지급되는 고액 출연료를 제한하고 탈세를 단속하라고 명령했는데, 이에 따른 조치로 중국 유명 배우 정솽은 무려 2억 9900만 위안(약 539억 원)의 벌금을 부과받기까지 했다.

이렇듯 노골적으로 부자에 대한 반감을 표시하는 중국 정부가 개인의 자유와 권리를 보장하는 대한민국의 콘텐츠를 환영할 리 만무하다. 구글, 유튜브, 페이스북 등 전 세계인이 사용하는 검색 엔진과 SNS도 중국에서는 불순한 사상을 퍼트리는 서비스로 규정되어 접속이 금지되었다. 2021년 미국의 헤지펀드 판테라캐피털(Panteracapital)이 이에 대해 재미있는 조사 결과를 내놨는데, 바로 중국에서 금지된 인터넷 서비스들의 공통점이다.

중국에서 금지된 서비스	금지일	수익률
트위터	2009년 6월	4,449%
페이스북	2009년 7월	14,199%
구글	2010년 3월	732%
스냅챗	2013년 6월	11,449%
비트코인	2013년 12월	3,870%
	2017년 9월	798%
	2021년 5월	

미국 인터넷 기업들 및 비트코인의 중국 내 서비스 금지 조치 이후 수익률이다. (출처: 판테라캐피털)

이 표는 트위터, 페이스북, 구글, 스냅챗, 그리고 비트코인이 중국에서 금지된 이후 각각 몇 퍼센트나 가치가 상승했는지 보여준다. 중국에서 서비스가 금지된 이후 성장이 꺾이기는커녕 하나같이 급속도로 성장했다. 더군다나 비트코인은 한 번도 아니고 무려 세 번이나 금지되었다. 그런데도 승승장구 중이다.

후오비에서 대량 출금된 비트코인의 의미

2021년 9월 중국의 암호화폐 거래 전면 금지 조치 이후 주요 중화권 거래소들이 중국 본토 이용자 계정 차단을 발표하자 각 거래소에서 대량의 비트코인이 출금되었다.

암호화폐 분석 웹사이트 뷰베이스(ViewBase)에 따르면 후오비에서 가장 많은 1만 3903개의 비트코인이 인출됐으며, 오케이이엑스(OKEx)에서 5872개, 게이트아이오(Gate.Io)에서 95개의 비트코인이 빠져나갔다. 이렇게 유출된 비트코인은 약 7000개 이상이 바이낸스에, 그리고 약 5000여 개가 코인베이스(Coinbase)와 비트파이넥스(Bitfinex)에 유입된 것으로 나타났다.

이는 중국인들의 사유재산권에 대한 열망을 보여주는 사례다. 계정이 차단되기 전에 보유 중인 비트코인을 현금화할 수 있었음에도 계속 비트코인을 보유하는 방법을 선택한 것이다. 18세기 당시 부의 축적 및 과학기술 면에서 선진국이었던 중국이 아니라 서유럽에서 산업혁명이 일어난 가장 직접적인 원인이 바로 사유재산권보호제도다. 서유럽은 사유재산권보호제도가 확립되었기 때문에 창의적인 개인과 기업들이 물질적 보상을 기대하며 혁신을 거듭했다. 정부는 개인과 기업이 얻은 물질적 보상을 사법제도를 통해서 지켜주었다. 중국은 덩샤오핑 때 시장경제 체제를 받아들인 덕분에 G2 경제 대국으로 성장할 수 있었다. 하지만 중국은 지금 공동부유라는 거대한 사회주의 슬로건 아래 개인의 자유와 사유재산권을 억압하는 전체주의 사회로 회귀하고 있다.

만약 과거였다면 중국에 사는 개인들의 재산은 그것이 부동산이든, 현금이든, 보석이든 국가가 원할 때 언제든 손쉽게 몰수되었을 것이다. 그러나 지금은 사정이 다르다. 이제는 비트코인이 있기 때문이다.

비트코인은 제대로 된 방법으로 보관하기만 하면 소유자 본인 외에는 그 누구도 접근이 불가능하다. 비트코인을 개인지갑에 넣어두고 개인 키를 적은 무언가(종이, 나무판, 티타늄 카드 등)를 자신만 아는 곳에 숨겨놓거나, 아니면 개인 키를 스무 개의 일반 영어 단어로 이루어진 시드 구문으로 변환하여 순서대로 외우기만 하면 된다.

만약 당신이 누군가의 자산을 훔치거나 몰수하는 처지라고 가정해 보자. 게임이론에 따르면 당신은 해당 자산의 현재 소유주를 살려둘 요인이 없다. 살려두건 그렇지 않건 모든 자산을 가져갈 수 있기 때문이다. 그러나 훔쳐야 할 자산이 비트코인이라면 얘기가 다르다. 현재 소유자가 죽어버리면 개인 키를 알아낼 수 없으므로 비트코인을 영영 찾을 수 없게 되어버린다. 따라서 당신은 비트코인의 현재 소유자에게 협상을 제시해야만 한다. 이론적으로 당신이 가져갈 수 있는 몫은 절반을 넘지 못한다. 그 이상이면 소유자가 동의할 리 없기 때문이다.

비트코인은 앞으로 중국에서 개인의 사유재산권을 지키는 마지막 수단으로 더욱 널리 이용될 것이다. 구글과 페이스북 등 인터넷 서비스들과 〈오징어 게임〉이 그랬듯, 비트코인은 중국에서 금지되었기 때문에 역설적으로 더욱 성공할 것이다.

CBDC 나오면 비트코인 더 필요해진다

2022년 2월 4일, 중국 베이징에서 전 세계인의 축제 2022 동계올림픽이 막을 올렸다. 각국 대표단이 자웅을 겨루는 16일간 전 세계에서 방문한 관광객들이 먹고 마시고 즐기며 발생하는 경제적 파급효과는 최소 수십조 원에 달한다. 한국개발연구원(KDI)은 2018년 평창 동계올림픽에서 발생한 생산, 부가가치 유발 규모를 41조 6000억 원, 고용 유발은 23만 2000명으로 추산하기도 했다.

경제적 파급효과가 어마어마한 국제적 행사인 만큼 중국은

베이징 동계올림픽을 통해 오랫동안 준비해 온 '디지털 위안화(e-CNY)'를 외국인에게 처음 공개했다. 중국 인민은행이 개발한 디지털 위안화 스마트폰 전자지갑은 그동안 중국 국민만 실명 인증을 거쳐 만들 수 있었다. 그런데 이제 외국인도 중국 휴대폰 번호만 있으면 만들어서 식당, 편의점 등에서 이용할 수 있다.

디지털 위안화는 중국 인민은행이 직접 발행하는 CBDC이다. CBDC(Central Bank Digital Currency)는 말 그대로 중앙은행이 발행하는 디지털 화폐를 통칭하는 이름이다. 우리나라를 포함한 전 세계의 많은 선진국 중앙은행들이 연구를 진행 중이거나 이미 테스트 도입을 시작했다. 그중 가장 적극적으로 CBDC 도입을 추진하는 중국 인민은행이 발행한 게 '디지털 위안화(e-CNY)'다.

중국은 그동안 대도시들에서 차례대로 디지털 위안화 파일럿 테스트를 진행했고, 2021년 하반기까지 결제된 금액이 무려 80억 달러에 달한다. 발 빠른 중국의 행보에 자극받은 다른 나라들도 CBDC 도입에 적극적이다. 비영리기관 애틀랜틱 카운슬(Atlantic Council)에 따르면 전 세계 GDP의 90퍼센트를 차지하는 90여 개국가가 모두 CBDC 도입을 추진 중이다.

CBDC의 태생적 한계

CBDC가 본격적으로 사용되면 비트코인 같은 암호화폐는 쓸모없어질까? CBDC 관련 뉴스가 나올 때마다 흔히 나오는 질문인데 사실은 오히려 정반대이다. CBDC의 부상은 정부나 중앙은행의 영향을 받지 않는 탈중앙화된 암호화폐에 대한 수요를 끌어올릴 것이다.

이미 중국인 외에도 사용하기 시작한 디지털 위안화를 찬찬히 들여다보자. 물론 결제 프로세스를 단순하게 하여 비용을 줄이는 장점은 있지만 사생활 침해 문제에서 벗어날 수 없다. 디지털 위안화 사용이 보편화되면 발행 주체인 중국 정부와 인민은행에 모든 국민의 돈 거래 내용을 세세하게 들여다볼 수 있는 특권을 주는 것이나 마찬가지다.

사실 중국은 이미 현금보다 알리페이, 위챗페이가 더 많이 쓰일 정도로 모바일 결제가 국민 실생활 깊숙이 자리 잡은 나라다. 페이 서비스를 제공하는 기업들은 이미 수억 명에 달하는 고객들의 금융 거래 내용을 모두 들여다보며 정보를 축적해 왔다. 그래도 지금은 만약 정부가 특정 인물의 금융거래 데이터를 보려면 해당 기업에 협조 요청을 해야 하지만, CBDC가 사용되는 세상에서는 정부가 이런 최소한의 단계 없이 직접 데이터를 들여다볼 수 있다. 아니, 모든 데이터가 알아서 정부 손아귀 안에 쌓인다.

CBDC의 더 큰 문제는 정부가 단순히 '어디에 썼는지' 감시하는 데 그치지 않고, '어디에 쓸지'를 결정할 수 있다는 것이다. 어느 도시에 대지진이 나서 수많은 이재민이 생긴 상황을 가정해보자. 정부는 곧장 해당 지역의 국민이 보유한 CBDC를 꼭 필요한 식료품이나 생필품을 사는 데만 쓰도록 제한할 수 있다. 술, 담배 등 기호식품이나 사치품에는 사용에 제한이 걸리는 식으로 돈의 용처를 프로그래밍할 수 있는 것이다. 만약 누군가 이에 반발하기라도 하면 즉시 전자지갑을 닫아버리거나 지갑 안에 든 CBDC를 몰수해 버리는 것도 가능하다.

물론 CBDC가 본격적으로 사용되기도 전인데 벌써 사생활 침해 문제를 걱정하는 것은 시기상조일 수 있다. 그러나 이런 걱정을 하는 사람이 나 하나뿐은 아닌 듯하다. 미국 하원의 톰 에머 의원은 이미 미국 연방준비제도(이후 Fed)가 국민에게 직접 CBDC를 발행할 수 없도록 막는 법안을 발의한 상태다. 그도 나중에 CBDC가 통용되면 불거질 사생활 침해 문제를 우려하는 듯하다.

암호화폐가 등장한 이유

비트코인을 대표로 한 암호화폐는 태생부터 CBDC와는 정반대의 모습을 띤다. 시가총액 기준으로 가장 큰 암호화폐인 비트코인은 2008년, 정부와 은행의 모럴 해저드가 불러온 뉴욕발 금융위기의 파도가 전 세계를 집어삼키던 혼돈의 한가운데서 태어났다. 나카모토 사토시라는 익명의 프로그래머가 정부나 은행 같은 제3자의 개입 없이도 사람들끼리 돈을 주고받기 쉽게 만들었으며, 몇 년 후 홀연히 자취를 감춰버렸다는 영화 같은 일화는 이미 유명하다.

비트코인의 가장 큰 장점은 어떤 정부나 기관도 송금을 막거나 네트워크 자체를 셧다운시킬 수 없다는 점이다. 탈중앙 블록체인 네트워크에서 코인이 오가기 때문에 누구든 돈을 받을 상대방의 지갑 주소만 있으면 별도의 신원인증 없이도 코인을 보낼 수 있다. 이런 특성은 설령 완전히 합법적인 금융거래라 할지라도 최소한의 프라이버시는 지켜져야 한다고 믿는 사람들에게 훌륭한 대안처를 제공한다.

인간에게 최소한의 프라이버시가 중요한 이유는 무엇일까? 내가 하는 행동이 지금 합법이라고 해서 10년이나 20년 후에도 합법이라는 보장이 없기 때문이다. 물건을 구매하기 위해 돈을 쓰고, 사업상 거래를 위해 돈을 주고받는 등 금융은 우리의 복잡하고 다단한 의사결정 과정 그 자체이며 모든 일거수일투족의 기록을 남기는 원천이다. 내가 오늘 아무 문제 없이 사용한 1000위안이 몇 년 후 바뀐 정권의 입맛에 따라 다르게 해석되어서는 곤란하다.

CBDC 풍선효과

풍선효과라는 용어가 있다. 풍선은 한 곳을 누르면 저항이 적은 다른 곳이 부풀어 오른다. 이처럼 하나의 문제를 해결하기 위해 어떤 현상을 제지하면 다른 쪽에서 문제가 불거져 나오는 현상을 풍선효과라고 한다. 2008년 Fed는 은행들의 부도를 막는다는 명분에 따라 천문학적인 양적완화를 단행했는데, 은행들은 소비자 보호나 문제 해결에 돈을 쓰기는커녕 보너스 잔치를 벌인 것으로 드러나 공분을 샀다. 그리고 그해 말 비트코인이 태어났다.

중국은 2021년에는 자국 내 비트코인 채굴과 암호화폐 거래를 일절 금지하더니 2022년에는 베이징 동계올림픽 개최와 함께 디지털 위안화를 국제무대에 공개했다. 만약 중국에서 CBDC가 본격 통용되는 과정에서 지금까지 우려한 사생활 침해 문제들이 불거지면 어떻게 될까?

돈이라는 풍선 위에서 CBDC가 꾹 누른 자리 반대편에는 이미 비트코인과 암호화폐가 부풀어 오르고 있다. 앞으로 중국을 비롯한 90여 개 국가들이 적극적으로 CBDC를 도입할수록 비트코인과 암호화폐는 프라이버시의 마지막 보루로써 더욱 주목받게 될 것이다. CBDC와 비트코인, 중앙 대 탈중앙의 역사적 대결이 이제 막 시작됐다.

Chapter 3 정치인의 가상자산 공약은 투자자에게 도움이 되는가?

비트코인은 기술 혁신을 통해 금융을 민주화한다.
_엘리자베스 스타크

2024년 4월 총선을 맞아, 국민의힘과 더불어민주당의 가상자산 관련 공약이 속속 발표되었다. 국민의힘은 현행 자본시장법에 비트코인을 기초자산으로 집어넣어 국내 현물 ETF 허용, 법인의 가상자산 투자 허용, 가상자산 과세유예 2년 연장 공약을 내놨다. 더불어민주당은 현물 ETF 발행과 상장 및 거래를 허용, 가상자산 매매수익에 대한 공제 한도를 5000만 원으로 상향 공약을 내놓았고 국회 회기 중 국회의원들의 가상자산 거래를 원칙적으로 금지하겠다고 했다.

젊은이들의 표심을 잡겠다는 목적은 이해가 되지만 언젠가부터 선거철만 되면 반복되는 선심성 공약에 피로감이 쌓이는 것도 사실이다. 지금까지 국내 가상자산 관련 규제는 2017년 이후 단 일보도 전진하지 못했다. 특정금융정보법(특금법)을 통해 가상자산과 가상자산 사업자의 법적 정의가 내려지긴 했지만, 일반 투자자들이 피부로 느낄만한 변화는 없었다. 뭐가 되고 뭐가 안 되고가 불명확한 애매한 그림자 규제뿐이다. 사업가들 입장에서는 시장에 일찍 진입한 몇몇 거래소들만 활개치는 기울어진 운동장에서의 고독한 싸움을 7년째 이어오고 있을 뿐이다.

정부가 디지털 자산시장을 위해 해야 할 일

윤석열 대통령은 후보 시절 '디지털자산기본법'을 제정하여 불공정거래를 통한 부당이익 환수, 디지털산업진흥청 설립, 그리고 디지털자산 거래 계좌와 은행을 연계하는 전문 금융기관(이른바 코인전문은행)을 지정할 계획임을 밝혔었다. 물론 이 중에서 현실화된 것은 아직 단 한 개도 없다. 올해 국민의힘 총선 공약으로 재등장한 국내 가상자산거래소를 통해서 ICO를 허용하는 방식인 IEO(Initial Exchange Offering)도 사실 윤석열 후보 시절 이미 나왔던 공약의 재탕이다. 선거철만 되면 일반 투자자들이 듣기 좋은 공약들이 대거 쏟아져 나왔다가 선거가 끝나면 언제 그런 일이 있었냐는 듯 쏙 들어가 버리는 악순환이 반복되고 있다.

특히 이번에 더불어민주당에서 국민의힘과 차별화된 자신들만의 공약이라며 자랑거리로 내세운 '개별 거래소 오더북 공유'는 정치인들의 자본시장에 대한 무지를 보여주는 최악의 공약이다. 이 공약의 골자는 거래소마다 독자적으로 운영하는 현재의 가상자산 거래 방식에서 증권시장처럼 다수의 거래소에서 단일 주문거래를 제공한다는 것이다. 하나 장담컨데 주요 증권 거래소가 한국거래소(KRX) 단 하나만 존재하는 우리나라의 증권시장은 절대 가상자산 시장이 좇아가야 하는 모범답안이 아니다.

거래소를 마트와 비교해 보자. 만약 우리나라에 마트가 단 하나만 존재한다면 구매자(고객)와 판매자(공급업체)는 '을'이고 마트는 '갑'인 구조가 만들어진다. 해당 마트가 식료품을 사고파는 시장을 독점하기 때문이다. 다행히 우리나라에는 여러 개의 마트가 존재하고 이들이 서로 경쟁하기 때문에 고객은 더 좋은 품질의 제품을 더 싼 가격에 구입할 수 있고, 공급업체는 자신들과 더 유리한 계약을 맺는 마트를 취사선택할 수 있다. 마치 같은 감자라도 두 개의 마트에서 다른 가격에 판매하는 것과 마찬가지로, 동일한 주식이나 가상자산을 두 개의 거래소에서 다른 가격으로 판매할 수도 있는 것이다. 이것이 바로 차익거래 기회가 발생하는 원리다. 차익거래 기회가 많아지면 이를 수익 창출의 기회로 활용하려는 시장 조성자들도 많아진다. 이들이 활발하게 활동할수록 시장의 유동성은 풍부해지고 궁극적으로 일반 투자자들이 경쟁력 있는 가격에 주식, 또는 가상자산을 매매하는 합리적인 시장이 조성된다.

정치권이 해야 하는 일은 개별 거래소 오더북을 통합해 단일 시장을 만드는 게 아니라, 빨리 국내 가상자산거래소가 할 수 있는 것과 할 수 없는 것을 정하여 글로벌 거래소들과의 투명한 경쟁을 장려하는 것이다. 대표적인 예가 바로 가상자산 파생상품이다. 우리나라 거래소들은 한때 비트코인 기반 선물과 옵션 시장을 전 세계에서 가장 먼저 도입하여 앞서 갔다. 하지만 관련 법이 없으니 일단은 하지 말라는 취지의 그림자 규제 때문에 파생상품 거래가 암묵적으로 금지되어 지금까지 이어졌다. 선물, 옵션 등 파생상품은 변동성이 큰 가상자산에 투자할 때 위험을 헤지(Hedge)할 수단으로, 외국에서는 개인과 기관 투자자 모두에게 널리 이용된다. 참고로 미국에서는 시카고상품거래소(CME)와 민간회사인 코인베이스 모두에서 합법적으로 비트코인과 이더리움 기반 선물상품을 거래할 수 있다. 우리나라도 애매모호한 그림자 규제만 없어지면 부산에 있는 한국거래소 파생상품 시장과 민간 가상자산거래소들이 더 좋은 상품을 놓고 경쟁할 것이다. 이는 궁극적으로 일반 투자자들에게 엄청난 이득으로 돌아온다.

네거티브 규제를 적용하면

이제 정부와 정치권은 가상자산 법제화에 대해 과거 어느 때보다 진지한 태도를 가져야 한다. 미국에서는 이미 비트코인 현물 ETF가 승인되어 거래되기 시작했고, 2024년 4월 30일부로 홍콩에서도 비트코인과 이더리움 ETF가 거래되기 시작했다. 오늘(2024년 6월 17일) 기준 비트코인 ETF의 총 운용 규모는 79조 원에 달한다.

20년 전에 출시된 금 ETF의 전체 운용 규모가 현재 약 280조 원인 것을 감안하면 엄청난 속도로 성장하는 셈이다. 이번에 양당이 총선 공약으로 내건 법인의 가상자산 거래를 허용하고, 가상자산을 자본시장법상 기초자산에 편입하고, 코인전문은행을 설립하는 등의 방안들은 국내 가상자산 산업의 발전을 위해 당연히 실현되어야 할 것들이다. 그러나 과거처럼 관 주도하에 이것들이 진행되도록 놔두면 또다시 흐지부지되고 말 것이다.

가장 좋은 방법은 가상자산 산업 전반에 네거티브(Negative) 규제를 적용하는 것이다. "이런 행위를 하면 위법이고 범죄다."에 해당하는 것들만 빠르게 정리하여 가이드라인을 제정하고, 나머지는 모두 할 수 있게 풀어주면 된다. "법인은 가상자산에 투자할 수 없다", "거래소는 파생상품 시장을 열 수 없다"처럼 그동안 그림자 규제에 막혀 할 수 없었던 각종 사업 영역들을 풀어주면 창업가와 자본이 모여들고 산업은 이내 활기를 되찾을 것이다. 만약 예상치 못한 문제가 발생하면 그 부분에 대한 규제, 감독 방안만 핀포인트(Pin-point)로 신설하여 추가하면 된다. 그러다가 큰 사고가 터지면 어떻게 하냐고? 그럼 지금까지는 가상자산시장이 별

탈 없이 잘 흘러왔는지 한번 되돌아보기 바란다.

가상자산 시가총액이 2조 달러를 돌파했다. 원화가 가상자산 거래에 달러보다 많이 사용된 적도 있을 만큼 한국 국민들은 가상자산 투자, 금융시장 변화에 이미 적응했다. 이제 단순히 젊은 표심을 잡기 위해 정치인들이 이용하는 수단이 아니라 대한민국 금융 산업의 글로벌 경쟁력 강화를 위한 수단으로써 가상자산을 다시 바라봐야 한다.

Chapter 4

가격 상승은 비트코인 **가치의 모든 것을** 대변하는가?

비트코인은 인플레이션 헤지 수단으로써의 역할을 할 수 있다.

_폴 튜더 존스

2024년 1월 15일에 첫 거래가 시작되고 한 달 동안 비트코인 ETF를 통해 유입된 자금 규모가 무려 170억 달러에 달한다. 하루 평균 약 5억 달러의 신규 자금이 비트코인 시장으로 유입된 셈이다. 참고로 채굴을 통해 새로 생산되는 비트코인의 양은 하루에 900BTC이다. 1BTC의 가격을 6만 달러로 가정할 때, 이는 약 5400만 달러에 해당한다. 즉 ETF를 통해 매일 발생하는 수요는 일간 공급량의 거의 열 배에 가깝다. 수요가 공급을 초과할 경우 가격이 오르는 것은 당연하다.

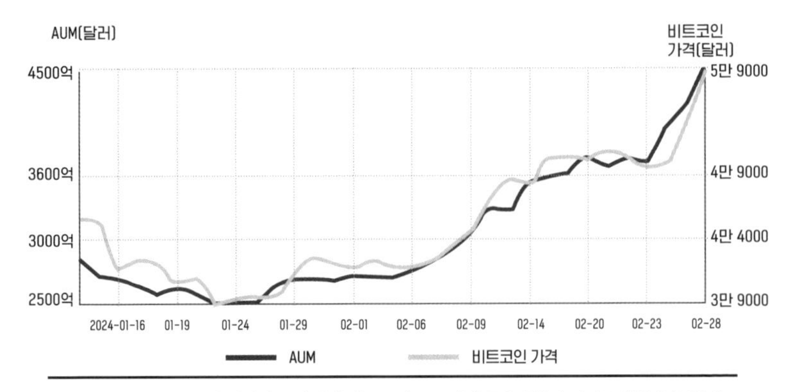

첫 거래일 이후 총 170억 달러가 유입되며 비트코인 ETF 전체 운용자산이 가파르게 상승 중이다. (출처: btcetffundflow.com)

비트코인 고점 갱신을 위해 남은 과제

비트코인 ETF의 성장세는 실로 대단하다. 2024년 6월 기준 비트코인 ETF 전체 시가총액은 574억 달러를 돌파했다. 이는 대표적인 가치 저장 수단인 금 ETF의 전체 시가총액인 980억 달러의 절반을 넘는 수준이다. 2024년 5~6월 일간 평균 비트코인 ETF 유입액은 1.4억 달러이므로, 이런 유입이 계속된다면 금 ETF 시총을 뛰어넘는 데 290일이 걸린다고 계산해 볼 수 있다.

비트코인 ETF가 성공 가도를 달리는 이유는 무엇일까? 왜 그렇게 큰 규모의 자금이 ETF를 통해 비트코인으로 유입되는 걸까? 대부분의 미디어는 ETF를 비트코인 가격 상승의 주요 원인으로 지목하지만, 비트코인 ETF에 지속적으로 자금이 유입되는 구체적인 이유에 대한 분석은 드물다. 이 현상의 원인을 이해하기 위해서는 먼저 전체적인 투자 환경의 트렌드 변화를 이해해야 한다.

잠시 주식시장의 트렌드 변화를 알아보자. 2023년은 바야흐로 'AI'의 해였으며 올해에도 이 트렌드는 이어질 것으로 보인다. 미국의 대형주 500개 종목을 지수화한 S&P500 지수는 매그니피센트 세븐[3] 종목들의 높은 주가 상승에 힘입어 24퍼센트 상승했으며, 2024년 들어서도 7퍼센트 상승 중이다. 거시경제 전반에 인플레이션 압력이 여전함에도 불구하고 계속된 주식시장 랠리[4]는 자사의 서비스와 재화 가격을 상대적으로 쉽게 올릴 수 있었던 경쟁력 있는 기업들, 특히 미국 실리콘밸리의 IT 대기업들이 주도했다.

이들에게 날개를 달아준 사회적 변혁은 당연히 생성형 AI 산업의 급격한 성장, 특히 챗GPT를 중심으로 한 혁신이다. 고성능 GPU를 제조하여 AI 혁명의 중심에 선 엔비디아는 2023년 동안 주가가 238퍼센트나 상승하며 가장 큰 수혜를 받았다. 매그니피센트 세븐의 주가는 평균 111퍼센트 상승했으며, 이들 기업의 시가총액은 미국 주식시장 전체의 약 30퍼센트에 달하는 비중을 차지했다.

---

3 Magnificent Seven. 애플, 마이크로소프트, 알파벳(구글), 아마존, 엔비디아, 메타, 테슬라.

4 Rally. 증시가 약세에서 강세로 전환되는 상황.

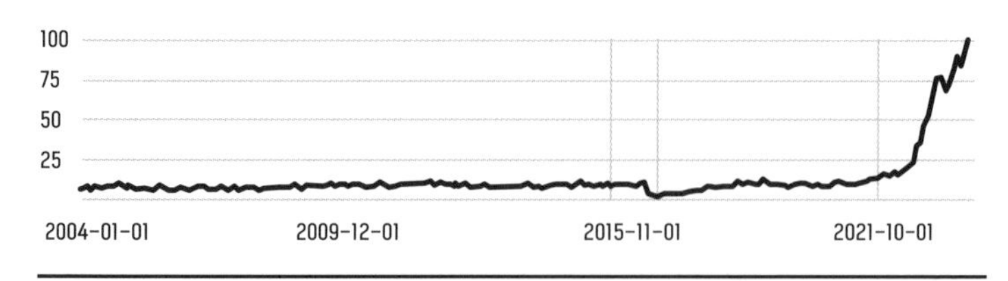

'AI' 구글 트렌드 검색 결과를 최대 지수 100으로 환산하여 나타낸 그래프이다. 2022년부터 급등하여 대세 상승 단계에 접어들었다. (출처: 구글 트렌드)

문제는 대형주 랠리의 단맛을 오랜 기간 경험한 투자자들이 이제 이 현상이 얼마나 더 지속될지 의문을 제기하기 시작했다는 것이다. 1년이 넘는 기간 동안 이어진 대형주 랠리에 대한 피로감의 존재는 최근 S&P500과 나스닥 지수가 함께 하락하는 가운데, 중소형주 중심의 러셀2000 지수만이 홀로 상승한 것에서 분명히 확인할 수 있다. 중소형주에도 높은 매출 성장률과 경쟁력 있는 마진율을 보유한 종목들이 존재한다. IT 대형주들에 대한 상승 여력이 별로 없다고 판단한 투자자들은 이제 강력한 펀더멘털(Fundamental)을 가지면서도 상대적으로 시가총액이 작은 우량주를 찾기 시작했다. 2024년 2월 21일부터 일주일 동안 비트코인이 21.9퍼센트나 급등한 배경도 바로 이러한 트렌드에서 비롯되었다.

비트코인은 비록 기업처럼 매출이나 영업이익이 생기진 않지만 펀더멘털만큼은 그 어느 우량 중소기업보다도 단단하다. 2024년 4월 반감기 이후에는 이전보다 두 배 더 희소한 자산이

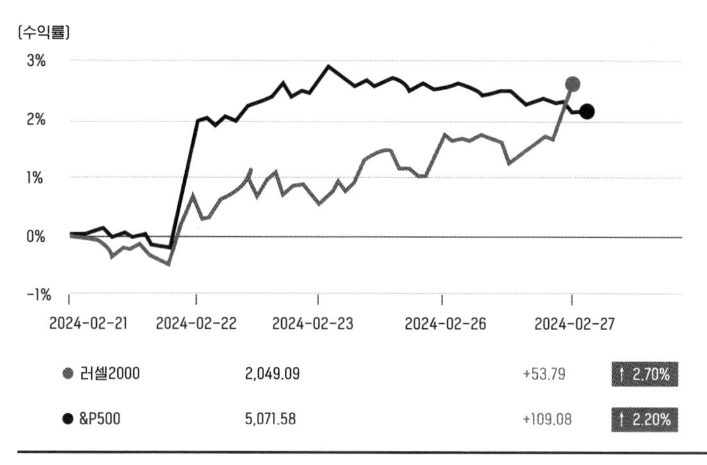

2024년 2월 21일부터 5일간 S&P500과 러셀2000 수익률을 비교한 그래프이다. 중소형주 지수인 러셀2000의 추세적 상승을 볼 수 있다. (출처: 구글 파이낸스)

된 점, 차기 미국 대통령 당선이 유력시되는 도널드 트럼프 전 대통령이 비트코인에 우호적인 입장으로 돌아선 점, 그리고 이제 막 1조 달러를 넘어선 시가총액 덕분에 대형주들 대비 매력적인 밸류에이션을 지닌 점(참고로 엔비디아 시가총액은 2조 달러다) 등이 올해 비트코인의 수요 상승을 견인할 재료들이다.

워런 버핏이 항상 비난했듯 비트코인은 내재가치가 없다. 그러나 우량자산으로써 지닌 성장 잠재력은 어느 주식과 비교해 봐도 강력하다. 비트코인은 세상의 변화를 어떻게 받아들일 것이냐의 문제다. 그동안 신뢰는 정부나 입법부 등 제도에 달려 있었지만 이제는 개인과 개인 사이로 내려왔다. 인터넷이 국경과 규제 등 인류가 사회의 질서와 편의를 위해 만들어 놓은 각종 경계를 희미하게 만들었기 때문이다. 이제 어떤 종류의 정보나 사상도 인터넷을 통하면 별다른 제약 없이 전 세계로 퍼져 나간다.

어느 국가에 산다, 또는 어느 조직에 속했다가 매우 중요한 가치였던 과거 제조업 시대에는 집단화와 군집화가 트렌드였다. 그것이 고도성장을 위해 더 유리한 모델이었기 때문이다. 그러나 인터넷이 촉발하고 코로나 팬데믹이 가속화한 지금의 개인화, 맞춤화 시대에는 공식화된 제도뿐만 아니라 개인적인 관계에도 신뢰가 필요하다. 비트코인은 정부와 제도가 대신 담보해 주는 신뢰 없이 개인과 개인이 '가치(Value)'를 교환할 수 있게 만든 혁신적인 기술이다.

이는 인터넷이라는 기술 시대로 넘어와 비로소 가능해진 것이다. 기술 시대에는 정부와 제도를 대신해서 기술이 신뢰 인프라를 제공한다. 옛날 제조업 시대 방식으로 생각해선 안 된다. 블랙록은 ESG를 준수하지 않는 기업에는 투자도 하지 않으며 인버스, 레버리지 상품도 안 할 정도로 원칙 있는 운용사다. 한때 비트코인이 자금 세탁과 테러리즘에나 이용될 뿐이라고 폄하하던 래리 핑크(블랙록 CEO)가 완전히 입장을 바꿔서 비트코인 현물 ETF를 상장시킨 게 단지 돈에 눈이 멀어서일까? 그는 지금의 트렌드를 읽은 것이다.

비트코인이 전 고점인 7만 3000달러(2024년 3월 15일)를 넘어 새로운 고점을 향해 나아가기 위한 남은 과제는 올해 남은 기간 동안 미국 경제가 계속해서 강력한 펀더멘털을 유지하는지에 달렸다. 인플레이션이 생각보다 잘 잡히지 않긴 하지만, 지금처럼 실업률이 낮게 유지되고 AI 산업의 고도 성장을 바탕으로 우수한 기업 실적이 이어진다면, 매그니피센트 세븐이 이끄는 대세 상승장은 계속될 것이다. ETF를 통한 자본 접근성 개선으로 과거 어느 때보다도 자금 유입이 좋아진 비트코인 시장은 앞으로도 자금 유입이 지속될 것이다.

금의 가치 형성 원리와 그 한계

금은 오랫동안 안전자산의 상징이었다. 높은 열과 압력을 가하면 기체로 증발해 버리는 여타 귀금속들과 달리 금은 고체일 때나 가루일 때나 액체일 때나 여전히 금이다. 또한 노란 빛이 영롱한 금은 눈으로 보기에도 매우 아름답다. 하지만 금의 진짜 가치는 그것이 무엇이냐가 아니라, 그것이 어떻게 사용되고 어떻게 인식되는지에 달렸다.

미국 Fed의 기준금리인상이 본격화된 2022년부터 전 세계 중앙은행들이 경쟁적으로 금 보유량을 늘려간 현상은 금융시장의 중요한 흐름을 반영한다. 러시아, 중국 등 미국의 달러 패권으로부터 독립하고 외환보유고를 미국채에서 다변화하려는 국가들이 늘어나면서 앞으로 이 움직임은 더욱 확대될 것이다. 이는 결국 불확실한 글로벌 경제와 지정학적 리스크에 대한 안전자산으로써 금의 가치가 높아짐을 의미한다. 중앙은행들의 공격적인 투자는 2024년 현재 금 가격을 역사적 신고점인 온스당 2322달러까지 끌어올렸다.

현 경제 상황에서 금에 대한 수요와 가치가 강력한 상승세를 보이는 것은 매우 주목할 만한 현상이다. 이러한 흐름은 금이 여전히 확고한 안전자산이며, 투자자들이 금에 대한 믿음을 결코 잃지 않았음을 입증한다. 불확실성이 커질 때마다 투자자들이 금을 피난처로 선택한다는 점만 봐도 현대 화폐 피라미드의 최정점에 있는 첫 번째 계층 화폐로써 금의 역할이 매우 중요하다.

그러나 지금의 금 가격이 진정으로 그 가치를 정확히 반영하는지는 의문이다. 실제로 금 시장에서는 실물 거래보다 파생상품 거래가 더욱 활발하다. 대형 은행인 JP모건은 금 파생상품 시장에서 대규모 거래를 통해 금 가격을 조작한다는 의혹을 오랫동안 받아왔다.

JP모건 같은 세계적인 은행들이 금 가격을 인위적으로 조작하기 위해 파생상품을 사용하는 것은 업계에서 '공공연한 비밀'로 통한다. 만약 금 가격이 몇몇 은행들의 결정에 의해 좌지우지되는 것이 사실이라면, 금을 정점으로 한 화폐 피라미드의 신뢰가 일순간에 무너질 수 있으며 금융시장 안정성에도 심각한 위협을 끼칠 수 있다.

「CNN」과 「폭스 뉴스」, 「블룸버그」 등 세계적인 일간지에 사설을 기고하며 매크로 전략에 대한 통찰력을 전해온 스티븐 리브 박사는 2023년 3월, JP모건의 금 파생상품 숏[5] 포지션의 문제점에 대해 강력하게 경고했다. 리브 박사는 JP모건이 자신들의 총 자산 규모보다도 더 큰 금액을 금 파생상품 공매도 포지션에 걸어놓았다고 지적했다. 만일 이것이 사실이라면 금 가격이 예상치 못한 방향으로 급등할 때 우리 모두는 역대급 '블랙스완' 이벤트를 목격하게 될 수도 있다.

공매도 포지션은 금값이 떨어질 것이라는 전망에 베팅하는 것이다. 그러므로 만약 금값이 상승한다면 JP모건은 엄청난 재정적 타격을 입을 수밖에 없다. 문제는 이것이 단지 JP모건 자체의 문제로 끝나지 않는다는 점이다. 최근 미국 내에서 은행 파산 사태가 잇따르며 고객 자금이 JP모건 같은 대형 은행으로 더욱 집중되었다. 결국 JP모건의 파산은 미국 금융시장 전체의 안정성을 위협하고, 더 나아가 전 세계의 모든 투자자들에게 끔찍한 악몽을 선사할 수 있다.

수천년 동안 안전자산이었던 금의 지위가 대형 은행들의 손아귀에서 점차 무너지고 있다. 설령 JP모건이 금 파생상품 숏 포지션을 효과적으로 관리하여 별도의 금융위기가 발생하지 않는다

5 Short. 장래에 상품의 가격이 하락할 것으로 판단하여 선물시장에서 상품을 매도하는 행위. 금 선물 숏 포지션을 취한 투자자는 금 가격이 하락하면 수익을 얻는다.

하더라도, 대형 은행들에 의한 금 시세 조작은 그 자체로도 충분히 우려스러운 현상이다. 만약 금 시세가 정말 인위적으로 조작된 것이라면 1경 원이 넘는 금의 시장 가치가 심각하게 훼손되어 글로벌 금융 시스템 전체에 위협이 된다.

금이 안전자산으로 여겨진 근거 중 하나는 바로 아무리 강력한 국가나 기업이라도 마음대로 금의 생산량을 늘려 가격을 인위적으로 조작할 수 없다는 점이다. 금의 생산량은 전 세계의 광산에서 채굴되는 양에 의해 제한되며, 이는 금 가격이 인간의 능력보다는 자연의 법칙에 의해 결정됨을 의미한다. 금을 찾아내고 채굴하는 과정은 비용이 많이 들고 시간이 걸리는 노동집약 산업이다. 2020년 기준으로 세계에서 채굴되는 금의 총량은 대략 매년 3500톤 정도로, 전체 금의 총량인 19만 7756톤의 약 1.77퍼센트에 해당한다. 이는 금의 생산량이 매우 제한적임을 의미하며, 제한적인 생산량은 금의 가격이 오롯이 시장의 수요와 공급에 의해 결정된다는 믿음의 근거가 된다.

금의 파생상품 시장 규모를 정확하게 추정하는 것은 매우 어렵다. 이는 금의 파생상품이 다양한 형태로 존재하며, 그중 많은 부분이 비공개 거래를 통해 이루어지기 때문이다. 이러한 파생상품에는 선물 계약, 옵션, 스왑, 포워드 계약 등이 포함된다.

2019년 3월 런던금시장협회(LBMA)가 발표한 보고서에 따르면, 금의 OTC(Over The Counter, 비거래소) 파생상품 거래만으로도 매일 약 4억 4630만 온스(약 1만 3880톤)의 금이 거래되었다. 이는 전 세계에서 한 해 동안 채굴된 금의 총량을 훨씬 초과하는 수치이다.

이는 금의 파생상품 시장이 얼마나 크고 복잡한지, 그리고 실제 금의 물리적 양에 비해 얼마나 큰 규모의 거래가 이루어지는지를 단적으로 보여준다. 만약 금 시장의 가격 결정 메커니즘이 실제 수요와 공급보다는 대규모 파생상품 거래를 주관하는 대형 은행들에 의해 돌아간다면 우리에겐 새로운 안전자산이 필요하다.

새로운 안전자산의 등장, 비트코인

비트코인은 훌륭한 가치 저장 기능과 디플레이션적 특성으로 인해 "골드 2.0"이라 불린다. 원할 때 어디로든 자유롭게 옮길 수 있고, 외부의 탈취 시도로부터 내 자산을 안전하게 지킬 수 있기 때문이다. 이동성과 보안성이 다른 어떤 자산보다도 우월하다는 사실 때문에 비트코인은 금의 지위를 위협하는 새로운 안전자산으로 떠올랐다.

물론 비트코인에도 파생상품 시장이 존재한다. 가장 큰 부분은 선물 및 옵션 계약이다. 이는 시카고 상품거래소(CME), 비트멕스(BitMEX), 데리빗(Deribit), 바이낸스 퓨처스(Binance Futures) 등에서 주로 거래된다. 오늘날 이들 거래소에서 거래되는 비트코인 선물 계약의 미결제 약정(Open Interest) 규모는 약 60억 달러에 달한다.

그러나 비트코인은 굳이 외부 거래소나 OTC에서 파생상품 계약을 이용하지 않아도 된다. 현물 간 거래가 오히려 더 용이하다. 현물의 최종 결제가 이루어지는 원장이 비트코인 네트워크 그 자체이기 때문이다. 비트코인 사용자들은 전자 지갑을 통해 블록체인 네트워크에 거래를 제출하고, 이 거래는 채굴자들에 의해 검증되며, 그 결과는 블록체인에 영구적으로 기록된다. 인터넷만 연결되어 있다면 비트코인은 어디에 있는 누구에게나 신속성과 효율성을 보장하는 거래 시스템을 제공한다. 이는 대규모 거래를 하는 기관 투자자나 정부, 중앙은행들에게 큰 이점을 제공한다.

반면 금 현물을 옮기는 것은 무게와 부피 때문에 난이도가 매우 높으며 비용도 많이 든다. 2017년 독일 정부가 미국과 프랑스 중앙은행에 보관된 금괴 중 일부인 583톤을 자국으로 옮기는 데 약 6900만 유로(약 1000억 원)의 비용이 발생한 것으로 알려졌다. 이런 비효율 때문에 금은 큰 단위의 거래일수록 대부분 파생상품을 이용한다.

지금 전 세계 경제는 지정학적 불확실성과 인플레이션의 압박에 정면으로 도전받고 있다. 투자자들은 자신들의 부를 오랫동안 안전하게 지킬 수 있는 안전자산이 그 어느 때보다도 필요하다. 그런데 미국 달러화는 그 위상을 점점 잃어가고, 금은 대형 은행들에 의해 가격이 조작당한다는 소문이 파다하다. 이런 상황에서는 비트코인이 지닌 탈중앙성과 투명성이 빛을 발할 수 있다. 이미 일부 영역에서는 금에 대한 우수한 대안으로 자리매김했고, 불안정한 글로벌 거시경제 환경에서 안전한 피난처로서의 역할을 제공할 것이다.

어두운 거시경제, 마지막에 남는 것은

비트코인 가격이 계속 고점을 갱신하고 있지만, 조금씩 하락하는 순간마다 비트코인에 대한 비관론이 매번 고개를 든다. 탈중앙화된 개인 대 개인간 디지털 현금을 만들겠다며 2009년 세상에 등장했지만, 아직까지 가격만 엄청난 급등락을 반복하며 올랐을 뿐 원래의 탄생 목적인 '디지털 현금'에 부합하는 실생활 이용 사례가 없다는 것이다. 게다가 테라(루나) 사태[6]를 통해 확인했듯이 시가총액 10위권에 있던 코인도 하루아침에 휴지조각이 될 수 있기 때문에 일반 투자자들이 이용하기에 너무 위험하고 시기상조라는 비난이다.

이때다 싶어 비트코인에 대한 부정적인 입장을 설파하는 유명 인사들도 늘고 있다. 마이크로소프트 창업자 빌 게이츠는 최근 참

---

6 권도형이 만든 알고리즘 기반 스테이블코인 테라(UST)와 그 스테이블코인의 가치를 1달러에 고정시키기 위해 존재하던 루나(LUNA)의 가치가 2022년 5월에 99퍼센트 폭락하여 수십만 명의 피해자가 나온 사태를 말한다. 경찰의 수사망을 피해 도망다니던 권도형은 2023년 3월 몬테네그로에서 위조 여권 사용 혐의로 붙잡혀 구금 중이며, 우리나라와 미국 중 어디로 송환되어 재판을 받게 될지 초미의 관심을 받고 있다.

여한 기후변화 관련 행사에서 암호화폐, NFT 등 가상자산은 "누군가가 나보다 더 많은 비용을 지불할 것이라는 더 어리석은 이론에 기초한 것"이라며 깎아내렸다. 밀리언 셀러 『블랙스완』의 저자 나심 니콜라스 탈레브도 자신의 트위터에서 "이번 암호화폐 하락장은 겨울이 지나면 봄이 오는 것과 같은 계절적 현상이 아니라 암호화폐가 기나긴 빙하기에 돌입했다는 증거"라며 저주 섞인 발언을 했다.

어떤 과학 실험이 만 14년째 성과 없이 제자리만 걷는 중이라면 실패한 실험으로 보는 게 맞을 수 있다. 비트코인도 그저 실패한 과학 실험쯤으로 치부할 수 있을까. 나카모토 사토시라는 가명을 쓴 한 프로그래머의 비현실적인 이상이 MZ세대의 투자 열풍과 맞물려 잠깐 인기를 끈 것일까. 워런 버핏이 말한 대로 순진한 투자자들을 현혹해 실패하게 만드는 '쥐약(Rat poison)'에 불과할까.

여느 투자자산과 마찬가지로 비트코인도 거시경제 환경의 변화에서 자유롭지 못하다. 2022년에 단행된 급격한 기준금리 인상의 여파로 2023년 내내 비트코인을 비롯한 모든 위험자산의 가격이 폭락했다. 코로나19 여파로 인한 물가 상승, 러시아-우크라이나 전쟁과 이스라엘-팔레스타인 전쟁의 장기화로 인한 지정학적 위기 고조까지 겹쳤다. 악재 위에 또 다른 악재가 켜켜이 쌓여 불확실성은 점점 커져갔다. 그러나 비트코인은 최악의 거시경제 환경을 극복하고 다시 상승을 시작했다. 2023년 하반기부터 천천히 반등하기 시작한 비트코인 가격은 2024년 ETF 승인에 힘입어 빠르게 상승하더니 3월 중순에는 전 고점인 6만 9000달러를 뚫고 7만 3000달러 신고점을 찍었다. 참고로 동기간 S&P500 지수는 11퍼센트 상승, 나스닥 지수는 13퍼센트 상승했다.

높은 인플레이션과 고금리가 장기화되는 거시경제 환경에서 비트코인은 그 어떤 위험자산과 비교해도 강력한 모습을 보였다. 원래 비트코인은 주식과 채권, 금, 신흥국 통화 등 대표적인 투자자산들과 가격이 따로 움직이는 '비상관 자산'의 성격이 강하다. 앞으로 인플레이션과 고금리가 계속되는 환경에서 포트폴리오 수익률에 신경 쓰는 글로벌 기관 투자자들의 '러브콜'을 받을 수 있다.

기관 투자자들의 포트폴리오에서 비트코인에게 점차 자리를 뺏길 것으로 예상되는 자산은 바로 채권이다. 채권은 불확실성이 큰 시기에 선호되는 안전자산이다. 최근 Fed의 금리 인상으로 채권 수익률이 높아져 채권 투자가 다시 인기를 끌 것이라는 언론 기사가 많이 보인다. 하지만 전 세계적으로 고공 행진 중인 물가 상승률과 비교하면 채권 투자에 대한 실질 수익률은 마이너스이다. 포트폴리오에서 채권 비중을 줄이는 기관 투자자가 늘어날 수 있다. 그 자리를 대신할 자산으로 글로벌 거시경제 환경과 상관관계가 낮고 지난 10년간 연평균 200퍼센트씩 가격이 상승한 비트코인이 유력하다.

물가 상승 때문에 자국 화폐가치가 심각하게 훼손되는 국가들이 늘어나고 있는 만큼, 엘살바도르와 중앙아프리카 공화국에 이어 비트코인을 법정화폐로 채택하는 국가가 나오는 것 역시 기대해 볼 만하다.

자유의지는 다운그레이드가 어렵다

요즘 지하철을 타면 크록스 신발을 신은 사람들이 눈에 많이 띈다. 내가 알던 크록스는 원래 병원 안에서 의사들이 신는 신발이었다. 의사들은 워낙 많이 걸어다녀야 하고 근무 중 잠깐씩 쪽잠을 자야 하기 때문에 아무렇게나 신기 편한 크록스를 많이 신었다. 그런 크록스가 이제 MZ세대의 패션 '잇템'으로 자리매김했다. 크록스는 신발 앞부분에 뚫린 구멍에 '지비츠'라고 불리는 악세사리를 달아 신발 주인이 알아서 본인의 개성을 살릴 수 있게 했다. 신발에도 나만의 개성을 담고 싶어 하는 요즘 젊은이들의 취향을 제대로 저격한 것이다.

높은 수준의 자유의지를 지니고 프라이버시를 지키고 싶어 하는 사람들이 점점 늘어나고 있다. 웹 2.0 플랫폼들은 축적된 사용자 행동 데이터를 기반으로 개발한 고도의 알고리즘을 이용해 소비자에게 맞춤 콘텐츠·상품·광고를 보여준다. 하지만 현대의 소비자는 이제 이런 것들에 피곤함을 느낀다. 요즘 소비자들은 자신이 원하는 콘텐츠에 대해 더 많은 통제력을 갖길 원한다. 그들은 인터넷에서 TV 프로그램을 직접 선택해서 본다. 라디오가 아닌 팟캐스트를 통해 좋아하는 DJ의 프로그램을 선별해서 듣는다. 휴대폰과 컴퓨터에는 '브레이브 브라우저' 같은 광고 차단 프로그램을 깔아서 사용한다. 상품과 콘텐츠를 자기 입맛대로 직접 선택하기를 원한다.

'초개인화'는 코로나19 팬데믹 때문에 잠깐 나타났다 사라진 사회적 현상이 아니라 세대를 관통하는 트렌드다. 사회의 많은 영역이 '중앙'과 '집중'에서 '탈중앙'과 '개인'의 형태로 바뀔 것이다. 우리가 힘들게 일해서 번 돈을 저장하는 수단인 화폐는 왜 유독 극도로 중앙집중화되어야 할까. 그 돈의 실질 구매력이 계속 하락하고 있는데도 말이다.

비트코인은 기준금리 인상이나 인플레이션 같은 거시경제 환경과 상관없이 하드코딩[7]된 코드에 따라 10분에 한 번씩 블록이 생성되고 블록 생성자에게 정해진 비트코인 보상이 주어지는 '숫자 상승 기술(Number go up technology)'이다. 누구도 이 규칙을 바꿀 수 없고 멈출 수 없다. 열두 명의 Fed 총재들이 앉아서 금리를 결정하는 현재의 중앙은행 시스템에 비교했을 때 '탈중앙'과 '개인' 트렌드에 부합하는 쪽은 비트코인이다.

7 Hard coding. 데이터를 코드 내부에 직접 입력하는 방법. 개발자가 로직이 절대로 변경되지 않을 것이라고 자신하는 부분에 사용한다. 다만 그만큼 프로그램을 유연하게 운영하기 어렵다는 단점이 있다.

Chapter 5

홍콩 비트코인 ETF가 보여준 가능성은 무엇인가?

비트코인은 금보다 더 나은 가치 저장 수단이다.
_스탠리 드러켄밀러

2024년 4월 30일부터 홍콩 증권 거래소에 비트코인 현물 ETF 세 종목이 상장되어 거래되기 시작했다.

종목	유입량(BTC)
차이나AMC	2037
하베스트 글로벌	1108
보세라-해시키 (Bosera-Hashkey)	1019
합계	**4164**

이 표는 홍콩 현물 비트코인 ETF 세 종목의 5월 3일까지 유입량을 보여준다.

미국 달러화 기준으로 보면 약 2.4억 달러 규모의 자금이 유입된 셈이다. 「블룸버그」 애널리스트 에릭 발추나스는 홍콩은 ETF 시장 규모가 작아서 기껏해야 전체 유입량이 5억 달러 수준에 그칠 것이라고 예측했는데, 불과 3거래일 만에 절반을 채우며 예상을 뛰어넘는 흥행 가능성을 보여줬다.

물론 미국에 비하면 홍콩 ETF의 규모는 아직 새발의 피다. 신탁 상품에서 ETF로 전환된 그레이스케일의 GBTC를 제외하면 미국 현물 ETF 열 종목의 경우 첫 거래일인 1월 11일에만 1만 8391BTC 유입을 기록했다. 홍콩 ETF가 미국과 비슷한 규모가 되려면 일일 유입량이 이보다 최소 네 배 이상 증가해야 한다.

이것이 가능해지려면 중국 본토 자금이 홍콩 비트코인 ETF에 직접적으로 투자할 수 있어야 한다. 현재는 중국인들의 홍콩 비트코인 ETF 직접 투자가 막혀 있지만, 나는 조만간 열릴 것이라 생각한다.

중국 본토 자금 유입은 시간 문제

중국은 원래 해외 직접 투자를 원칙적으로 금지한다. 그러나 홍콩 주식시장에는 다양한 방법으로 접근할 수 있다.

2022년 7월 4일부터 중국 본토와 홍콩 증시 간 교차 거래 시스템에 총 87개의 ETF가 추가되었다. 이는 상하이 53개, 선전 30개, 홍콩 4개 거래소를 합친 숫자다. 홍콩에 계좌를 보유한 외부 투자자들은 홍콩 증권거래소를 통해 상하이와 선전 증권거래소에 상장된 83개의 ETF를 거래할 수 있으며, 중국 본토 투자자들은 상하이와 선전 증권거래소를 통해 홍콩 증권거래소에 상장된 4개의 ETF를 거래할 수 있다.

이번에 상장된 비트코인 현물 ETF 3종도 곧 여기에 포함될 것으로 예상된다. 중국 본토 주식시장이 지난 5년간 침체를 겪은 것이 가장 큰 이유다. 중국 주가지수를 추종하는 CSI300 지수는 2024년 1월, 5년 만에 최저치로 하락했다.

중국인들의 자산 중 70퍼센트를 차지하는 부동산 상황은 더욱 심각하다. 중국 전문 애널리스트들의 추산에 따르면 현재 중국에서 새로 지어진 아파트 중 6500만~8000만 채가 빈집이라고 한다.

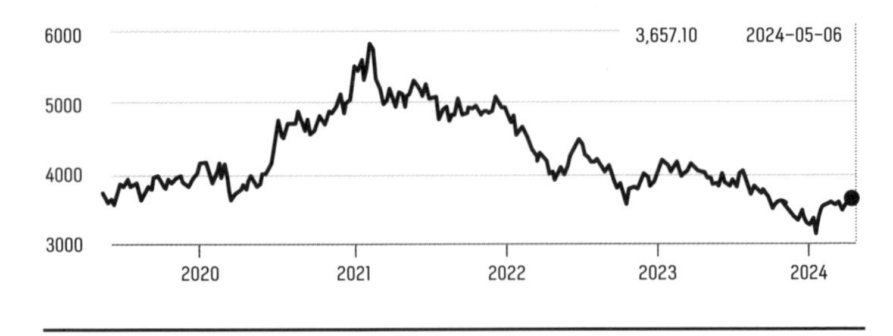

2020년부터 5년 동안의 CSI300 지수이다. (출처: 구글)

이런 상황에서 중국 당국이 홍콩과 다양한 커넥트 프로그램을 추진하는 것은 중국의 주요 대외 개방 창구이자 아시아 금융 허브이면서 위안화 역외 허브인 홍콩의 위상을 한층 강화하기 위한 시도이다. 시진핑 중국 국가주석은 공식 석상에서 종종 "(국제금융, 무역 등) 홍콩의 강점을 반드시 유지해야 한다"고 강조한다.

현재 상하이와 선전에서 거래되는 ETF는 총 694개로, 그 규모는 1조 5000억 위안(미화 약 2000억 달러)에 달한다. 반면 홍콩에서 거래되는 ETF는 150개에 불과하며, 시장 규모도 4059억 홍콩달러(미화 약 517억 달러)에 그쳐 중국에 비해 작다. 그러나 국내 주식과 부동산 시장의 장기 침체에 지친 중국인들이 이미 대체 투자처를 적극적으로 찾고 있기 때문에 홍콩의 비트코인 ETF가 개방되면 이 추세는 반전될 수 있다.

만약 중국 ETF 전체 시가총액의 10퍼센트만 홍콩 증시에 상장된 비트코인 ETF로 넘어와도 약 200억 달러의 자금이 유입될 것이며, 이는 GBTC를 제외한 미국 ETF들이 지난 4개월 동안 유치한 자금과 맞먹는다.

안전자산 수요 증가와 시스템적 이점

중국에서 대체 투자처에 대한 수요가 점점 높아진다는 점은 다음 두 가지 사례를 통해 확인할 수 있다. 첫 번째는 금의 인기 상승이다. 현재 중국의 MZ세대 사이에서 가장 인기 있는 선물은 개당 50달러에서 120달러 정도 하는 작은 금 조각인 '황금콩'이다. 특히 MZ세대 연인들의 기념일 선물로 인기다.

왜 하필 금덩이가 인기를 끌까? 이는 미래에 대한 불확실성과 정부의 경제정책에 대한 불신 때문이다. 시시각각 변하는 경제정책 속에서 자산을 지키기 위해서는 안전한 투자처가 필요하고 금은 가장 오래된 안전자산이기 때문이다.

중국의 젊은 세대에게 금은 인플레이션과 빈부격차 문제를 해결할 수단으로 여겨진다. 액세서리나 골드바보다 작은 황금콩이 인기를 얻는 이유는 비교적 저렴한 가격으로 구매할 수 있으며, 작고 가벼워 보관과 이동이 용이하기 때문이다. 적립식 투자처럼 조금씩 모아 충분한 양이 되면 녹여 원하는 액세서리로 만들 수도 있다.

그러나 금은 보유량이 많아질수록 보관 비용이 증가하는 단점이 있다. 도둑이 들면 재산을 한 번에 잃을 수 있기 때문에, 중국의 젊은이들은 점차 보관이 간편하면서 정부의 정책과 무관하게 가격이 오르는 대체 자산으로 눈을 돌리게 될 것이다. 비트코인은 보관이 간단하고 향후 1~2년 내 가격 상승에 대한 기대도 금보다 높아 앞으로 더욱 인기를 얻을 가능성이 높다. 홍콩 비트코인 ETF에 투자할 수 있는 문이 열리면, 비트코인 현물을 사보기 전에 ETF를 통해 투자하려는 수요가 있을 것이다.

두 번째로, 홍콩 비트코인 ETF 자체의 경쟁력이다.

미국 ETF와 달리 실물 설정 및 환매 방식을 채택하여 더 다양한 마켓메이커[9]를 모집할 수 있다. 암호화폐 거래소와 비트코인 채굴 업체 등 매출이 비트코인 현물로 발생하는 기업들이 마켓메이커로 쉽게 참여할 것이다. 이렇게 되면 마켓메이커 간의 경쟁을 촉발하여 홍콩 ETF 가격과 비트코인 가격 간의 괴리를 줄이고, 미국 ETF보다 더 매력적인 상품으로 보이게 한다.

또한 싱가포르와 중동 등 아직 비트코인 ETF가 발행되지 않은 지역에서 미국보다 지리적으로 가까운 홍콩 ETF에 더 관심을 가질 수 있다. 현재 미국의 비트코인 현물 ETF 시장은 규모가 크지만, 홍콩 시장은 아시아 시간대에 거래가 가능하여 인접 지역의 기관 투자자들을 더 쉽게 유치할 수 있다.

채권보다 대체 투자가 인기?

최근 JP모건의 리포트에 따르면 아시아 및 외국의 여러 패밀리 오피스는 상장주식과 채권보다 대체 투자를 선호하는 것으로 나타났다. 여기에는 비상장 주식, 벤처 캐피털, 부동산, 원자재 등 다양

9 Market maker. ETF 가격이 기초자산의 가격을 잘 추종하도록 시장에 유동성을 제공하는 주체. 예를 들어 비트코인 ETF의 경우, 기초자산인 비트코인의 가격이 움직이지 않는데 ETF 혼자 가격이 크게 움직이면 투자자들의 신뢰를 잃을 수 있다. 때문에 자산운용사에서는 마켓메이커를 고용하여 ETF와 현물간 가격 괴리가 크게 벌어지지 않고 항상 적정 수준을 유지하도록 만든다.

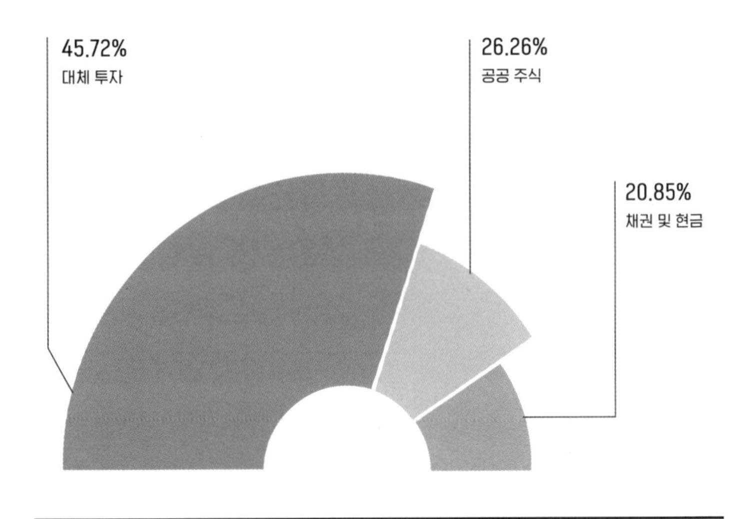

글로벌 패밀리 오피스들의 자산 배분 현황이다. (출처: JP모건 패밀리 오피스 리포트)

한 전통 자산뿐만 아니라 비트코인도 포함된다. 비트코인이 정확히 몇 퍼센트를 차지하는지는 알 수 없지만, 그 가치를 깨닫는 패밀리 오피스 운용자 수가 늘어날수록 홍콩 비트코인 ETF로의 대규모 자금 유입 가능성도 커진다.

미국 비트코인 ETF 운용사들이 비트코인 현물 가격을 추종하기 위해 이용하는 CME CF BRR 지수를 만든 CF 벤치마크(CF Benchmark)의 CEO 수이 정은 2024년 말까지 홍콩 비트코인 ETF의 운용 예치금 규모가 총 10억 달러에 이를 것으로 예상했다. 현재의 2억 4000만 달러보다 약 네 배 가량 증가하리라 전망한 것이다. 또한 올해 안에 우리나라와 이스라엘이 홍콩의 뒤를 이어

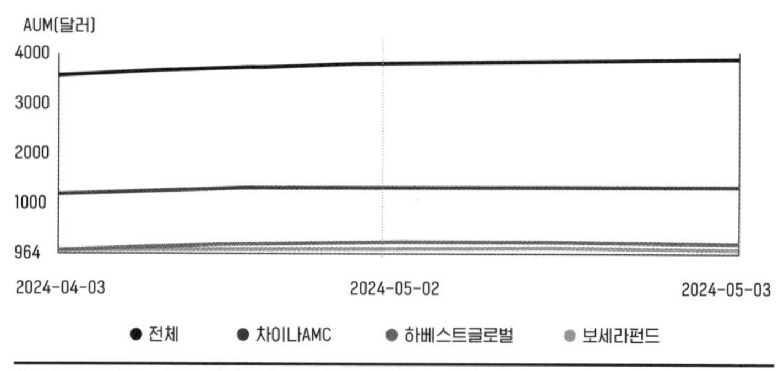

홍콩 비트코인 ETF 운용 예치금액의 증가 추이를 볼 수 있다. (출처: bitcoinetffundflow.com)

비트코인 ETF를 승인할 것으로 내다보았다.

이것이 올해 초 미국에서 비트코인 ETF가 승인되었을 때처럼 큰 랠리로 이어질지는 아직 미지수다. 그러나 반감기로 인해 공급량이 절반으로 줄었기 때문에 약간의 수요 증가에도 이전보다 더 큰 가격 상승으로 이어질 수 있다.

Chapter 6 1억 돌파, 이유는 반감기가 아니라면?

비트코인은 개인의 권리를 보호하는 최고의 도구다.

_할 피니

비트코인 가격이 1억 원 시대를 열었다. 하지만 안타깝게도 사람들은 비트코인의 가치가 어디에서 오는지 잘 모르는 것 같다. 대부분의 언론 매체에서는 비트코인 가격이 오르는 이유를 4년마다 공급량이 반으로 줄어들어 발생하는 희소성에서 찾는다. 그리고 이를 '디지털 금'이라는 내러티브로 설명한다.

이 내러티브는 흔히 현물 ETF의 인기 원인과 연결된다. 불확실성이 큰 시대에 안전자산에 투자하려는 기성 세대의 수요가 큰 상황에서 비트코인 ETF가 출시되어 비트코인으로의 자금 유입이 크게 늘었다는 주장이다. 이는 표면적으로는 타당한 분석이다.

하지만 세상에 나온 지 14년밖에 되지 않은 비트코인이 금이 수천 년 동안 쌓아온 신뢰를 어떻게 얻었는지에 대해서는 설명하지 못한다. 금만큼 충분한 신뢰를 얻지 못한다면 비트코인이 '디지털 금'이 될 수는 없다. 즉 비트코인 가격이 앞으로도 계속 올라 금의 시가총액을 넘어설 수 있다고 주장하기 위해서는 비트코인이 금보다 더 큰 신뢰를 얻을 수 있는 이유를 설명해야 한다.

신뢰 아웃소싱에 대한 회의감

대학을 졸업한 후 나의 첫 직장은 의류제조 및 국제무역 회사의 원자재 소싱 부서였다. 내가 맡은 일은 주로 중국, 대만, 동남아시아의 원단 제조업체에 주문을 넣고, 배송 일정을 감독하다가 물건이 선적되면 대금 결제를 마무리하는 것이었다.

나는 파트너 제조업체에 대금 결제를 할 때마다 우리 회사의 주거래 은행에서 신용장(L/C)을 개설해야 했다. L/C는 서로 알지 못하는 당사자 간에 거래할 때 은행이 대신 신뢰를 제공하는 서비스다. 덕분에 국제 무역에서 흔히 사용된다. 은행을 거래의 중개자로 참여시킴으로써 제3자를 통한 신뢰를 확보하는 것이다.

예를 들어 만약 당신이 물건의 생산자로서 은행에서 L/C를 개설하면, 이제 당신의 거래 상대는 은행이 된다. 은행은 당신이 선적한 물건에 대한 지불을 보장하며, 화물이나 구매자에게 무슨 일이 생기든 관계없이 보통 60일에서 90일 이내에 결제를 해준다. 당신에게 물건값을 지불한 은행은 구매자의 L/C를 개설한 주거래 은행으로부터 자금을 회수한다. 만약 구매자의 부도나 채무불이행 같은 예상치 못한 사고가 발생하더라도, 보통 L/C는 보험에 들어놓기 때문에 은행은 일정 금액을 회수할 수 있다.

L/C는 서로 멀리 떨어져 있는 낯선 사람들 간에도 거래를 가능하게 하여 국제 무역을 확산시켰다. 그러나 이 시스템에는 단점도 있다. 우선 물건을 선적한 후 대금이 입금될 때까지 보통 90일 이상 걸리기 때문에 업체 입장에서는 자금 회전에 매우 불리하다. L/C를 개설하는 과정에서 대형 은행들과 금융 당국의 뿌리 깊은 관료주의는 기업들의 자원과 시간을 엄청나게 낭비시킨다. 광범위한 서류 작업, 주말과 공휴일에는 칼같이 문을 닫는 엄격한 업무 시간, 그리고 비협조적인 은행 직원과의 작업 등이 단점에 해당된다.

전 세계가 비행기와 인터넷망으로 연결된 글로벌 시대에, 모든 종류의 국제 무역 거래에서 L/C가 제공하는 제3자 신뢰에 의존하는 것은 시대에 뒤떨어진 것처럼 보인다. 좋은 사업 파트너를 찾고 신뢰 관계를 구축하는 데 굳이 은행의 개입이 필요할까? 이제는 줌(Zoom)에 접속만 하면 언제 어디서든 서로 얼굴을 보며 대화를 나눌 수 있는 세상이다. 몇 시간만 비행기를 타면 세계 어디든 갈 수 있으니 거래처의 공장에 직접 방문하여 생산 현장을 둘러보는 것은 어떨까? 처음에는 작은 규모의 테스트 주문을 몇 번 해보고 과연 상대방이 믿을만한 파트너인지 판단해 보는 것도 좋다. 이 정도 노력은 L/C 개설을 위해 은행에 지불하는 수수료와 시간에 비하면 큰 비용도 아니다. 결국 중요한 것은 신뢰할 수 있는 파트너를 만들고 성공적인 거래를 계속하는 데에 얼마나 진심인지에 달렸다.

나는 무역 거래에서 필요한 신뢰를 은행이나 정부 같은 기관에 아웃소싱하는 것이 아니라, 당사자들 간에 직접 구축하는 것이 더 낫다고 믿는다. 특히 정부가 '안전을 위해서'라며 제정한 여러 가지 정책들이 실제로 얼마나 비상식적이고 무분별한지 우리는 코로나19 팬데믹 기간 동안 뼈저리게 경험했다. 원래 가장 높은 수준의 신뢰를 제공해야 할 당국과 규제 기관들에 대한 믿음은 날이 갈수록 흔들린다.

새로운 금융 거래 네트워크, 비트코인

내가 잘 다니던 직장을 그만두고 암호화폐 산업으로 옮겨와 창업까지 하게 된 이유도 바로 이 때문이다. 엄청나게 불편하고 느리며 복잡하지만, 단지 누군가가 보증해 주는 신뢰가 필요하기 때문에 L/C를 개설하는 관행은 점점 사라질 것이라고 생각했다. 이제 신뢰의 주체는 관료화된 기관에서 개인으로 넘어왔다. 믿을 만한 사업 파트너와의 성공적인 거래는 은행을 통하는 것이 아니라, 스스로 상대방과 적극적으로 신뢰를 구축할 때 더욱 확장 가능하다. 나는 충분히 많은 사람들이 스스로 신뢰를 구축하는 것의 중요성을 깨닫게 되면, 비트코인이 전 세계에서 모든 금융 거래에 쓰이게 될 혁명적인 기술이 될 것이라 보았다. 비트코인은 그 자체로 화폐이자 가장 신뢰도 높은 네트워크이기 때문이다. 정부와 금융 당국의 권력이 약화된 시대에, 개인은 최소한의 규제만 준수하며 자유롭게 국경을 넘나들며 투자하고, 서로 돈을 송금하며, 거래하는 자유를 누려야 한다. 비트코인은 그것을 가능하게 한다.

인터넷을 오늘날의 성공한 기술로 이끈 것은 구글, 아마존, 페이스북 등 해당 기술 위에서 유용한 서비스를 구축하는 데 성공한 기업들의 등장이었다. 인터넷이 국경을 넘나드는 정보의 이동을 가능하게 했다면, 비트코인은 국경을 넘나드는 가치의 이동을 가능하게 하는 기술이다. 나와 마찬가지로 이 기술을 활용하여 지리적인 제한이나 규제의 방해 없이 부를 창출하고 싶은 기업가라면 누구든지 비트코인 위에서 혁신적인 서비스를 내놓기 위해 달려들 것이다. 이것이 비트코인이 금을 뛰어넘는 수준의 신뢰를 얻게 될 이유다. 비트코인의 근본적인 가치는 바로 이 무한한 확장 가능성에서 나온다.

Chapter 7

은행은 **언제까지** 건재할 것인가

비트코인은 탈중앙화된 금융 시스템의 시작이다

_안드레아 안토노풀로스

2022년에 파산한 암호화폐 거래소 에프티엑스(FTX)의 창업자인 샘 뱅크먼프리드가 2024년 3월 28일에 징역 25년을 선고받았다. 약 110억 2000만 달러(한화 약 15조 원)에 달하는 뱅크먼프리드의 재산은 몰수되어 피해자들에게 보상금으로 지급될 예정이다. 사건을 심리한 미국 뉴욕 남부 연방법원의 루이스 A. 캐플런 판사는 "뱅크먼프리드가 앞으로 매우 나쁜 일을 저지를 가능성이 있으며, 그 위험은 결코 경미하지 않다"고 선고 이유를 설명했다.

뱅크먼프리드에게 25년의 징역이 선고되자, FTX에 투자한 피해자 중 한 명은 텔레그램에 "25년형, 장난하나"라는 반응을 보였다고 한다. 80억 달러(약 10조 7000억 원)를 날린 죄에 25년이라는 형량은 상당히 짧게 느껴진다. 그러나 「뉴욕타임스」는 "뱅크먼프리드가 받은 형량은 미국 내에서 최근에 화이트칼라 범죄자에게 부과된 가장 긴 형량 중 하나"라고 보도했다.

「뉴욕타임스」가 언급한 '최근 가장 긴 형량'이라는 부분에 주목해 보자. 미국은 전통적으로 화이트칼라 범죄, 특히 금융 범죄에 대해 엄한 처벌로 잘 알려져 있다. 2008년 금융 위기 당시 유명한 폰지 사기를 주도한 버나드 메이도프는 2009년에 징역 150년을 선고받았다. 당시 70대였던 그는 복역 12년 후, 82세의 나이로 교도소에서 사망했다. 그렇다면 최근 미국에서 FTX만큼 큰 금융 사건이 없었던 것일까?

은행의 파산, 해결은 세금으로?

실제로 그런 사건은 있었다. 가장 대표적인 예는 2023년 6월 발생한 실리콘밸리은행(Silicon Valley Bank, SVB)의 파산 사건이다. 자산 규모로 미국 내 열여섯 번째에 해당하던 SVB는 Fed의 급격한 기준금리 인상으로 심각한 위기에 빠졌다. 이 은행은 고객들의 예금을 국채에 대규모로 투자했다가, 금리가 급등하면서 채권 가격이 폭락해 고객들에게 원금을 돌려줄 수 없게 되었다.

이 상황이 지역은행 몇 곳에까지 영향을 미치면서 연쇄 파산이 발생하고, 사태가 더욱 확산될 조짐을 보이자 중앙은행이 진화에 나섰다. 은행 파산으로 돈을 잃을 위험에 처한 고객들의 예금을 전액 보장하기로 결정한 것이다. 어쩌면 2008년 뉴욕발 금융위기 같은 심각한 경제 침체를 초래할 수 있었던 은행 시스템의 위기는 중앙은행의 개입으로 큰 타격 없이 넘어갔다. 마치 아무 일도 없었던 것처럼 말이다.

FTX도 Fed의 급격한 금리 인상의 타격을 직접 맞았다. 고객들이 거래소 계정에 보관한 암호화폐를 은행 계좌처럼 사용하거나, 당시 FTX가 독보적으로 제공하던 연 10퍼센트 이자의 USDT 스테이블 코인 예치 상품에 자산을 묶어두었기 때문에 FTX의 역할은 실질적으로 은행과 매우 비슷했다. Fed가 금리를 인상하자 암호화폐 가격이 급락했고 FTX에 고객들의 출금 요청이 쇄도했다. 그러나 이미 고객의 자산을 위험한 트레이딩에 사용하다 그 과정에서 손실을 입은 샘 뱅크먼프리드는 이를 감당할 수 없게 되어 결국 파산을 선언했다.

기업가로서 샘 뱅크먼프리드의 도덕적 해이는 비난받을 만하다. 그러나 만약 Fed가 0.5퍼센트, 0.75퍼센트씩 기준금리를 깜짝 인상하지 않았다면 어땠을까? 아마도 FTX는 뱅크런 사태에 직면하지 않았을 것이다. 어쩌면 그들은 여전히 문제없이 거래소를 운영하면서 명성을 유지했을지도 모른다.

똑같이 Fed의 금리정책에 영향을 받았음에도 불구하고, SVB와

FTX는 전혀 다른 결과를 맞이했다. 둘 다 똑같이 파산했지만 하나는 빅브라더의 등장으로 마치 아무 일도 없었던 것처럼 지나갔다. 다른 하나는 피해자에게 변제하기 위해 파산관리인을 고용해 남은 재산을 정리하고 있다.

문제가 발생했음에도 불구하고 마치 아무 일도 없었던 것처럼 감추는 시스템과 문제를 투명하게 드러내어 썩은 부분을 도려내는 시스템 중 어느 것이 더 정의로운가? 우리는 어떤 경제 시스템에서 더 자유롭게 번영할 수 있을까? 중앙은행이 모든 은행들의 리스크를 통합하여 관리하는 현 금융 시스템은 어떤 은행에 문제가 발생하더라도 그 은행을 망하게 두지 않는다. 그 이유는 해당 은행에 예금을 맡긴 기업, 개인, 심지어 다른 은행들에게까지 문제가 전이될 수 있기 때문이다. 은행이 신뢰를 잃는 순간, 뱅크런을 피할 수 없게 된다. 은행 시스템이 무너지면, 중앙은행에 대한 신뢰도 역시 추락할 것이다. 금융 권력자들은 이를 가장 두려워한다.

은행 시스템에 문제가 생겼을 때 중앙은행이 해결하는 방식은 고통을 사회 전체에 분산시키는 것이다. 예를 들어 만약 당신이 예금을 보유한 은행이 망했고, 정부가 나서서 예금 전액을 보장해주었다고 가정하자. 당신은 예금을 되찾을 수 있겠지만, 그 비용은 나머지 국민이 '숨겨진 세금' 형태로 부담하게 된다. 중앙은행이 예금자 보호를 위해 새로운 돈을 찍어내면, 이미 유통 중인 돈의 가치는 희석되어 떨어진다. 이러한 일이 반복될수록 당신의 구매력은 서서히 감소하게 된다. 결국 이 시스템 안에서는 돈의 수도꼭지를 관리하는 소수의 권력자를 제외하고는 대부분의 사람들이 더 가난해지게 된다.

문제를 덮어둔다고 해서 문제가 사라지는 것은 아니다. 문제는 그저 미래로 연기될 뿐이며, 현재 작은 수준에서 해결될 문제가 시간이 흘러 훨씬 더 큰 문제로 부풀어 결국 폭발하게 될 수도 있다. 당연히 미래의 피해는 매우 클 것이다. 바로 이런 이유로 글로벌 경제는 20~30년마다 큰 위기를 겪는다.

비트코인에는 중앙은행이 존재하지 않는다. FTX 같은 문제가 발생해도 빅브라더가 나타나 새 비트코인을 찍어내어 피해자를 구제해 줄 방법이 없다. 고통스럽긴 하지만, 이를 통해 우리는 Fed가 급격하게 금리를 인상했을 때 실제 경제에 어떤 문제를 일으키는지 더 분명하게 볼 수 있었다. Fed의 신뢰할 수 없고 무분별한 행동을 투명하게 보여준 사건이 바로 FTX의 파산이었다. 이 사실을 모르고 여전히 기존 금융 시스템이 안전하다고 믿으며 은행 예금을 늘리는 사람들은 결국 남의 실수를 떠안고 점점 더 가난해질 것이다. 그러다 대공황이나 리먼 브라더스 사태와 같은 큰 위기가 발생하면 모든 것을 잃을 수 있다.

은행의 위기는 계속된다

앞 글자가 S로 시작하는 세 은행[8]의 연쇄 파산을 지칭하는 '트리플 S 사태'를 마지막으로 끝난 듯했던 은행 위기가 계속되고 있다. 최근엔 미국 내 자산 규모 14위 은행인 퍼스트리퍼블릭(First Republic Bank)이 도마 위에 올랐다. 퍼스트리퍼블릭은 2023년 3월 10일 이미 뱅크런 사태를 한 번 맞았다. 당시 JP모건, 뱅크오브아메리카, 시티그룹 등 대형 은행 열한 곳이 빠르게 300억 달러를 지원해 주면서 위기를 벗어나는 듯했다. 그러나 2024년 4월 24일 실적 발표에서 1분기 고객 예금이 무려 1020억 달러(약 136조 원) 빠져나갔다는 사실이 공개되었다. 이후 위기설이 재점화하며 주가가 16달러에서 3.5달러로 78퍼센트 폭락했다.

결국 회생이 불가능하다고 판단한 미국 정부는 주말 사이 급하게 매수자를 찾았다. 그대로 둘 경우 금융 시스템 전반에 대한 불신이 확산될 수 있다고 본 것이다. 인수자로 나선 주인공은 미국 최대 은행인 JP 모건이다. CEO인 제이미 다이먼은 인수 직후 5월 1일 언론과 진행한 컨퍼런스 콜에서 "미국의 금융 시스템은 매우 건전하며 (자신이 문제를 진화했으므로) 이제 모두들 안도의 한숨을 내쉬어도 된다."며 너스레를 떨었다. 과연 사실일까.

JP모건의 퍼스트리퍼블릭은행 인수는 당장 부실 은행이 하나

---

8 실버게이트은행(Silvergate Bank), 실리콘밸리은행, 시그니처은행(Signature Bank).

더 파산하는 사태는 막았을지 몰라도 미국 은행 시스템 전체로 보면 혹을 하나 더 붙인 꼴이다. 이번 인수로 인해 JP모건의 은행 산업 내 영향력이 더욱 커지는 힘의 집중화 현상이 심화되었기 때문이다. 타 은행들 대비 보유 자산 규모가 커지면서 '너무 커서 실패하기 어려운(Too big to fail)' 은행이라는 지위를 얻었을지는 모른다. 그러나 이러한 독점 구조는 자유경쟁을 차단하기 때문에 소비자 입장에서는 서비스 비용 증가와 품질 하락으로 이어질 가능성이 있다.

JP모건의 점유율이 높아짐에 따라 가계에 대출이 원활하게 공급되지 않을 것이라는 우려도 있다. 수익에 도움이 되는 대기업이나 고액 자산가에게만 서비스 제공을 집중하고 중소기업과 일반 개인은 소홀히 대할 수 있기 때문이다. 거액의 자산을 예치하거나 한 번에 큰 단위의 대출을 해가서 은행 수익에 도움을 주는 것은 1퍼센트 고액 자산가일지 몰라도, 경제 전체의 생산과 소비를 책임지는 것은 결국 나머지 99퍼센트의 일반 고객들이다. 만약 JP모건이 이들에 대한 대출 창구를 원활하게 열어주지 않는다면 이는 적어도 법정화폐로 굴러가는 현 경제에는 성장을 저해하는 요소로 작용할 수 있다.

무엇보다 JP모건이 퍼스트리퍼블릭의 고객 예금을 비롯한 모든 자산을 인수한다고 해서 완전히 문제가 해결되었다고 보기에도 이르다. 미국의 연방보험예금공사(FDIC)가 매 분기 발행하는

'문제 은행 보고서'에 따르면 2024년 1분기 기준 퍼스트리퍼블릭 수준의 유동성 위기를 조만간 겪을 수 있는 은행은 63개나 된다. 이는 2023년 4분기 보고서에 나온 52개에서 11개나 증가한 것으로 미국 내 은행 위기가 아직 끝나지 않았음을 보여준다. 이번엔 JP모건이 백기사로 나섰지만 다음은 누가 나설까? 만약 이 비용 중 일부라도 납세자에게 부과되는 식으로 결론이 난다면 2008년 '월가를 점령하라' 시위에 버금가는 대중의 반발을 불러일으킬 수 있다.

미국 경제는 지나치게 오랜 시기 동안 유동성을 확대했고, Fed는 금리 인상 주기를 부적절하게 관리했으며, 규제 당국은 은행들의 자본 건전성에 대한 감독과 규제를 미흡하게 실행했다. 제이미 다이먼의 행복회로 섞인 희망찬 발언과는 달리, 앞으로 또 어떤 부수적인 피해가 발생하여 전혀 예상치 못한 결과로 이어질지 불투명한 상황이다. 정부나 중앙은행이 절적한 정책 대응으로 해결책을 도출하여 금융 시스템을 정상으로 돌릴 수 있는 시기는 이미 지났다.

지금 미국의 은행들은 은행기간대출프로그램(Bank Term Funding Program, BTFP)과 Fed가 운영하는 할인창구 대출을 통해 자금을 수혈하여 간신히 버티는 중이다. BTFP는 SVB 파산이 금융 시스템 위기로 번지는 것을 막기 위해 Fed가 도입한 새로운 유동성 지원 기구다. 미국 은행들의 BTFP 잔액은 2024년 3월 종료

전까지 1640억 달러로 늘어났고, 할인창구 대출액은 738억 달러까지 상승했다. 통상 할인창구 대출을 받으면 은행의 유동성과 신뢰에 문제가 생겼다는 것으로 해석할 수 있다. 그렇기 때문에 이를 꺼리는 편인데, 이제는 은행들도 그런 걸 신경쓸 겨를이 없다. Fed가 금리를 인상할 때마다 악화되는 자본 건전성 문제를 해결하기 위해 은행들은 최후의 수단까지 동원하고 있다.

이러한 문제는 Fed 금리가 현 수준으로 유지되는 동안에는 사라지지 않을 것이며 궁극적으로 두 가지 결과 중 하나로 이어질 것으로 보인다. 심각한 신용 경색으로 인해 금리가 인하되거나, 은행 부문의 전염성 붕괴를 막기 위해 유동성을 공급해야 하는 상황에서 Fed 대차대조표가 폭발적으로 증가하는 것이다. 두 시나리오 모두 비트코인에는 강세 요인이다.

스테그플레이션이라도 비트코인을 모으자

2024년 6월 현재, 미국 경기는 침체의 위기가 커지고 있다. 1분기 미국의 GDP 성장률은 1.6퍼센트를 기록해 전망치인 2퍼센트를 밑돌며 미국 경제가 점점 둔화됨을 확인시켜 주었다. Fed 위원들의 머릿속이 더욱 복잡한 이유는 인플레이션 목표인 2퍼센트까지 가려면 멀었는데 경제 성장만 둔화되어 물가 상승과 경기 침체가 함께 찾아오는 '스태그플레이션' 환경이 조성되고 있기 때문이다.

소비자물가지수(CPI)로 측정되는 인플레이션은 확실히 정점을 찍고 낮아지는 추세지만, 그 속도가 여전히 너무 느려 안심하기에는 아직 이르다. 따라서 2024년 남은 FOMC 회의에서는 은행 위기가 고조되는 상황에서 Fed가 경기 침체에 대한 우려와 인플레이션 사이에서 어떻게 균형을 맞추는 결정을 내릴지가 관건이다.

예상컨데 파월 의장은 미국 대선이 있는 11월까지 금리인하 결정을 유보하면서 정치적 중립 입장을 고수할 것이다. 인플레이션을 잡기 위해 금리를 인하하지 않는 매파적인 태도를 유지하면서도 경기 침체 가능성이 조금이라도 커지면 언제든 금리인하를 단행하겠다는 발언을 섞어줌으로써 현 기조를 유지하는 것이다. 어차피 연준은 대응하는 기관이지 이끄는 기관이 아니다. 시장은 앞으로도 제롬 파월의 입을 쳐다보며 그가 매인지 비둘기인지에 대해 며칠간 논쟁을 벌일 것이다. 그러나 중요한 것은 미국 GDP 성장이 둔화 중이라는 사실이다. 경기 침체는 Fed 입장에서 반드시 막아야 하는 가장 중요한 과제다. 만약 2024년 12월 마지막 FOMC에서 한차례 0.25퍼센트 금리 인하를 단행하더라도 시장은 그다지 환호하지 않을 수 있다. 금리인하의 원인이 소프트랜딩(경기가 활황인 가운데 물가만 내려오는 상황) 때문인지, 아니면 경기 침체 때문인지 해석이 분분할 것이기 때문이다.

사실 비트코이너의 입장에서 연준이 어떤 이유로 금리인하를 했는지는 중요하지 않다. 소프트랜딩 때문이라면 이제부터 다가

올 불마켓을 행복하게 즐기면 되고, 경기침체 때문이라면 지금까지 그래왔듯이 비트코인을 모으는 데 집중하면 된다. 연준은 대응하는 기관임을 잊지 말자. 그들이 어떤 결정을 내릴지 맞추는 것은 도박이다. 그들이 어떤 결정을 내리더라도 상관없는 투자를 하는 것이 좋다.

비트코인은 2024년 6월 현 시점 기준으로 연초 대비 60퍼센트 가까이 상승하며 다른 어떤 위험자산들보다 높은 가격 상승률을 보였다. 그동안은 불확실한 경제 상황에 대비한 헤지 수단으로써 주목받은 '디지털 골드' 내러티브가 가격을 밀어올렸다고 봐야 한다. 이렇듯 지난 몇 달 동안 비트코인과 주식시장의 상관관계는 감소했다.

자산 가격은 오르고, 현금 가치는 떨어지면

지속적인 자산가격 상승은 전체 재산에서 자산 비중이 높은 부자들은 더욱 부자로 만들고 현금 비중이 높은 서민은 더욱 가난하게 만든다. 자산 가격의 상승은 화폐의 구매력 하락을 의미한다. 통화량이 지속적으로 증가하는 와중에 화폐의 구매력 하락이 본격화되면 상품과 재화의 가격이 올라가기 시작한다. 특히 의료비와 교육비 등 아무리 가격이 올라도 다른 것으로 대체하기 어려운 '비탄력적 재화'의 가격이 눈에 띄게 상승하게 된다. 지난 20년

간 미국 내 의료비, 대학 등록금, 대학 교재비, 자녀 양육비 등 주요 비탄력 재화의 가격은 적게는 100퍼센트에서 많게는 250퍼센트까지 상승했다. 반면 같은 기간 동안 평균 시간당 임금은 50퍼센트 상승하는 데 그쳤다.

서민들은 이런 격차를 좁히기 위해 위험한 투기에 내몰린다. 이런 나쁜 결정들이 하나하나 쌓이게 되면 경제는 주기적으로 '지나친 호황 → 거품 붕괴 → 경기 침체'가 반복되는 '호황과 불황(Boom and bust)' 사이클에 갇히게 된다.

이 사이클을 끝내는 유일한 방법은 과도하게 풀린 통화량을 중앙은행이 다시 거둬들이는 것이다. 그러나 현실에서 이는 매우 어렵다. 우리가 지난 1년간 경험했듯이 금리 인상과 양적축소는 엄청난 고통을 수반하기 때문이다. 국민의 지지율로 먹고사는 정치인이 인기에 악영향을 미치는 정책을 밀어붙일 확률은 대단히 낮다. 특히 2023년 프랑스에서 터져나온 국민연금 사태만 봐도 사람들은 돈과 관련된 문제에는 그 어떤 것보다 더욱 민감하게 반응한다.

비트코인은 그 탄생 목적 자체가 중앙은행과 은행 시스템을 대체하는 것이다. 정책 입안자는 결국 화폐 찍어내기와 같은 쉬운 길을 선택하게 되어 있다. 그들 입장에서 긴축은 이득보다는 고통을 불러오기 때문이다. 그러나 금리 인하와 유동성 공급은 근본적인 문제 해결책이 아니다. 오히려 작은 규모에서 터지면 더 빨리 수습될 문제의 크기를 키워 나중에 걷잡을 수 없는 피해를 양산할 폭탄으로 만드는 격이다. 이는 마치 임종을 앞둔 환자가 고통을 잊기 위해 모르핀을 맞듯이, 경제도 산더미처럼 쌓인 문제와 고통을 잠시 잊어버리는 것과 비슷하다.

비트코인에 투자하는 것은 단순히 다가올 양적완화와 금리 인하에 대비해 위험자산에 투자하는 것이 아니다. 혹시 있을지 모르는 은행 시스템의 붕괴, 나아가 중앙은행을 기반으로 한 법정화폐 시스템의 붕괴에 대비하는 것이다. 지금 생각하면 어처구니 없을 만큼 가능성이 희박해 보이지만, 만약 정말로 발생한다면 세계 경제를 송두리째 흔들만한 대형 사건임엔 분명하다.

자국의 화폐 가치가 무너져 살인적인 인플레이션 환경에서 사는 국민들 입장에서는 이미 비트코인이 법정화폐보다 훨씬 더 현실적인 대안이다. 이런 국가의 정부는 선진국보다 금융 서비스에 대한 접근성을 훨씬 더 철저히 통제하기 때문이다. 튀르키예나 아르헨티나 대도시에 있는 외화 환전소들은 달러화와 USD테더를 함께 취급한다. 지금이야 달러화 환율이 여타 신흥국 화폐 대비 강세이기 때문에 달러 기반 스테이블코인이 인기를 끌지만, 결국 달러화의 구매력도 계속해서 하락할 것이다. 중앙은행의 통화 정책과 상관없이 4년에 한 번씩 발행량이 줄어들면서도 사용성은 꾸준히 증가하는 비트코인은 결국 최후의 안전자산이자 민간화폐로 인정받을 것이다.

Chapter 8

비트코인 ETF에 자금 유입이 줄어든 이유는?

파티에 늦긴 했지만, 나는 비트코인의 지지자이다.

_일론 머스크

2024년 4월 20일 반감기 이후 비트코인 현물 ETF의 유입량이 눈에 띄게 감소하며 비트코인 가격도 멈칫했다. 3월 13일에는 하루 1만 3370BTC가 ETF에 유입되며 정점을 찍었지만 이후 계속 하락했다. 4월 25일 기준, 한 달간 비트코인 ETF로 들어온 순 유입량은 단 3603BTC(원화 기준 약 3100억 원)에 그쳤다.

자금 유입의 주체를 파악하자

비트코인 ETF의 순유입량 감소의 주요 원인은 두 가지다.

첫째, 미국에서 매월 발표되는 CPI 지수가 계속해서 예상치를 넘어서면서 Fed가 약속한 연내 세 차례의 금리 인하 가능성이 점점 낮아졌다. 2월과 3월 CPI 상승률은 각각 0.4퍼센트를 기록하며 두 달 연속 예상치를 상회했다. 이는 연간 거의 5퍼센트에 육박하는 인플레이션으로, 인플레이션이 실제로 연간 3퍼센트대로 유지되는지에 대한 의문이 커졌다. 이에 따라 Fed가 약속한 연내 금리 인하 가능성도 낮아졌다.

둘째, 중동 전쟁의 확산 가능성이다. 지정학적 불확실성은 위험자산에 대한 선호도를 감소시키고 안전자산에 대한 선호도를 증가시킨다. 2024년 4월 한 달간 미국의 S&P500과 나스닥 지수는 각각 2.81퍼센트, 4.10퍼센트씩 하락했다. 같은 기간 동안 금 ETF인 GLD는 6.79퍼센트 상승했다. 동일 기간 비트코인 가격은 마이너스 5.64퍼센트를 기록했다. 이는 금융시장에서 비트코인이 아직 위험자산으로 간주되고 있음을 나타낸다.

이런 배경에서 비트코인 ETF에서 자금이 빠져나가는 것은 당연한 현상이다. 이 사실을 더욱 확실하게 알 수 있는 방법은 그동안 비트코인 ETF에 자금을 유입시킨 주체가 누구인지 파악하는 것이다.

꾸준하게 비트코인을 사야 하는 이유

그레이스케일의 GBTC는 ETF로 전환되기 전에 총 62만 BTC를 보유하고 있었다. GBTC가 ETF로 전환된 뒤 열한 개의 현물 ETF가 보유한 비트코인을 모두 합치면 총 85만 BTC이다. 즉 현물 ETF 출시 후 새롭게 유입된 자금의 규모는 총 23만 BTC이다. 최신 데이터에 따르면 이 23만 BTC가 순수한 비트코인에 대한 기대감으로 들어온 자금이라고 보기는 어렵다. 사실 대부분은 헤지펀드들의 무위험 차익거래에 사용된 자금이다. 두 가지 예시를 통해 이를 자세히 알아보자.

예시 A: MSTR—비트코인 ETF 페어 거래

예시 B: 비트코인 ETF—BTCM4 선물 차익 거래

A 예시에서, 헤지펀드들은 마이크로스트래티지 주식(MSTR)의 가치가 회사가 보유한 비트코인의 가치보다 높은 프리미엄을 받고 거래되는 것을 활용하여 페어 거래를 한다. 여기서 페어 거래란 간단히 말해 MSTR 매도와 BTC 매수다.

2024년 3월 기준으로 MSTR 주식의 공매도 비중은 발행 주식의 약 19퍼센트에 이른다. 여기에는 옵션 거래량은 반영되지 않기 때문에 실제 공매도 규모는 이보다 클 것으로 예상된다. MSTR

주식의 시가총액은 약 290억 달러이다. 반면 현재 회사가 보유한 비트코인 총 21만 4246BTC의 가치는 약 150억 달러에 달한다. 이는 MSTR이 보유한 비트코인의 가치보다 MSTR 기업가치가 약 100퍼센트의 프리미엄을 받았음을 의미한다.

헤지펀드는 이 100퍼센트 프리미엄이 과대평가되었다고 본다. 참고로 MSTR 주가는 지난 20년 동안 큰 변동성이 없었으나, 비트코인 매수를 시작한 이후 기업가치가 크게 상승했다. 특히 MSTR이 비트코인 매수를 본격적으로 시작한 2021년 이전에는 MSTR의 시가총액이 현재의 10분의 1에도 미치지 못했다. 헤지펀드는 MSTR의 2021년 이전 시가총액 약 29억 달러와 현재 보유한 비트코인의 가치 150억 달러를 합쳐 총 180억 달러를 적정 가치로 본다.

만약 MSTR의 전체 시가총액 중 약 25퍼센트가 공매도 포지션이라고 가정한다면, 페어 거래를 위해 필요한 BTC 롱 포지션은 MSTR이 보유한 비트코인의 약 50퍼센트(25퍼센트×2)인 10만 7000BTC가 된다. 이는 그레이스케일의 물량을 제외한 비트코인 ETF로 신규 유입된 23만 BTC 중 단지 12만 3000BTC만이 순수한 매수 수요를 반영하고, 나머지는 주로 페어 거래와 관련되었다는 의미이다. 참고로 헤지펀드들은 페어 거래 시 비트코인 현물보다 ETF를 선호한다. 현물 BTC는 기관 입장에서 거래하기에 여러 가지 마찰이 존재하기 때문이다.

MSTR은 단지 하나의 예시일 뿐이다. 기관 투자자들은 반감기 등의 호재가 있을 때마다 채굴 기업 주식을 페어 거래에 이용하기도 한다. 이러한 점까지 고려하면, ETF 유입 자금 중 얼마나 많은 비율이 실제로 비트코인에 대한 장기적 관심을 반영하는지 판단하기 어렵다.

예시 B는 비트코인 ETF와 BTC 선물 간의 차익거래다. 비트코인 ETF를 매수하고 BTC 선물을 매도하여 현물과 선물 가격 간의 괴리를 이용해 무위험 수익을 창출한다. 현재 BTCM4 선물 가격이 현물 대비 1.96퍼센트의 프리미엄을 받으므로, 이를 연 기준으로 환산하면 10퍼센트가 넘는 무위험 수익을 확보할 수 있다.

현재 시카고상품거래소(CME)에 등록된 비트코인 선물 공매도 계약은 1만 6000개다. 계약 하나가 5BTC에 해당하므로 총 8만 BTC가 거래되고 있다. 이 물량은 대부분 차익거래를 위해 들어온 자금일 가능성이 크다. 앞서 MSTR–BTC 페어 거래 예시에서 계산된 순수한 비트코인에 대한 관심 수량 12만 3000BTC에서 8만 BTC를 빼면, 지난 3개월 동안 비트코인 ETF에 유입된 23만 BTC 중 순수 비트코인 장기투자를 위해 들어온 자금은 3만 3000BTC로 줄어든다.

결론적으로 비트코인 ETF를 통해 들어온 폭발적인 자금 유입은 비트코인에 대한 장기투자 수요로 보기 어렵다. 비트코인과 관련된 다양한 파생상품 및 비트코인 현물과의 가격 괴리를 이용해 무위험 차익거래 수익을 내려는 기관 투자자들이 주도한 유입이다. 지금은 인플레이션과 지정학적 위기가 다시 고조되어 위험자산에 대한 선호가 줄고 있으므로 헤지펀드들이 페어 거래와 차익거래를 줄이는 중이다. 만약 거시경제 상황이 더 악화되어 헤지펀드들이 본격적으로 시장에서 발을 빼기 시작하면, 비트코인 ETF에서 자금이 썰물처럼 빠져나갈 수 있다.

그렇다면 우리 같은 개인 투자자들은 어떻게 대응해야 할까? 언제나처럼 꾸준하게 비트코인 '현물'을 사야 한다. ETF에서 자금이 빠져나가 일시적으로 가격이 떨어지면 이 기회를 활용해 저점 매수하는 기회로 삼으면 좋다. ETF 유입세가 다시 돌아오지 않더라도 비트코인 가격은 다시 올라갈 것이다. 이번에 미국 현물 ETF 출시가 끌어올린 비트코인 가격은 단기 현상이었을 뿐이다.

다음 가격 상승 모멘텀은 헤지펀드들의 단기 매수가 아니라 진짜 순수한 비트코인 장기투자 수요에서 비롯될 것이다. 만약 이 수요가 어디에서 올지 상상할 수 있다면, 지금 가격에도 비트코인을 충분히 살 수 있다. 성공적인 비트코인 투자를 위해서는 그런 안목이 필요하다.

Chapter 9

탈중앙화 금융의 **미래는** 무엇인가?

비트코인은 자유와 주권을 지키는 수단이다.

_에릭 부어히스

레딧 월스트리트베츠(WallStreetBets) 커뮤니티의 영웅 로어링 키티(본명은 키스 길)가 무려 3년의 정적을 깨고 돌아왔다. 1400만 명의 팔로워를 보유한 로어링 키티는 2021년 게임스탑 주식을 5달러에서 120달러까지 급등시킨 장본인이다. 로어링 키티는 게임스탑 공매도를 친 헤지펀드들(시트론 캐피탈과 멜빈 캐피탈)이 막대한 손실을 보게 만들고, 헤지펀드를 돕기 위해 주식 매수 버튼을 비활성화했던 로빈후드의 창업자들까지 몽땅 의회 청문회에 출석하게 만들었다.

2024년 5월 14일, 로어링 키티의 트위터 계정에 3년 만에 새로

로어링 키티가 본인의 트위터 계정에 3년 만에 업로드한 이미지이다. (출처: x.com/TheRoaringKitty)

운 포스팅이 올라왔다. 의자에 앉은 채 상체를 앞으로 당겨앉는 남자 이미지였다. 다음 날 게임스탑 주가는 곧바로 110퍼센트 상승했다. 다음 날인 화요일도 100퍼센트가 더 올라 오전에만 사이드카가 다섯 번 걸렸다. 시간이 지나며 가격은 다시 내려왔지만 한 주간 주가 수익률은 여전히 52퍼센트에 달했다.

이는 단순히 주식 한 종목의 가격이 갑자기 폭등한 것 이상의 의미를 내포한다. 게임스탑 같은 밈주식 가격이 오르는 것은 시중에 대기자금이 많다는 의미이다.

게임스탑 주식이 폭등하자 뒤이어 암호화폐시장에서는 고양

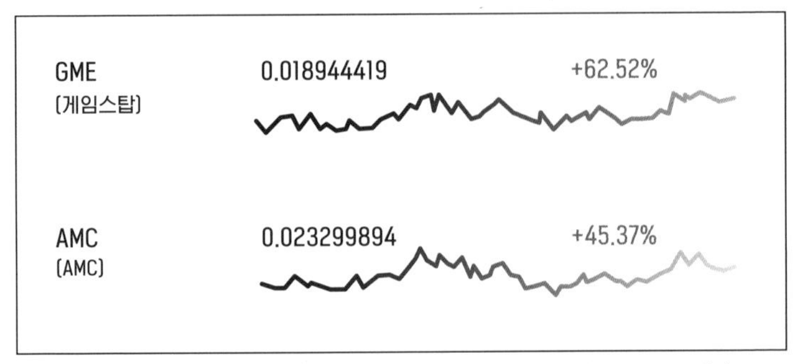

로어링 키티가 돌아오고 GME, AMC 토큰의 가격이 크게 올랐다. (출처: 밀크 로드 뉴스레터)

이 밈코인 가격이 일제히 폭등했다. 마침 로어링 키티가 "강아지의 시대는 끝났다(The Dog Days Are Over)."는 메세지를 담은 영상을 자신의 트위터 계정에 올리기까지 했다. 이 때문에 'KITTY'라는 티커(종목 코드)를 가진 밈코인은 무려 1만 2000퍼센트나 가격이 올랐다.

이게 다가 아니다. 게임스탑 주식과 또 다른 유명 밈주식인 AMC의 이름만 베껴 발행된 밈코인들의 가격도 일제히 폭등했다. 물론 이 코인들은 해당 주식의 이름과 심볼을 그대로 가져다 썼다는 것 외에는 실제 회사와 아무런 연관이 없다. 이런 상황에서 얻을 수 있는 정보는 그만큼 암호화폐 시장에도 대기자금이 많다는 것이다.

월가에서는 2024년 9월 FOMC에서 Fed가 기준금리를 인하할 가능성을 50퍼센트 이상으로 높게 점쳤다. 만약 그렇게 된다면, 유동성 증가에 대한 기대감과 더불어 위험자산 선호심리가 개선되며 비트코인 가격 역시 예상보다 크게 상승할 가능성이 있다. 지금처럼 고금리와 높은 인플레이션이 공존하는 환경에서 게임스탑 같은 밈 주식의 가격 상승은 본격적인 상승장인 '불 마켓'의 도래를 예고하는 신호일 수 있다. 이는 당연히 비트코인에도 큰 호재다.

금융 권력이 분산되면 비트코인 가격은 상승한다

로어링 키티의 귀환은 단순한 셀러브리티의 활동 복귀 이상의 의미를 지닌다. 그는 2021년 게임스탑 사태에서 막대한 자금을 동원한 헤지펀드들과 맞서 싸웠다. 이는 비트코인의 핵심 가치와 놀랍도록 일치한다. 비트코인은 소수에게 집중된 금융 권력을 다수의 개인에게 돌려주는 탈중앙화된 금융 시스템의 상징이다. 게임스탑 사태는 이러한 변화의 시작을 알리는 사건이었고, 로어링 키티는 그 중심에 있었다.

비트코인 가격이 계속 상승하는 것은 금융 권력이 지속적으로 분해되고 탈중앙화되는 트렌드를 잘 보여준다.

로어링 키티와 금융 권력자들의 대결

한동안 본인의 트위터 계정에 웃긴 밈 이미지와 영상들만 업로드하던 로어링 키티는 6월 3일, 마침내 레딧 커뮤니티에 본인의 게임스탑(GME) 보유 현황을 공개했다. 이 역시 3년 만이다. 그가 공개한 내역은 다음과 같다.

6500만 달러 상당의 6월 21일 만기, 행사가격 20달러의 GME 콜옵션.

1억 1500만 달러 상당의 GME 주식.

로어링 키티가 게임스탑에 대한 롱 포지션을 거의 2억 달러(약 2800억 원) 가까이 보유했다는 게 드러나자 GME 주가는 주식 시장이 열리기도 전에(시간 외 거래) 83퍼센트나 급등했다. 만약 콜옵션 만기가 돌아올 때까지 GME 가격이 내려가지 않는다면 그의 투자 수익은 거의 5억 달러까지 불어날 것이다.

그와 아는 사이도 아닌데 괜시리 응원하는 마음이 든다. 그의 성공은 금융 기득권과 그들이 쥔 권력이 타락하는 가운데 오랫동안 쌓여온 개인 투자자들의 불만이 폭발했기에 가능했다. 비트코인 역시 금융 주권이 국가와 소수의 기득권자에서 일반 개인으로 이동하는 일종의 사회적 현상이다. 평범한 개인도 헤지펀드와 금융기관을 이길 수 있다는 것을 몸소 보여주고 큰 돈을 번 로어링 키티. 과연 이번에도 그의 투자가 성공할 수 있을지 결과가 기대된다.

그런데 로어링 키티와 금융 권력자들의 대결이 아직 끝나지 않은 모양이다. 이번에는 모건스탠리가 로어링 키티의 이트레이드 계좌 정지를 고려 중이라는 소식이 「월스트리트저널」 보도를 통해 전해졌다. 이트레이드는 로어링 키티가 GME 콜옵션을 매수한 주식매매 플랫폼이다. 그가 콜옵션을 매수한 타이밍이 온라인에 보유 내역을 공개하기 이전이기 때문에 시세조종에 해당할 수 있다는 것이 이유다.

로어링 키티는 금융권 종사자가 아닌 개인투자자이다. 자신의 자금을 이용해 게임스탑 주식과 콜옵션을 매수했고 그 내역을 온라인에 공개했을 뿐이다. 과연 이것이 시세조종에 해당할까? 만약 모건스탠리가 정말로 로어링 키티의 계좌를 닫는다면 이는 2021년 로빈후드가 게임스탑 주식 매수 버튼을 비활성화했던 사건을 떠올리게 할 것이다.

이렇듯 금융기관이 지닌 권력은 때때로 개인들에게 큰 위협이 된다. 비트코인이 놀라운 이유는 이러한 문제에서 완전히 자유롭기 때문이다. 비트코인을 제대로 셀프 커스터디(Self-Custody)하기만 한다면 그 어떤 금융기관도, 정부도, 권력자도 개인의 비트코인 계좌를 마음대로 동결할 수 없다. 이는 비트코인의 가장 큰 장점 중 하나이다.

언뜻 연관성이 없어 보이지만 로어링 키티의 활동은 금융 시장의 변화를 보여주는 중요한 사례다. 로어링 키티는 개인 투자자들이 어떻게 거대 자본에 맞서 싸울 수 있는지를 보여주었고 비트코인의 중요성을 더욱 부각시켰다. 비트코인은 탈중앙화된 금융 시스템의 상징으로, 앞으로도 그 중요성은 계속 커질 것이다.

참고로 로어링 키티에 대해 더 알고 싶다면, 게임스탑 사태를 배경으로 한 영화 〈덤 머니〉를 보길 추천한다.

PART 2

비트코인의 백그라운드, 웹 3.0

■

비트코인은 화폐이자 네트워크이다. 나는 네트워크로써 비트코인이 가진 가치가 화폐로써 가진 가치 만큼이나 유망하다고 생각한다. 하지만 일상생활에서 비트코인이 네트워크라는 개념을 이해하는 사람을 만나기는 쉽지 않다. 특히 한국 사회에서는 비트코인 네트워크를 활용하는 경우가 적어서 그런 듯하다.

비트코인의 블록에 담기는 것은 'A가 B에게 얼마를 보냈다'는 정보다. 이렇게 금융 정보가 오갈 때 비트코인은 화폐로써 기능한다. 그렇다면 다른 정보가 오간다면? 우리가 인터넷에서 온갖 정보를 교류하는 것처럼 비트코인 위에서도 온갖 정보를 교류할 수 있다. 다만 중앙집중적인 '서버' 등이 필요 없을 뿐이다.

비트코인의 바탕은 웹 3.0

현재의 웹 생태계에 '탈중앙화'라는 가치관과 블록체인 등 신기술을 접목한 다음 세대의 인터넷을 '웹 3.0'이라고 부른다. 지금 우리가 사용하는 인터넷이 웹 2.0, 즉 2세대 인터넷이기 때문이다. 인터넷은 누군가 웹에 올린 정보를 단순히 '읽기'만 할 수 있었던 1세대에서 '쓰기'와 '상호작용'까지 가능해진 오늘날의 2세대 인터넷으로 진화했다.

우리는 인터넷이라는 공간에서 인종, 나이, 성별, 지역, 국경의 장벽 없이 그 어느 때보다도 촘촘하게 연결된다. 하지만 웹 2.0은 구글·애플·아마존·메타 등 소위 빅테크로 일컬어지는 대기업들이 거의 독점적으로 운영해 오면서, 중앙화되고 폐쇄적 인터넷으로 발전하는 결과를 가져왔다. 가장 치명적인 문제는 사용자들이 생산한 콘텐츠를 통해 창출된 수익 대부분이 소수의 플랫폼 기업에게 돌아간다는 것이다. 그러다 보니 사용자들은 콘텐츠 관리와 운영 시스템을 책임지는 거대 기업들이 인터넷 세상을 통제할 힘을 가진다고 생각하게 되었다. 또한 정보의 중앙집중화가 심해지면서 개인정보 유출, 축적된 데이터 유실과 함께 정보 보안에 대해서도 심각한 우려를 하게 되었다.

이러한 상황의 반작용으로 나타난 것이 웹 3.0이다. 웹3.0의 궁극적인 목표는 플랫폼이 독점하다시피 한 이익을 사용자에게 분산하는 것이다. 이 용어는 월드와이드웹을 만든 팀 버너스 리가 2006년에 처음 사용하면서 일반에 알려졌다. 플랫폼 사업자에게 종속된 정보의 주권을 탈중앙화를 통해 사용자에게 돌려주고, 단순히 읽고 쓰는 기능이 전부였던 웹 기능에 새로운 기술을 바탕으로 소유에 대한 권리까지도 사용자가 가질 수 있게 했다.

비트코인을 온전히 이해하려면 웹 3.0의 탄생 배경을 이해해야 한다.

Chapter 1

언제까지 플랫폼 권력에 **이용당할 것인가?**

비트코인은 21세기의 금융 혁명이다.

_폴 비냐

웹 3.0은 플랫폼 기업들이 과도하게 독점하고 있는 데이터와 이익을 다시 사용자에게 돌려주려는 시도이다. 플랫폼에 종속된 정보의 주권을 탈중앙화를 통해 사용자에게 돌려주고, 단순히 읽고 쓰는 기능이 전부였던 웹 2.0에 소유 기능까지 부여한 것이다.

웹 3.0을 땅이라고 생각해 보자. 사람들은 보통 건물을 지을 때 자기 땅 위에 짓는다. 남의 땅에 건물을 올렸다가는 땅 주인과 사사건건 갈등이 생길 것이 뻔하기 때문이다. 생각만 해도 머리가 지끈거리지 않는가. 만약 인터넷에 주인이 있었다면 지금 같은 번영은 불가능했을 것이다.

처음 인터넷이 나왔을 때도 '이것의 주인이 누구냐'가 최대 관심사였다. 닷컴 기업들은 저마다 기업형 인트라넷을 내놓고 자기들이 인터넷의 주인이라고 주장했다. 벤처캐피탈들이 이들에게 천문학적인 금액을 투자했고 수많은 유니콘이 탄생했지만 결과는 어땠는가.

한동안 번영하던 인터넷이 봉착한 문제는 혼자 모든 땅을 다 먹으려는 대규모 건물주가 몇 명 등장했다는 것이다(구글, 페이스북, 아마존 등). 워낙 힘이 막강해서 건물 세입자들이 간혹 부당한 처우를 당해도 어디 하소연할 데가 없다. 다른 데로 이사 가기도 어렵다. 내가 아는 사람들이 전부 그곳에 모여 있기 때문이다.

그런데 얼마 전 생긴 '웹 3.0'이라는 새로운 땅에서는 건물주가 세입자한테 월세를 받지 않는다고 한다. 설령 월세가 있더라도 세입자가 낼 금액을 스스로 결정한다는 것이다. 당신이 유튜버라고 가정해 보자. 지금 유튜브에 영상을 올리면 당신이 받을 돈을 유튜브가 결정한다. 구독자가 몇 명이냐, 조회 수가 몇이냐, 내가 거주하는 국가에 송출되는 광고 단가가 얼마냐에 따라 결정된다. 영상을 만들어 올리는 당신은 아무 결정권이 없다.

내가 건물주가 되는 세상, 웹 3.0

웹 3.0에서는 내가 만들어 올린 영상에 대한 비용을 내가 직접 결정한다. 내가 정한 금액대로 시청자에게 직접 과금해서 시청료를 받는 형태이다. 또는 내 채널에 광고를 내고 싶은 회사와 직접 협의해서 광고를 붙일 수도 있다.

근데 이 건물에도 문제는 있다. 크게 두 가지인데 첫째, 세입자 입장에서 너무 귀찮다. 건물주가 내라는 대로 내고 하라는 대로 하던 것이 익숙한 사람들은 모든 걸 스스로 결정해야 하는 이 건물이 너무나도 어색하다. 둘째, 건물주가 돈을 벌 방법이 없다. 세입자한테 월세도 못 받고 자기 마음대로 광고도 못 붙이니 건물 자체를 짓기 싫어하게 된다. 이 문제를 과연 어떻게 해결할 수 있을까?

이 두 가지 문제는 웹 3.0 시대가 본격적으로 열리려면 반드시 해결되어야 한다. 첫 번째 문제는 세입자가 불편함과 어색함을 감수하고라도 건물에 입주할 수 있게끔 더 높은 수익률이나 더 많은 기회, 더 수준 높은 가치를 전달할 수 있어야 해결될 것이다. 그리고 두 번째 문제는 건물주에게 좋은 건물을 제공하는 만큼 인센티브를 주는 등 지금까지와는 전혀 다른 새로운 수익 모델이 필요하다.

아마 웹 3.0에서 건물주는 건물만 짓고 마는 것이 아니라 직접 해당 커뮤니티 활동에 참여함으로써 다른 멤버들에게 인센티브를 받는 '트라이브(Tribe)'식 수익 모델을 적용할 가능성이 크다. 어쨌든 세입자가 많이 들어오기만 한다면 건물주가 돈을 벌 방법은 생긴다. 구글이 처음 나왔을 때도 공짜 검색창 서비스가 어떻게 돈을 벌 수 있을까 싶어 모두 의아해했고, 카카오톡이 국민 메신저가 된 후에도 국내 증권가에서는 '아무 수익 모델이 없는 기업'이라며 카카오의 기업가치를 평가 절하했었다.

지금 암호화폐시장에 웹 3.0 테마로 등장하는 코인들은 마치 저마다 인트라넷을 출시하던 2000년대 닷컴 기업들을 연상케 한다. 거대 벤처캐피탈 자본을 등에 업고 자기들이 직접 땅(웹 3.0)을 만들겠다고 나서고 있기 때문이다. 부자 건물주가 땅도 만들고 건물도 짓는다면 사용자 입장에서는 썩 마음에 드는 구조는 아니다. 사용자 입장에서는 '저 건물에 입주하면 정말 내가 주인 행세를 할 수 있을까'라는 의심이 들기 때문이다.

반면 일부 건물주들은 이미 나와 있는 튼튼한 땅을 적극 활용해 그 위에 좋은 건물을 짓겠다고 한다. 아직 무슨 땅이 건물을 올리기에 가장 좋은지는 아무도 모르지만, 트위터의 전 CEO인 잭 도시는 그 땅으로 비트코인을 낙점한 듯하다. 현존하는 블록체인 네트워크 중 가장 안정적인 땅은 단연 비트코인이다. 컨트롤하는 주인이 없고, 가장 탈중앙화되었고, 특정 이익집단에 의해 작동이 멈추거나 계획이 바뀔 가능성이 가장 낮기 때문이다.

건물주가 열심히 건물을 짓고 있는데 갑자기 땅이 갈아엎어진다면 어떻게 될까? 그 땅을 개발하려는 사람이 점점 없어질 것이다. 인터넷도 TCP/IP 표준 프로토콜통신규약이라는 통합된 체계

(레이어1)가 있었기 때문에 그 위로 수많은 앱이 생성될 수 있었다.

잭 도시는 비트코인을 웹 3.0의 기본 땅으로 정하고 그 위에 어떻게 좋은 건물을 세울지 고민하기로 방향을 잡았다. 그가 경영하는 스파이럴(Spiral)에서 내놓은 '라이트닝네트워크 개발자 키트(Lightning Development Kit)'는 비트코인 위에 건물을 세울 때 필요한 중장비, 자재 등을 규격화해서 담은 일종의 도구상자 같은 것이다. 만약 누군가 비트코인 위에 건물을 짓고 싶다면 이 도구상자를 사용해 이전보다 훨씬 쉽고 빠르게 건물을 세울 수 있다.

인터넷의 역사를 돌이켜 봤을 때 잭 도시가 추구하는 방향은 매우 설득력이 있다. 과거 인터넷의 효용 가치를 스스로의 사업 모델로 입증하지 못해 엉뚱하게도 인트라넷을 만든 닷컴 기업들은 망했고, 좋은 서비스와 수익 모델을 만들어 인터넷을 웹 2.0으로 진화시킨 구글·페이스북·아마존 등 플랫폼 기업들은 살아남아 엄청난 권력을 누렸다. 웹 3.0의 역사도 비슷하게 진행되지 않을까?

비트코인 네트워크 vs. 비트코인

비트코인을 처음 접하는 사람들에게 가장 혼란스러운 개념 중 하나는 '비트코인'이라는 말이 서로 관련은 있지만 뚜렷하게 다른 것을 지칭하는 두 단어라는 점이다. 네트워크나 결제 시스템으로써 비트코인과 토큰이나 자산으로써 비트코인이 그것이다. 이 둘의 혼선을 피하기 위해 잠시 네트워크를 지칭할 때는 '비트코인 네트워크'라고 구분해 불러보겠다.

비트코인은 처음에는 오로지 개인과 개인 간에 사용할 수 있는 전자 현금 시스템을 만들기 위해 시작된 간단한 아이디어였다. 물론 지금도 실생활에서 현금으로 결제하면 중개자 없이 거래할 수 있지만, 비트코인이 발명되기 전까지는 온라인에서 중개자 없이 돈을 지불할 방법이 없었다.

비트코인은 코드로 이루어진 소프트웨어이며, 비트코인 네트워크는 해당 소프트웨어를 운영하는 컴퓨터 수백만 대로 구성되어 있다. 이 코드, 즉 소프트웨어는 마치 프로토콜처럼 비트코인 네트워크를 운영하는 데 필요한 기준과 규칙을 제공한다. 그리고 네트워크는 현재 비트코인이라고 불리는 디지털 토큰을 주고받을 수 있는 결제 시스템을 운영한다.

몇 가지 규칙만 지킨다면 누구나 비트코인 네트워크에 참여하거나 떠날 수 있다. 다만 다른 참여자와 충분히 합의하지 않은 상태에서 멋대로 규칙을 바꾸려고 하면 네트워크에서 퇴출당할 수 있다. 비트코인의 코드는 오픈소스[10]이므로 누구든지 복사하거나 수정할 수 있다. 그러나 이렇게 만든 '모조품'은 비트코인과는 완

10 Open source. 무상으로 공개된 소스코드 또는 소프트웨어.

전혀 다른 네트워크이며, 원조 비트코인과의 호환성도 '제로'이다.

토큰으로써 비트코인은 오로지 비트코인 네트워크에서만 쓸 수 있다. 다른 블록체인으로 옮기거나 비트코인 네트워크에서 없앨 수도 없다.

첫 단추를 잘못 끼운 페이스북

블록체인은 인터넷판 공용 리모컨을 만들 수 있는 근본 기술이다. 좀 더 정확히는 블록체인의 특성 중 하나인 '분산원장기술(Distributed Ledger Technology)'이 그렇다. 이는 중앙 서버나 관리자의 제어 없이 네트워크의 참여자(노드, Node)들이 데이터를 공유하고 계속 동기화하는 기술이다. 쉽게 말해 페이스북에 따로 계정을 만들지 않아도 로그인하고 게시물을 올릴 수 있는 기술이라고 보면 된다. 그뿐일까? 점심시간에 친구와 차박 캠핑에 대한 메시지를 주고받은 후 페이스북 피드가 캠핑 용품 광고로 도배되는 일도 더는 없을 것이다. 페이스북의 서버에 내 정보가 저장되지 않으니까 말이다.

그런데 정작 이 문제를 제일 잘 알고 있을 당사자인 페이스북(현 메타)의 창업자 마크 저커버그는 웹 3.0의 모습을 약간 다르게 생각하는 듯하다. 그는 사명까지 메타로 고쳐가며 자신들이 메타버스 회사임을 천명하기는 했지만, 여전히 모든 사용자의 데이터를 저장하고 관리하는 플랫폼 형태에서 어떻게 벗어날 것인지는 설명하지 않았다. 아니 어쩌면 그럴 계획 자체가 없을 수도 있다.

메타에서 2018년 신설한 블록체인 전담 부서는 자기들의 데이터 독점 권력을 분산하는 블록체인을 개발하기보다는 엉뚱한 곳의 권력을 분산하려 했다가 정치권과 여론의 거센 역풍을 맞았다. 메타의 암호화폐 프로젝트 '디엠(Diem, 전 리브라)' 이야기이다.

디엠은 국경을 넘나드는 거래에서 국가가 발행하는 화폐를 대체하고 은행 계좌가 없는 수십억 명에게 지불 네트워크를 제공한다는 원대한 출사표를 던졌지만 결국 암호화폐를 출시하지 못했다. 미국과 유럽의 정부가 강력하게 규제하고 나섰기 때문이다. 공식 출시를 하기도 전에 일곱 개 파트너사가 탈퇴했고, 설상가상으로 디엠 프로젝트를 이끌던 데이비드 마커스 메타 부사장까지 2021년 말에 사표를 냈다.

국가가 독점하던 발권력을 차지하려 했던 저커버그의 계획은 일단 실패했다. 어쩌면 그는 애초에 첫 단추를 잘못 끼운 것일 수도 있다. 자신들의 플랫폼 권력은 그대로 유지한 채 국가의 권력만 빼앗으려 했으니 말이다.

트위터 창업자의 비트코인 활용법

앞서 말했듯이 잭 도시는 저커버그와는 조금 다른 방법으로 웹

3.0에 도전했다. 그는 2021년 5월, 미국 마이애미에서 열린 '비트코인 2021(Bitcoin 2021)'에 연사로 참여하여 필요하다면 트위터와 스퀘어를 떠나 비트코인에 전념할 수 있다고 말했는데, 그로부터 7개월 뒤 정말로 트위터의 최고경영자직에서 사임했다.

트위터를 나온 잭 도시는 곧바로 스퀘어(Square)의 사명을 블록(Block)으로 바꿨고, 스퀘어의 비트코인 전담 사업 스퀘어 크립토(Square Crypto)는 '스파이럴'로 이름을 바꿨다. 다른 알트코인[11]과는 최대한 거리를 두면서 비트코인에 대한 관심만 드러내 온 그의 행보로 볼 때, 결제 솔루션 기업 스퀘어의 기존 사업 인프라를 이용해 비트코인 생태계 발전에 '올인'할 가능성이 크다.

그의 행보는 상당히 재빠르다. 2021년 11월에는 기존 디파이(DeFi, 분산 금융)[12]처럼 사용자의 익명성은 보장하면서도 비트코인과 현금 간 자유롭게 거래할 수 있게 하는 티비덱스(tbDEX)라는 탈중앙화 거래소의 백서[13]를 공개했다. 은행 등 전통 금융기관을 티비덱스의 노드로 참여시켜 사용자 신원을 최대한 익명으로 보호하면서도 비트코인 사용자의 법정화폐 입출금과 거래를 가능하게 만든다는 계획이다.

---

11 Altcoin. 비트코인을 제외한 모든 가상화폐를 이르는 말.

12 Decentralized Finance의 약자. 탈중앙화된 금융 시스템을 말한다. 정부나 기업 등 중앙기관의 통제 없이 인터넷 연결만 가능하면 블록체인 기술로 다양한 금융 서비스를 제공한다.

13 원래는 정부가 특정 사안이나 주제에 대해서 조사한 결과를 정리해 보고하는 책을 말한다. 암호화폐 백서란 블록체인을 기반으로 한 서비스의 운용과 철학 기술배경을 설명하기 위한 논문이라고 볼 수 있다. 해당 코인을 위해 고려해야 할 주요 포인트와 앞으로 나갈 로드맵이 기술되어 있다.

이어 2021년 12월 7일에는 '라이트닝 개발자 키트'를 스파이럴 유튜브 채널에서 공개했다. 라이트닝 네트워크는 비트코인 송금과 결제를 번개처럼 빠르게 만들어 주는 레이어2 솔루션이다. 만약 자신이 운영하는 온라인 쇼핑몰에 비트코인 결제 기능을 탑재하고 싶다면 기존에는 복잡한 소프트웨어를 개발해야 했지만, 이제는 스파이럴의 라이트닝 개발자 키트를 이용하여 누구나 쉽고 간단하게 라이트닝 네트워크를 자사 홈페이지나 앱에 연동시킬 수 있다.

잭 도시는 다가오는 웹 3.0 시대의 주인공으로 비트코인을 낙점했다. 비트코인 네트워크는 전 세계에 퍼져 있는 1만 개 넘는 노드가 실시간으로 데이터를 동기화하며 작동한다. 명실상부 세계 최대의 완전히 탈중앙화된 네트워크이다. 주인이 없으므로 그 어떤 국가의 정부도 없앨 수가 없다. 각국 정부의 반대에 막혀 여태 출시조차 못 하고 있는 디엠과 비교하면 천양지차라고 할 수 있다. 디엠의 치명적인 단점은 바로 정부가 규제할 수 있는 '주인'이 존재한다는 것이다.

우리가 지금 즐겨 쓰는 유튜브, 페이스북, 넷플릭스가 비트코인 네트워크를 기반으로 등장한다면 어떨까? 사용자가 플랫폼마다 일일이 아이디와 비밀번호를 만들지 않아도 되고, 플랫폼에서 하는 모든 행동을 감시당할 일 없는 진정한 웹 3.0이 등장하게 되는 것이다.

웹 3.0을 선점하려는 진영 간 경쟁은 이제 막 시작됐다. 한쪽은 땅(자체 블록체인 네트워크)과 건물(앱)을 모두 자기가 직접 만들고 있고, 다른 한쪽은 이미 만들어진 땅(비트코인 네트워크) 위에 건물만 잘 짓겠다고 한다.

지난 40년간 웹 1.0과 웹 2.0이 발전해 온 방식을 한번 돌아보자. 기업과 개인들이 인터넷에 본격적으로 참여하며 빠르게 발전하기 시작한 계기는 사용하는 기관마다 중구난방이던 인터넷 표준이 TCP/IP라는 통합 프로토콜로 합쳐진 이후부터이다.

웹 3.0에서는 데이터 탈중앙화를 위한 새로운 표준 규약이 필요하다. 그것이 비트코인이 될지, 이더리움(Ethereum)이 될지, 또는 다른 제3의 블록체인 네트워크가 될지 아직 정해지지 않았다. 무엇이 되었든 일단 표준 프로토콜이 정해지기만 하면 기업과 개인이 본격적으로 들어와 웹 3.0 생태계가 빠르게 성장할 것은 분명하다.

Chapter 2

웹 3.0이 개인의 인생에 미치는 영향은?

비트코인은 디지털 혁명의 가장 중요한 발명품이다.

_맥스 카이저

이쯤에서 애초에 왜 인터넷이 웹 1.0에서 웹 2.0으로 넘어가며 소수 플랫폼에 의해 중앙화되었는지 짚어볼 필요가 있다. 가장 큰 이유는 사람들이 대부분 직접 자신의 서버를 운영하고 싶어 하지 않는 데 있다. 웹 1.0의 전제는 인터넷상의 모든 사람이 콘텐츠의 발행자이자 소비자이며, 인프라 제공자라는 것이었다. 즉 모두가 나만의 웹 서버에 내가 만든 웹사이트를 호스트하고, 나만의 이메일을 위한 나만의 메일 서버를 운영할 것이라는 예상이었다.

그러나 사람들은 절대로 그런 걸 원하지 않는다. 다시 말하지만, 사람들은 자신이 직접 서버를 운영하는 것을 꺼린다. 요즘에는 심지어 노드들도 직접 하지 않으려 하고, 소프트웨어를 전문적으로 만드는 조직들도 원하지 않는다.

그 결과 서버를 대신 운영해 주겠다고 나선 회사들은 큰 성공을 거뒀고, 그 회사들이 제공하는 네트워크를 기반으로 제품 판매에 집중해 온 회사들은 더 큰 성공을 거뒀다. 서버를 대신 제공해 줌으로써 큰 성공을 거둔 대표적인 회사로 AWS(아마존 웹 서비스)가 있다.

세계는 지금 암호화 중

프로토콜은 플랫폼보다 발전 속도가 훨씬 더디다. 30년이 넘도록 이메일은 여전히 암호화되지 않았지만, 세계 최대의 메신저인 왓츠앱(WhatsApp)은 완전한 종단 간 암호화(End to End Encryption)를 1년 만에 이루었다. 사람들이 IRC(Internet Relay Chat) 프로토콜을 기반으로 안정적인 비디오 공유 표준을 만드느라 고군분투하는 동안, 업무협업 툴 서비스인 슬랙(Slack)은 유저의 얼굴로 커스텀 리액션 이모지를 만드는 기능을 개발했다.

돈을 얼마를 쓰느냐가 아니라 무언가 진정 탈중앙화되는 순간, 해당 시스템을 바꾸기가 굉장히 어려워지고 종종 고착화된다는 것이 문제이다. 서비스를 만드는 기업의 관점에서 이는 매우 중요한 일인데, 나머지 생태계가 굉장히 빠르게 움직여서 그 속도를 따라잡지 못하면 몰락할 것이기 때문이다.

IT 산업의 많은 기업이 애자일(Agile) 같은 방법론을 정의하고 개선하는 데 집중해 온 걸 보면 알 수 있다.[14] 거대한 조직을 체계적으로 관리해서 최대한 빨리 움직이게 하는 일이 그만큼 중요하기 때문이다. 그러니 기술회사들은 성공을 위해 1990년대에 멈춰 있는 프로토콜을 가져다가 중앙화시키고 빠르게 개선해야 했다. 웹 2.0은 이런 배경 속에서 성장해 왔다.

디앱, 탈중앙화되지 않은 탈중앙 앱

비영리 재단이 만들고 운영하여 광고도 없고 데이터 독점도 없는 메신저 앱 시그널(Signal)의 전 CEO 목시 말린스파이크(Moxie Marlinspike)는 사람들이 말하는 웹 3.0이 기존의 인터넷 환경과 어떻게 다른지 알아보기 위해 직접 디앱(Dapp)[15]을 만들어 보기로 했다.

목시 말린스파이크는 먼저 오토노머스 아트(Autonomous Art)라는 디앱을 만들었다. 이 앱에서는 누구든 예술작품에 시각적으로 기여하고 NFT 토큰을 민팅[16]할 수 있다. 시간이 지나면서 참여하

14 인터넷은 1990년대 중순 이후로 민간을 중심으로 상용화되면서 무수히 많은 영역으로 확장해 나갔다. 하지만 표준화된 프로토콜(TCP/IP 프로토콜)은 건드릴 수 없으니 그 위에서 구동할 서비스를 빠르게 만들어 내놓고, 고객 반응을 보며 실험하고 개선하는 문화가 정착되었다. 그것이 바로 애자일 개발 방법론이다.

15 Decentralized Application. 분산형 앱. 일반적으로 블록체인 기반 앱을 지칭한다.

16 Minting. 그림이나 영상 등 암호화폐의 NFT를 발행하는 행위.

는 비용은 커진다. 그리고 기여자가 민팅을 위해 지불하는 비용은 사전에 참여한 모든 아티스트에게 분배된다. 이러한 재무구조를 시각화하면 피라미드 모양과 유사하다. 목시 말린스파이크가 디앱을 공개한 2021년 12월 이후 한 달 만에 3만 8000달러가 넘는 돈이 이 집단의 예술작품 창작에 투여되었다.

퍼스트 딜리버티브(First Derivative)라는 디앱도 만들었다. 이 앱은 특정 NFT 작품을 추종하는 NFT 파생상품을 생성, 탐색, 거래하도록 한다. 기초자산 파생상품과 유사하다. 목시 말린스파이크는 이 두 앱을 통해 현존하는 웹 3.0 세계가 어떻게 작동하는지 어느 정도 감을 잡았다고 한다.

그가 디앱을 만들며 느낀 첫인상은 앱 자체는 특별히 '분산된(Distributed)' 것이랄 게 없었다는 점이다. 모두 평범한 리액트[17] 기반 웹사이트였다. '분산된' 것은 상태와 상태 변경에 대한 로직과 권한이 있는 곳이었다. 그곳이 바로 기존처럼 '중앙화된' 데이터베이스가 아닌 블록체인인 것만 달랐다.

내가 현재 암호화폐 세계의 분산형 앱 서비스를 보며 느끼는 위화감이 바로 여기에서 비롯한다. 아무도 클라이언트/서버 인터페이스[18]에 관심이 없다. 사람들은 블록체인에 대해 이야기할 때 분산화된 신뢰(Distributed trust), 리더 없는 합의(Leaderless

17 React. 웹페이지나 모바일 앱 개발에 사용되는 자바스크립트 라이브러리.
18 사용자가 서버에 있는 풍부한 자원과 서비스를 통합된 방식으로 제공받기 위한 시스템이다.

consensus), 온갖 블록체인의 기능적 구조에 대해서는 이야기하지만, 궁극적으로 클라이언트[19]가 이 구조에 참여할 수 없는 현실에 대해서는 얼버무린다.

우리가 흔히 보는 그 많은 네트워크 다이어그램(컴퓨터 또는 통신 네트워크를 시각적으로 나타낸 것)은 모두 사실상 서버 간 연결을 나타낸 것이고, 신뢰모델(Trust made)도 사실상 서버에 대한 신뢰이며, 모든 것은 서버에 관한 것이다. 하지만 블록체인은 노드 간의 네트워크이다. 설계상 모바일 기기나 웹브라우저는 그 참여자 중의 하나가 결코 될 수 없다.

세상이 모바일로 옮겨오면서 우리는 지금 클라이언트와 서버의 세상에 살고 있다. 클라이언트가 서버로써 동작할 수 없는 현실에서 블록체인 클라이언트에 관한 질문들은 그 어느 때보다 더 중요하다.

한편 이더리움은 서버를 실제로 '클라이언트'라고 지칭하기 때문에 어딘가 존재해야 할 비신뢰(Untrusted) 기반 클라이언트/서버 인터페이스에 대한 단어마저 존재하지 않는다. 이대로 가면 결국 서버보다 클라이언트가 수십억 개는 더 많아질 것이라는 현실도 물론 인지하지 못한다.

예를 들어보자. 모바일 기반이든 웹 기반이든 오토노머스 아트 혹은 퍼스트 딜리버티브와 같은 디앱은 블록체인과 어떤 방식으

19 Client. 네트워크로 연결되는 서버로부터 정보를 제공받는 컴퓨터.

로든 상호작용해야 한다. 집단 창작 예술작품, 수정 내역, NFT 파생상품 등의 상태를 변경하거나 렌더링하기 위해서 말이다.

그러나 이를 클라이언트에서 하는 건 사실상 불가능하다. 블록체인은 모바일 기기상에 존재할 수 없기 때문이다(현실적으로 데스크톱 브라우저도 마찬가지이다). 따라서 유일한 대안은 어딘가에 존재하는 서버에 원격으로 돌아가는 노드를 통해 블록체인과 상호작용하는 것이다.

말했다시피 사람들은 서버를 직접 운영하지 않으려 한다. 그런데 때마침 이더리움 노드를 운영하면서 그 노드에 대한 API[20] 액세스를 파는 회사들이 나타났다. 기존 이더리움 API를 기반으로 그들이 개발한 향상된 API, 애널리틱스[21], 거래내역에 대한 액세스도 덤으로 제공한다. 얼마나 편리한가.

이런 서비스를 제공하는 회사는 사실상 인퓨라(Infura)와 알케미(Alchemy) 두 곳이다. 거의 모든 디앱이 블록체인과 상호작용하기 위해 인퓨라나 알케미를 이용한다. 메타마스크(MetaMask) 같은 암호화폐 지갑을 디앱과 연동하거나 디앱이 지갑을 통해 블록체인과 교류할 때조차 메타마스크는 사실 그저 인퓨라에 API를 호출하는 것이다.

그런데 이 클라이언트 API들은 블록체인 상태를 검증하거나

20 Application Programming Interface. 운영체제와 응용프로그램 사이의 통신에 사용되는 언어나 메시지 형식.

21 Analytics. 빅데이터를 분석하는 기술을 통칭하는 말.

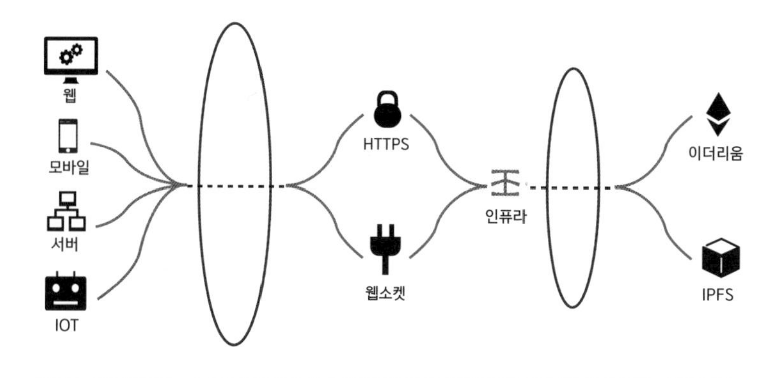

인퓨라 서비스의 원리를 보여주는 도식이다. 비트코인의 경우라면 HTTPS와 웹소켓 오른쪽에 바로 비트코인 블록체인이 있겠지만, 이더리움은 보다시피 중간에 인퓨라가 껴서 API를 통해 이더리움 블록체인 정보를 호출해 준다. 그래서 인퓨라 서버(AWS에 있는)가 다운되면 메타마스크 등 이더리움 디앱들이 먹통이 되는 것이다.

그 응답의 진위 여부를 검증하는 그 어떤 일도 하지 않는다.

결과도 서명되지 않는다. 예를 들어 오토노머스 아트 같은 앱이 "이 스마트 컨트랙트[22]의 뷰 함수 아웃풋이 뭐야?" 하고 물어보면 인퓨라나 알케미가 "자, 여기 아웃풋!" 하고 응답을 보내고, 그러면 앱은 그 응답을 렌더링할 뿐이다. 이 사실이 너무도 놀라웠다.

그토록 많은 노력과 에너지와 시간을 '신뢰 없는 분산화 합의 메커니즘(Trustless Distributed Consensus Mechanism)'을 만드는 데 썼는데도 불구하고 블록체인에 접근하고자 하는 사실상 모든 클라이언트는 단 두 회사가 보내는 아웃풋을, 어떠한 추가적인 검증

22 Smart contract. 계약 조건을 블록체인에 기록해 두고 조건이 충족되면 제3의 인증기관 없이 당사자 간 계약이 자동으로 체결되게 하는 기술.

절차 없이 신뢰하는 것이다.

게다가 개인정보도 잘 보호되지 않는다. 크롬에서 웹사이트와 교류할 때마다 구글에게 먼저 요청이 가고 그다음에 목적지로 라우팅(경로 설정)된다고 상상해 보자. 오늘날 이더리움의 상황이 이러하다. '탈중앙화'되어 있다더니 'A가 1이더리움을 B에게 보냈다는 정보'가 왜 굳이 특정 회사의 서버를 거쳐야 하는 것일까. 현재 인퓨라나 알케미는 거의 모든 디앱 유저의 읽기 요청을 볼 수 있다. 이건 지금 우리가 카카오톡을 쓰는 방식과 똑같다.

물론 이더리움 블록체인에 입력되는 모든 정보는 실시간으로 모두에게 투명하게 공개된다. 하지만 만약 인퓨라가 일부러 거짓 정보를 디앱 사용자들에게 보여준다면? 또는 인퓨라의 서버가 다운되어 갑자기 이더리움 블록체인의 정보를 호출해 오지 못한다면? 인퓨라가 가진 이런 취약점들이 모두 웹 3.0의 기본원칙인 '사용자가 데이터를 소유하는 인터넷'에 위배된다.

현재의 웹 3.0 생태계를 지지하는 사람들은 인퓨라나 알케미 같은 중앙화된 플랫폼이 등장해도 괜찮다고 말한다. 최종적인 거래내역은 어차피 블록체인에 저장되므로 인퓨라나 알케미가 잘못하면 다른 플랫폼으로 옮기면 된다는 것이다. 그러나 이들은 거대 플랫폼들이 현재 이 자리까지 올 수 있었던 역학을 너무 단순하게 본 것이다.

지금도 카카오톡보다 좋은 메신저 서비스들이 수없이 나오고 있지만 우리나라 사람들은 여전히 카카오톡을 쓴다. 모두가 쓰는 메신저이기 때문이다. 플랫폼은 일단 특정 임계점을 지나고 나면 그것을 버리기 어렵다. 이미 너무 거대해져서다.

현재 이더리움 기반 디앱들 중 대부분은 인퓨라나 알케미에서 제공하는 개발 인프라를 이용해서 만들어졌기 때문에, 두 회사가 제공하는 API를 통해 이더리움 정보를 받을 수밖에 없다.

다른 플랫폼으로 옮겨가려면 디앱을 다시 개발해야 하는데 그 비용과 리소스를 과연 누가 감당하려고 할까?

내가 산 NFT는 정말 내 소유일까

목시 말린스파이크는 직접 NFT도 만들어 보기로 했다. 사람들은 보통 NFT를 생각할 때 블록체인에 저장되는 이미지 파일이나 디지털 미술품을 떠올리는데, NFT는 일반적으로 데이터를 블록체인에 저장하지 않는다. 그렇게 하면 비용이 너무 많이 들기 때문이다.

NFT는 데이터를 온체인(On-chain, 네트워크에서 발생하는 모든 전송 내역을 블록체인에 저장하는 방식)하는 대신 데이터를 가리키는 URL을 포함한다. 이런 방식이 다소 놀라운 이유는 URL에 있는 '데이터'에 대한 소유권은 정작 NFT 소유자에게 없기 때문이다.

수십, 수천, 수백만 달러에 거래되는 인기 마켓플레이스의 NFT

를 보더라도 마찬가지이다. 이는 해당 시스템에 접근 권한이 있는 사람, 미래에 그 도메인을 구입할 수 있는 사람, 또는 데이터가 저장된 곳을 공격하여 데이터를 탈취하는 사람은 언제든지 NFT의 이미지, 제목, 설명 등을 원하는 대로 변경할 수 있다는 뜻이다.

NFT의 상세 스펙에는 이미지가 '어떠해야' 한다거나, 어떤 것이 '정확한' 이미지인지 확인할 수 있는 정보가 없다. 목시 말린스파이크는 바로 이 부분에 허점이 없는지 테스트해 보기 위해 특이한 NFT를 만들기로 했다. 일부러 사용자의 IP주소나 UA사용자 에이전트에 따라 다른 이미지를 보여주는 NFT를 만든 것이다.

그가 만든 NFT는 오픈시(OpenSea)에 등록했을 때와 라리블(Rarible)에 등록했을 때 각각 보이는 이미지가 다르도록 설정되었다. 심지어 만약 누군가 해당 NFT를 구매해서 암호화폐 지갑에 넣으면 커다란 똥 이모지가 보이도록 했다. 이로써 알 수 있는 사실은 당신이 오픈시에서 입찰을 통해 얻은 NFT가 알고 보면 당신의 소유가 아니라는 것이다. 이 NFT가 특별한 게 아니고, 그저 이것이 지금까지 대부분의 NFT가 만들어진 방식이다.

엄청난 가격에 거래되었다며 연일 신문지상을 수놓는 NFT 중 상당수는 언제라도 똥 이모지로 바뀔 수 있다. 목시 말린스파이크는 실험을 통해 이 사실을 증명했다.

며칠 후 목시 말린스파이크가 만든 NFT는 어떠한 경고나 설명

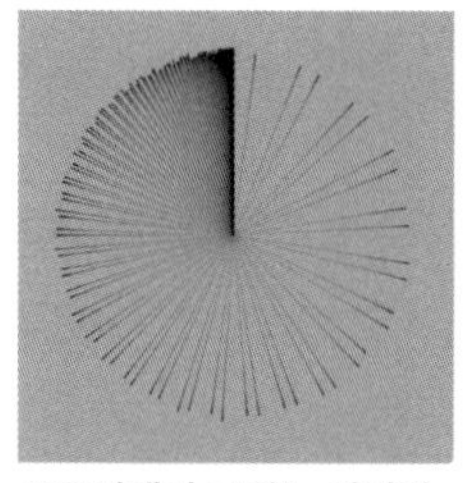
오픈시에서 보이는 이미지

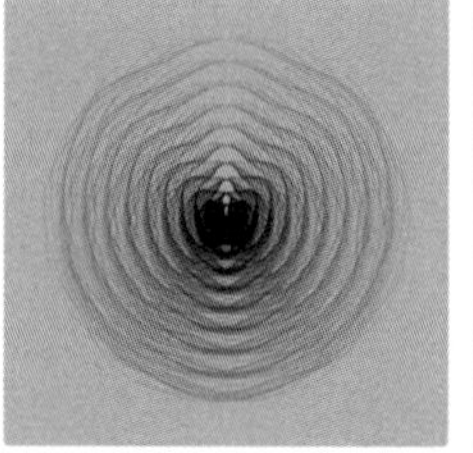
라리블에서 보이는 이미지

개인지갑에서 보이는 이미지

목시 말린스파이크가 만든 NFT이다. 오픈시, 라리블, 메타마스크에서 각각 다른 이미지로 보인다.
(출처 https://moxie.org/2022/01/07/web3-first-impressions.html)

도 없이 오픈시에서 삭제되었다. 게시가 중단되었음을 알리는 짧은 메시지에는 그가 이용약관을 위반했다고 쓰여 있었지만, 오픈시의 이용약관 어디를 읽어봐도 '어디서 보는지에 따라 이미지가 변화하는 것을 금지'하는 조항은 찾을 수 없었다.

무엇보다 흥미로운 점은, 오픈시가 해당 NFT를 삭제하자 목시 말린스파이크의 개인 컴퓨터에 있는 암호화폐 지갑에서도 더는 NFT가 보이지 않았다는 점이다. 개인지갑은 비밀 키를 유출하지만 않으면 나 외에는 누구도 접근할 수 없는 웹 3.0 데이터 주권의 핵심 기능이다. 그런데 도대체 어떻게 이런 일이 가능할까?

오픈시가 '없다'고 선언하면 존재하지 않는 NFT

메타마스크, 레인보우(Rainbow) 같은 개인지갑은 비구금형(Non-

Custodial, 프라이빗 키 사용자 측 보관) 방식을 표방한다. 하지만 목시 말린스파이크가 만든 디앱 두 개와 비슷한 문제점이 있다. 개인지갑은 무조건 모바일 기기 또는 웹브라우저에서 실행되어야 한다. 이더리움이나 기타 블록체인은 사용자 간 네트워크라는 아이디어를 바탕으로 설계되었지만, 그렇다고 모바일 장치나 웹브라우저가 해당 사용자 중 하나가 될 수 있도록 설계되지는 않았다.

메타마스크 같은 지갑들은 사용자의 계좌잔액, 최근 거래내역, 현재 보유 중인 NFT 표시는 물론 거래 실행, 스마트 계약과의 상호작용 같은 복잡한 작업을 수행해야 한다. 간단히 말하면 메타마스크는 서버나 마찬가지인 블록체인과 상호작용해야 하지만, 정작 블록체인은 메타마스크와 같은 클라이언트(서버에서 정보를 제공받는 컴퓨터)와는 상호작용할 수 없도록 구축되었다. 그래서 목시 말린스파이크가 만든 디앱과 마찬가지로 메타마스크는 세 개 회사에 API를 호출해서 이를 수행한다.

예를 들어 메타마스크는 당신의 최근 거래내역을 표시하기 위해 이더스캔(Etherscan) API를 호출하고, 계좌잔액은 인퓨라 API 호출을 통해, 사용자 소유의 NFT들은 오픈시 API 호출을 통해 표시하는 식이다.

API 호출을 통해 각 회사에서 전달받은 응답들은 어떤 식으로도 인증되지 않는다. 만약 그들이 거짓말을 할 경우, 나중에라도 그것을 증명할 수 있는 장치조차 없다. 또 지갑에 개설된 모든 계정의 정보가 그 회사들에 저장되므로, 사용자가 프라이버시와 보안을 위해 여러 계정을 만들어 나눠서 사용하더라도 그 회사들은 결국 해당 계정이 누구에게 연결되는지 알 수 있다.

이렇듯 메타마스크는 실제로 많은 작업을 수행하지 않는다. 사실상 그저 중앙집중화된 API에서 제공하는 데이터를 예쁘게 가공하여 보여주는 서비스일 뿐이다. 이는 메타마스크만의 문제는 아니다. 레인보우도 정확히 같은 방식으로 설정되어 있다.

흥미롭게도 레인보우 지갑에는 '쇼케이스'라는 소셜 기능(다른 레인보우 지갑 사용자가 어떤 NFT를 소유하고 있는지 볼 수 있는 기능)이 탑재되어 있는데, 레인보우가 모든 데이터를 통제하며 블록체인 대신 구글에서 제공하는 앱 개발 서비스인 파이어베이스(Firebase) 위에 서비스를 구축했다.

이 모든 사실은 결론적으로 오픈시가 자신들의 플랫폼에서 당신의 NFT를 삭제하면 당신의 지갑에서도 사라지는 것을 의미한다. 당신의 NFT가 블록체인 어딘가에 여전히 존재한다고 해도 이는 별로 중요하지 않다. 왜냐하면 현재 웹 3.0 생태계의 개인지갑을 비롯한 대부분의 서비스가 그저 오픈시의 API를 이용해 NFT를 표시하기 때문이다. 오픈시가 있다고 하면 있고, 없다고 하면 없는 것이다.

웹 3.0 마케팅?

웹 1.0이 웹 2.0으로 진화한 이유를 다시 한번 떠올려 보자. 지금의 웹 3.0 생태계는 이상한 구석이 있다. 마치 초창기 웹 1.0 시절의 미완성된 인터넷을 연상시키는 이더리움 같은 미완성 프로토콜을 기반으로 만들어지고 있다는 점이다.

현재의 블록체인 기술이 해결하지 못하는 부분을 보완하기 위해 '또다시' 많은 영역이 플랫폼을 중심으로 통합된다. 이런 흐름에 편승하여 사용자를 위해 서버를 운영하고, 새로운 기능을 개발하여 출시하는 기업이 바로 인퓨라, 오픈시, 코인베이스, 이더스캔 등이다.

초창기 인터넷과 마찬가지로 웹 3.0 프로토콜은 발전 속도가 느리다. NFT가 재판매될 때마다 원작자에게 돌아가는 수수료도 이더리움의 NFT 발행 표준인 ERC-721에 포함되지 않기 때문에 오픈시가 자체적으로 로열티를 설정하는 기능을 만들어서 제공한다. NFT가 재판매될 때마다 창작자에게 자동으로 수수료가 주어지는 '웹 3.0스러운 기능'에 사람들은 열광하지만, 해당 데이터가 블록체인에 있지 않고 오픈시가 제공하는 API에 있다는 게 함정이다.

프로토콜의 기술 발전 속도를 기다리지 못한 오픈시가 웹 2.0에서 존재하던 방식대로 자체 로열티 설정 기능을 개발했기 때문이다. 결과적으로 '내 지갑에 담긴 NFT 보기'가 '오픈시에서 보여주기로 결정한 내 NFT 보기'와 같은 말이 되어버렸다. 이렇듯 이미 중앙집중화된 플랫폼의 인기와 영향력 덕분에 웹 3.0 세계는 제대로 시작되기도 전에 프로토콜의 탈중앙화, 데이터 주권 같은 핵심적 가치를 잃어버렸다.

이는 이메일이 처한 상황과도 비슷하다. 누구나 자신의 메일 서버를 직접 운영할 수 있지만, 그렇다고 개인정보 보호와 검열 저항성에서 엄청난 이점을 갖게 되는 것도 아니다. 왜냐하면 이메일을 받는 반대편에는 어차피 지메일(Gmail)이 있기 때문이다.

탈중앙화되어야 할 웹 3.0 생태계가 편의성 때문에 플랫폼을 중심으로 구축되면 웹 2.0과 웹 3.0 세계 모두에 최악의 상황이 되어버린다. 사실상 중앙에서 모든 것을 컨트롤하지만, 억지로 일말의 탈중앙성이라도 유지하기 위해 노력하다가 경쟁에서 뒤처질 것이기 때문이다.

누구나 자신만의 NFT 거래소를 만들 수 있다. 하지만 사실상 오픈시가 대다수 웹 3.0 참여자가 사용하는 개인지갑 또는 기타 서비스에 NFT 정보를 제공해 주지 않으면 사업을 확장시킬 수 없다. 물론 오픈시가 악의적으로 이런 구조를 만들었다고 생각하지는 않는다. 그들은 단지 주어진 환경에서 좋은 사용자 경험을 제공하는 NFT 거래소를 만들고 싶었을 뿐일 것이다.

그렇다면 이제라도 웹 3.0 참여자들은 정말 그들이 원하는 탈중앙, 탈독점 방식으로 생태계가 구성되도록 시스템을 다시 설계해야 한다. 그러나 과연 지금 우리가 '웹 3.0'이라고 부르는 세계에서 디파이를 쓰고 토큰과 NFT에 투자하는 사람들이 진정으로 탈중앙화된 인터넷을 원하고 있는지는 생각해 봐야 할 것이다.

'아직 초창기야'라는 말은 이 문제를 논의할 때 웹 3.0 커뮤니티에서 자주 나오는 말이다.

"NFT에 실제 그림 데이터가 들어 있지는 않지만, 괜찮아. 아직 초창기니까."

"인퓨라 시스템이 다운될 때마다 메타마스크가 먹통이 되어서 불안하긴 하지만, 괜찮아. 아직 초창기니까."

"솔라나 코인 유통물량 중 상당수가 벤처캐피탈과 내부자들에게 과도하게 집중되어 있지만, 괜찮아. 초창기니까."

이런 모든 문제는 초창기라는 이유로 어설프게 넘기기보다는 처음부터 주의를 기울여야 한다. 기술은 사용자가 좋든 싫든, 현실화하는 과정에서 플랫폼을 통해 집중화되는 경향이 있다. 그러는 동안 생태계는 별다른 부작용 없이 발전하고 대부분의 참가자는 무슨 일이 일어나는지 알지도 못하고 신경 쓰지도 않는다.

사실 대다수 사람들이 탈중앙화가 당장 필요하거나 중요하다고 생각하지 않는다. 지금 인터넷 사용자에게 필요한 탈중앙화의 총량은 몇몇 꼭 필요한 영역에 한정되어 있을 뿐이고, 이런 기조가 지속되는 동안 웹 3.0은 이상적인 모습과는 전혀 다른 엉뚱한 방향으로 발전할 가능성이 높다.

사실 웹 3.0 요소를 제거하면 오픈시는 지금보다 훨씬 빠르고 저렴하며 쓰기 쉬운 서비스를 제공할 수 있다. 예를 들어 지금은 NFT를 구매할 때 이더리움 트랜잭션[23] 수수료(가스비)만 80~150달러 이상을 지불해야 한다. 이는 모든 NFT 거래에 대한 비용 부담을 늘리고 거래량을 감소시키는 원인이 된다. NFT를 사는 쪽이든 파는 쪽이든 무조건 가스비 이상의 수익을 내야만 손해를 보지 않기 때문에 더욱 심사숙고하게 된다.

이에 비하면 신용카드 결제는 얼마나 편한가? 블록체인보다 훨씬 빠르고 간결하며 수수료는 이더리움 가스비에 비하면 애들 장난 수준이다. 혹시 사용자들이 NFT 거래내역, 입찰내역, 체결내역 등의 데이터를 투명하게 확인할 시스템을 원한다고 해도 굳이 블록체인을 쓸 필요는 없다. 내부 데이터를 투명하게 공개하는 방법은 블록체인이 아니더라도 얼마든지 있다.

하지만 만약 오픈시가 이더리움 기반 NFT가 아니라 그냥 이미지 파일을 사고파는 곳이었다면 지금처럼 성공하지는 못했을 것이다. 오픈시는 왜 이렇게나 성공한 것일까. 사업모델이 미약하게나마 웹 3.0의 탈중앙 요소를 품고 있어서? 글쎄, 그렇게 따지면 우리 주변에는 중앙집중화되었기 때문에 빠르고 쓰기 편해서 성공한 서비스가 훨씬 많다.

---

23 Transaction. 데이터베이스의 상태를 바꾸기 위해 수행하는 작업의 단위.

투기꾼이 판치는 세상

오픈시가 성공할 수 있었던 이유는 전 세계적으로 확산한 암호화폐에 대한 거대한 투기 수요 때문이다. 많은 사람이 암호화폐에 투자하여 큰돈을 벌었고, 이제는 모두가 그 돈을 재투자하여 또다시 추가 수익을 얻는 데 혈안이 되어 있다. 즉 NFT로 대변되는 현재 웹 3.0 세상은 이미 암호화폐로 돈 번 사람들이 또 한몫 크게 챙겨보려는 투기판에 지나지 않는다.

플리핑(Flipping)을 하는, 즉 NFT를 사고팔아 수익을 남기는 사람들은 분산화된 신뢰모델이나 탈중앙화의 가치에는 관심이 없다. 그들은 오로지 돈이 어디로 흘러드는지에만 관심을 둔다. 오픈시의 높은 거래량과 입이 떡 벌어지는 가격에 낙찰되는 NFT들은 이러한 투기꾼들을 오픈시로 끌어들이고, 이들은 점점 자신들에게 익숙하고 편한 기존의 웹 2.0 플랫폼 형식의 서비스를 요구하게 된다.

결국 자기 손으로 직접 스마트 계약을 만들어 NFT를 생성(민팅)하기보다는 오픈시에서 제공하는 편리한 기능을 이용해 NFT를 생성하는 것이 기준이 되어버린다. 그리고 여기에서 한 발짝 더 나아가 코인베이스 같은 중앙화 암호화폐 거래소가 만든 NFT 마켓플레이스로 가서 코인베이스가 직접 선별한 NFT 작품을 신용카드로 구매하는 지경까지 가게 된다.

사용자가 코인베이스 계정에 보유한 코인이나 신용카드로 코인베이스에서 NFT를 사면 코인베이스 입장에서는 사실상 블록체인에 거래 데이터를 태울 필요도 없고, 따라서 가스비도 전혀 낼 필요가 없다. 결국 NFT 세상에서 웹 3.0의 모든 속성은 없어지고, 사용자에겐 그저 JPEG 파일을 신용카드로 사고파는 웹사이트만 덩그러니 남게 되는 것이다. 이런 웹사이트의 정체는 뭐라고 정의해야 할까? 투기꾼의 수요 때문에 어쩔 수 없이 웹 3.0 콘셉트로 시작했지만 같은 투기꾼의 요구에 따라 다시 웹 2.0의 플랫폼 사업모델로 돌아가 버린 기업들 말이다.

NFT 아티스트들은 투기 수요가 웹 3.0 세계의 발전을 이끄는 것에 큰 거부감이 없다. 왜냐하면 바뀐 것이라곤 그들이 창작한 예술작품에 대해 더 많은 투자가 일어난다는 것뿐이기 때문이다. 그러나 우리에게 웹 3.0이 필요한 이유가 웹 2.0이 몰고 온 부작용을 극복하는 것이라면, 단순히 돈을 벌어서 좋다는 생각에 안주해서는 안 된다.

지금은 디지털 사회로 전환이 가속화되는 시기이다. 원래 토지와 노동이 지배했던 사회의 많은 영역이 구조적으로 사라지고 디지털 경제가 점점 그 자리를 대체해 가고 있다. 그러니 암호화폐에 투입되는 자본의 양은 앞으로도 더욱 늘어날 것이다.

NFT시장에서 발생한 부가가치가 다시 암호화폐시장에 재투자되는 식으로 선순환 고리가 형성되면, 설령 지금의 웹 3.0이 무늬만 탈중앙 콘셉트이고 사실상 웹 2.5에 가깝더라도 호황은 오래 지속될 수 있다.

물론 경기침체 등 거시경제적 요인으로 인해 유동성이 빠져나간다면 암호화폐나 NFT도 힘든 시기를 각오해야 할 것이다. 그러나 지금은 전 세계가 디지털 전환이라는 구조적인 사회 변화의 한가운데 놓여 있기 때문에 빠져나간 유동성은 언젠가는 다시 돌아올 것이다. 만약 그렇다면 바로 지금, 웹 3.0이 탈중앙화의 가치가 훨씬 덜 적용된 웹 2.5로 후퇴하는 것을 막을 방법을 긴급히 마련해야만 한다.

나는 암호화폐를 다루는 스타트업을 운영하고 있지만, 사실 엄밀히 말하면 웹 2.0 플랫폼에 좀 더 가깝다. 거래소와 마찬가지로 앱 내에서 발생하는 트랜잭션은 내부 데이터베이스에 기록하고 외부 출금이 발생할 때만 블록체인에 트랜잭션을 태우기 때문이다. 그렇지만 웹 3.0이 중앙집중식 플랫폼 형식으로 발전할 거라고 생각하지는 않는다. 웹 3.0은 지금 우리가 사용하는 인터넷이 지닌 여러 가지 문제의 반사작용으로 튀어나온 현상임을 잊어서는 안 된다.

세상에는 높은 수준의 자유의지를 지니고 프라이버시가 존중받기를 원하는 사람들이 점점 늘고 있다. 웹 2.0 플랫폼이 축적된 사용자 행동 데이터를 기반으로 개발한 고도의 알고리즘을 이용해 소비자에게 맞춤 콘텐츠·맞춤 상품·맞춤 광고를 보여주지만,

현대 소비자는 자기 스스로 선택하기를 원한다.

웹 3.0의 존재 이유는 바로 이 부분에 대한 사람들의 수요를 충족하는 것이다. 지금 인터넷의 문제가 소수 플랫폼 기업에 집중된 데이터 권력과 불공평한 이익 배분에 있다면, 풍선효과로 반대편에서는 데이터 권력을 사용자에게 분산하고 플랫폼 같은 중개자 없이 사용자끼리 직접 서비스와 이용료를 주고받는 새로운 형태의 네트워크가 부풀어 오르고 있다.

블록체인으로 구동되는 웹 3.0이 플랫폼 서비스와 구별되는 가장 큰 차이점은 '자생적 질서'로 작동되는 부분이다. 자유시장 경제가 작동하는 메커니즘과 매우 유사한 PoW(작업증명)[24] 합의 알고리즘은 별도의 팀이나 경영진이 나서서 네트워크를 운영해 주지 않아도 사용자의 자발적인 참여만으로 성장을 이끌어 낼 수 있음을 보여주었다.

자생적 질서는 20세기의 위대한 자유주의 사상가인 프리드리히 하이에크가 소개한 사회철학이다. 그는 인간이 살아가며 따르는 다양한 규칙, 예를 들어 도덕·전통·법·규칙 등을 지킴으로써 자연스럽게 사회질서가 형성되는 것을 자생적 질서라고 불렀다.

사람들은 보통 어떤 거대한 주체가 있어야 사회에 질서가 잡히고, 내버려 두면 혼란해질 뿐이라고 생각했다. 같은 맥락에서 국

24 Proof-of-Work. 새로운 블록을 블록체인에 추가하는 작업을 완료했음을 증명하는 합의 알고리즘.

가가 경제를 간섭해야만 경제 혼란을 피할 수 있다고 여겼다.

그러나 하이에크는 그것을 '인위적 질서'라고 부르며 강력히 반대했다. 인위적 질서는 인간 이성에 따라 사회질서를 임의로 만들 수 있다는 생각인데, 이 사상의 문제점은 늘 인간의 이성을 과대평가하는 데 있다는 것이다.

우리에게 필요한 웹 3.0은 특정 집단의 인위적인 조종과 간섭이 끼어드는 영역을 최대한 배제하고 참여자 간에 형성된 자생적 질서를 제일의 가치로 여기는 프로토콜이다. 예를 들어 비트코인처럼 '총 발행량은 2100만 개이고 4년마다 새로 채굴되는 양이 반으로 줄어든다' 같은 사전에 정한 규칙이 존재할 뿐, 누구도 전체적인 시스템을 계획하거나 통제하지 않아야 한다.

노드가 자발적으로 활발하게 참여할 수 있는 인센티브 메커니즘, 탈중앙화된 의사결정 구조를 통해 권력 생성을 방지할 수 있는 합의 메커니즘도 중요하다. 그리고 누구나 해당 프로토콜의 코드를 가져가 자신만의 서비스를 만들 수 있는 쉬운 개발언어의 존재도 중요하다.

비트코인과 이더리움의 결정적 차이

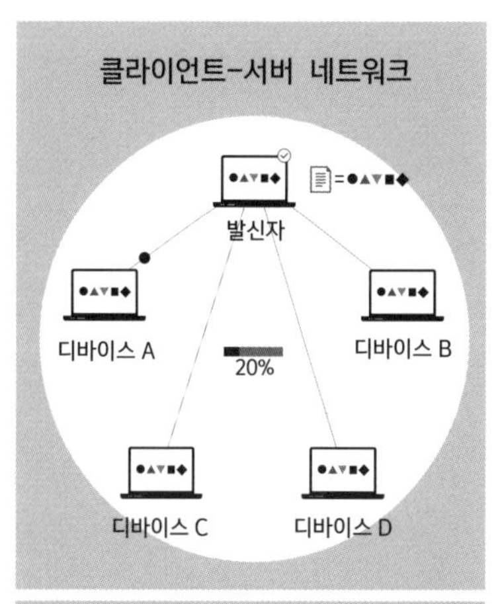

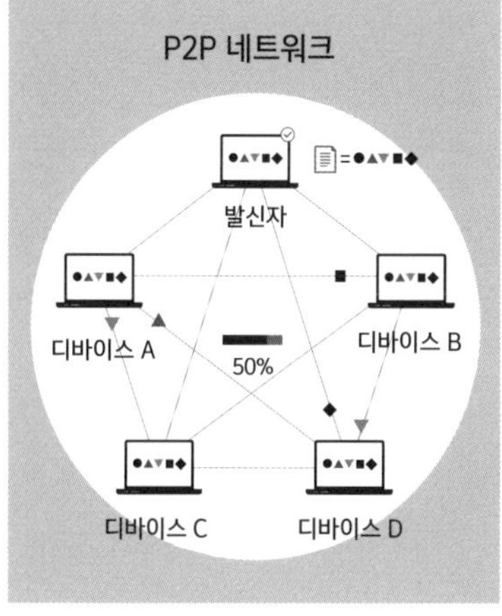

이쯤에서 '이더리움이랑 비트코인은 비슷한 거 아니었나?' 하는 의문을 가지는 독자들이 있을 것이다. 이 부분 이해를 돕기 위해 클라이언트-서버 네트워크와 P2P 네트워크의 차이점을 짚어보려 한다.

클라이언트-서버(Client-Server) 네트워크는 컴퓨터와 컴퓨터가 통신하는 구조로, 클라이언트가 요청하면 서버가 응답하는 방식으로 작동한다. 초기 인터넷은 사용자 간 단순한 정보교환의 목적으로 쓰였기 때문에 P2P 구조로 시작했지만 인터넷이 점점 이미지, 동영상 등 대용량 콘텐츠 소비를 위한 공간으로 바뀌게 되면서 대부분의 웹사이트가 클라이언트-서버 구조로 작동하게 되었다. 예를 들어, 사용자가 구글에 검색하는 건 클라이언트 요청이고 구글 서버가 우리에게 검색 결과를 보여주는 건 서버의 응답이다.

클라이언트와 서버는 N대 1 구조로 연결된다. 한 대의 구글 서버에 다수의 검색자가 서비스를 요청하는 식이다. 이런 구조 때문에 너무 많은 사용자가 동시에 요청을 하면 서버가 감당하지 못하고 다운되기도 한다.

클라이언트-서버 모델은 중앙집중화 방식을 취한다. 아마존의 AWS, 마이크로소프트의 애저(Azure) 등의 클라우드 서비스를 포함한 데이터 센터는 기본적으로 클라이언트-서버 모델로 운영된다. 웹 2.0 기반 인터넷 세상에서 클라우드 사용 비중은 지속적으로 늘어나고 있기 때문에 클라이언트-서버 네트워크 방식 역시 앞으로도 꾸준히 사용될 것으로 예상된다.

클라이언트-서버 구성 요소

- 클라이언트: 서비스를 요청하는 시스템이다. 데스크톱, 노트북, 스마트폰, 태블릿 등이 있다.
- 서버: 서비스를 제공하는 시스템을 지칭한다. 데이터베이스 서버, 웹 애플리케이션 서버, 파일 서버, DNS 등이 있다.
- 네트워킹 장치: 클라이언트와 서버를 연결한다. 스위치, 라우터, 게이트웨이, 모뎀 등이 있다.

클라이언트-서버 모델 장단점

클라이언트-서버 모델은 중앙화된 컴퓨팅 방식을 사용한다. 서버가 모든 접근과 데이터를 관리하기 때문에 보안상 우수하며 안전하다. 또한 플랫폼 종류에 구애받지 않기 때문에 클라이언트와 서버가 같은 운영 체제를 사용하지 않아도 괜찮다. 예를 들어, 서버가 리눅스고 클라이언트가 윈도우여도 데이터 교환에 문제가 없다.

반면 한 번에 너무 많은 클라이언트가 요청을 하면 서버가 다운될 수 있다. BTS 콘서트 티켓 예매가 시작되는 날 인터파크 웹사이트가 다운되는 것도 이 때문이다. 또한 모든 인터넷 웹사이트들이 1년 365일 내내 문을 닫지 않고 운영되는 만큼 클라우드 서버 역시 24시간 동안 끊임없이 인터넷에 접속해 있어야 한다. 이런 문제를 해결하기 위해 서비스 제공자는 설치 및 유지 관리 비용을 많이 쓰게 되고 그 비용은 결국 사용자에게 전가된다. AWS 등 클라우드 서비스를 이용하는 플랫폼 기업들은 매월 아마존에 천문학적인 비용을 지불한다.

P2P 네트워크

P2P(Peer to Peer)는 정해진 클라이언트나 서버 없이 네트워크에 접속한 모든 컴퓨터가 서로 데이터를 주고받을 수 있는 구조를 의미한다. 이때 각 컴퓨터를 노드 또는 피어(Peer)라고 부른다. 클

라이언트-서버 모델과 비교해 말하자면 모든 컴퓨터가 클라이언트와 서버 역할을 할 수 있는 셈이다.

온디스크(Ondisk), 토렌트(Torrent), 비트코인이 P2P 네트워크의 대표적인 예시이다. 온디스크에서는 판매자가 자신의 컴퓨터에 저장되어 있는 영상 파일을 판매한다. 자신의 컴퓨터를 웹 서버로 활용하는 셈이다. 온디스크 사이트는 판매자와 구매자 간 직접 데이터 교환이 가능하도록 하는 프로그램을 제공할 뿐이다.

'탈중앙화'를 강조하는 비트코인 역시 P2P 방식으로 코인을 주고받는다. 별도의 서버나 클라우드의 개입 없이 비트코인 네트워크에 접속해 있는 두 컴퓨터가 직접 데이터를 거래하는 방식이다.

P2P 네트워크 장단점

P2P 네트워크는 말 그대로 사용자 간 직접 데이터를 교환하는 개념이기 때문에 단일 시스템에 의존하지 않아도 되고, 네트워크를 구축하기 위한 많은 하드웨어가 필요하지도 않다. 반면 검증되지 않은 사용자와의 통신 과정에서 안전을 담보하기 어렵고, 조직적으로 파일을 유지·관리하는 것도 쉽지 않다는 단점이 있다.

비트코인과 이더리움은 다르다

비트코인은 전 세계에 흩어져 있는 약 1만 2000여 개의 노드가 클라이언트 및 서버의 역할을 함께 수행하는 완전한 P2P 네트워크 구조다. 블록체인에 10분에 한 개씩 블록이 생성될 때마다 모든 노드들이 전체 블록체인의 데이터를 서로서로 내려받아 동기화하는 작업을 한다. 따라서 'A가 몇 날 몇 시에 몇 비트코인을 B에게 보냈다'는 정보는 AWS 등 특정 서버에 저장되는 것이 아니라 해당 트랜잭션을 검증한 노드의 컴퓨터에 저장되며, 10분에 한 번씩 전체 노드가 이 정보를 똑같이 저장하여 네트워크 전체의 탈중앙성을 더욱 극대화한다. 여기서 말하는 노드는 자발적으로 비트코인 네트워크에 접속하여 블록 검증에 참여하는 사람들을 말한다.

반면 이더리움, 솔라나 등 현재 대부분의 NFT 시장이 형성되어 있는 2세대 블록체인들의 경우 데이터를 효율적으로 처리하기 위해 특정 기업에 노드 운영을 위탁한다. 이더리움 블록체인 노드가 가장 많이 사용하는 인퓨라는 블록체인 내 트랜잭션을 전달하고 각 거래 정보를 확인하는 기능을 수행한다. 일종의 서버 운영사인 셈이다. 클라이언트와 서버에 별다른 구분이 없는 비트코인과는 다르게 이더리움은 클라이언트가 블록체인 정보를 가져오기 위해 반드시 인퓨라의 API를 통해야만 한다. 그리고 인퓨라는 이더리움 블록체인의 트랜잭션 정보를 AWS에 있는 서버에 저장하기 때문에 사실상 이더리움 블록체인은 P2P 방식이 아니라 기존의 클라이언트-서버 방식으로 작동한다고 봐도 무방하다.

Chapter 3

가상자산의 세계에선 **모두가 평등할까?**

비트코인은 미래의 자산으로써 성장할 것이다.

_배리 실버트

BAYC(Board Ape Yacht Club, 지루한 원숭이들의 요트클럽)는 익명의 개발팀 네 명으로 구성된 기업인 유가랩스(Yuga Labs)가 개발했다고 알려졌다. '고든 고너'와 '가가멜'이라는 가명을 쓰는 두 사람의 아이디어에서 출발했으며, 이들은 프로그래밍을 할 수 있는 '노 새스'와 '엠페러 토마토 케첩' 두 명을 영입해 유가랩스를 설립했고, BAYC NFT를 만들었다.

유가랩스는 개발을 시작한 이후 2021년 4월 30일, 유인원 콘셉

유가랩스가 발행한 BAYC NFT이다. (출처: https://boredapeyachtclub.com/#/gallery)

트의 제너러티브 아트[25] 기반 한정판 BAYC NFT 1만 점을 공매했다. BAYC는 IPFS[26]인 알위브(Arweave)를 통해 호스팅되어 저장과 보관을 탈중앙화했고, 이더리움 블록체인 기반 ERC-721 토큰으로 발행되었다.

BAYC는 생성될 때 170가지 특성이 프로그래밍되었다. 이는 머리·옷·귀걸이·눈·털·모자·입 모양 등에 해당하며, 이 같은 특성을 무작위로 조합해 유니크한 BAYC NFT 1만 점을 생성할 수 있

25 Generative art. 창작자의 의도가 포함된 알고리즘을 통해 창작되는 디지털 예술. 의도적인 무작위성이 포함되는 특징이 있다.

26 Interplanetary Filing System. 분산형 파일 시스템에 데이터를 저장하고 인터넷으로 공유하기 위한 프로토콜.

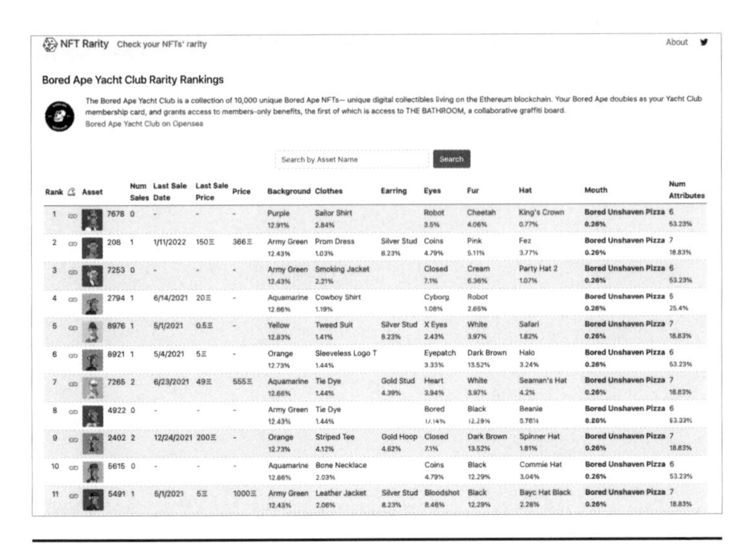

NFT Rarity Check your NFTs' rarity

About

Bored Ape Yacht Club Rarity Rankings

The Bored Ape Yacht Club is a collection of 10,000 unique Bored Ape NFTs— unique digital collectibles living on the Ethereum blockchain. Your Bored Ape doubles as your Yacht Club membership card, and grants access to members-only benefits, the first of which is access to THE BATHROOM, a collaborative graffiti board.
Bored Ape Yacht Club on Opensea

Search by Asset Name | Search

Rank	Asset	Num Sales	Last Sale Date	Last Sale Price	Price	Background	Clothes	Earring	Eyes	Fur	Hat	Mouth	Num Attributes
1	7678	0	-	-	-	Purple 12.91%	Sailor Shirt 2.84%		Robot 3.5%	Cheetah 4.06%	King's Crown 0.77%	**Bored Unshaven Pizza 0.26%**	6 53.23%
2	208	1	1/11/2022	150Ξ	366Ξ	Army Green 12.43%	Prom Dress 1.03%	Silver Stud 8.23%	Coins 4.79%	Pink 5.11%	Fez 3.77%	**Bored Unshaven Pizza 0.26%**	7 18.83%
3	7253	0	-	-	-	Army Green 12.43%	Smoking Jacket 2.21%		Closed 7.1%	Cream 6.36%	Party Hat 2 1.07%	**Bored Unshaven Pizza 0.26%**	6 53.23%
4	2794	1	6/14/2021	20Ξ	-	Aquamarine 12.66%	Cowboy Shirt 1.19%		Cyborg 1.08%	Robot 2.65%		**Bored Unshaven Pizza 0.26%**	5 25.4%
5	8976	1	5/1/2021	0.5Ξ	-	Yellow 12.83%	Tweed Suit 1.41%	Silver Stud 8.23%	X Eyes 2.43%	White 3.97%	Safari 1.82%	**Bored Unshaven Pizza 0.26%**	7 18.83%
6	8921	1	5/4/2021	5Ξ	-	Orange 12.73%	Sleeveless Logo T 1.44%		Eyepatch 3.33%	Dark Brown 13.52%	Halo 3.24%	**Bored Unshaven Pizza 0.26%**	6 53.23%
7	7265	2	6/23/2021	49Ξ	555Ξ	Aquamarine 12.66%	Tie Dye 1.44%	Gold Stud 4.39%	Heart 3.94%	White 3.97%	Seaman's Hat 4.2%	**Bored Unshaven Pizza 0.26%**	7 18.83%
8	4922	0	-	-	-	Army Green 12.43%	Tie Dye 1.44%		Bored 17.14%	Black 12.29%	Beanie 0.78%	**Bored Unshaven Pizza 0.26%**	6 53.23%
9	2402	2	12/24/2021	200Ξ	-	Orange 12.73%	Striped Tee 4.12%	Gold Hoop 4.62%	Closed 7.1%	Dark Brown 13.52%	Spinner Hat 1.81%	**Bored Unshaven Pizza 0.26%**	7 18.83%
10	5615	0	-	-	-	Aquamarine 12.66%	Bone Necklace 2.03%		Coins 4.79%	Black 12.29%	Commie Hat 3.04%	**Bored Unshaven Pizza 0.26%**	6 53.23%
11	5491	1	5/1/2021	5Ξ	1000Ξ	Army Green 12.43%	Leather Jacket 2.06%	Silver Stud 8.23%	Bloodshot 8.46%	Black 12.29%	Bayc Hat Black 2.26%	**Bored Unshaven Pizza 0.26%**	7 18.83%

BAYC별 희소성 순위를 나타낸 표이다. (출처: https://nftrarity.net/boredapeyachtclub)

었다. 위와 같은 특성은 나올 수 있는 확률이 각각 달라서 어떤 BAYC는 매우 희귀한 특성을 보유하고, 어떤 BAYC는 그렇지 않게 분류됨에 따라 희소성에 따른 가치 편차도 발생할 수 있게 만들었다.

희소성, 욕망을 자극하다

유가랩스는 2021년 4월 28일에 트위터를 통해 BAYC를 한 점당 0.08ETH(이더리움)에 모두 팔겠다고 공지했고(당시 약 20만 원 가치), 이같이 공평하게 모두에게 똑같은 가격으로 판매하며 시작하는 것이 미래가 될 것이라고 선언했다. 그리고 BAYC는 판매 개시 후 12시간 만에 완판되었다.

이후 6월에는 BAYC NFT 소유자가 가스비만 내면 강아지를 입양할 수 있는 콘셉트로 BACK(Bored Ape Kennel Club)를 민팅했다. 다만 이 강아지는 한 번 클레임(Claim)되면 다시는 다른 사람에게 클레임되지 않게끔 컨트랙트(토큰 주소)가 설계됐고, 민팅 당시에는 강아지의 모습이 보이지 않게 설정했다. 이는 마치 실제 강아지를 입양하는 듯한 분위기를 풍겼다.

이후 1주가 지난 뒤, 실제 입양이 일어난 것처럼 임의의 강아지 NFT가 클레임을 했던 BAYC 소유자에게 배포됐고, 클레임되지 않은 강아지 NFT는 모두 소각해 볼 수 없도록 만들었다. 그리고 창립자 고든은 2차 퍼블릭 세일에서 모금된 돈 중 일부인 33ETH을 동물보호소에 기부했다고 알리면서 여러 팔로어의 지지를 받았다.

8월에는 BAYC 원숭이가 특정 혈청을 먹으면 돌연변이가 일어나 전혀 새로운 모습으로 다시 태어난다는 콘셉트로 뮤턴트 세럼(Mutant Serum)을 발행했다. 원조 BAYC 홀더들에게 돌연변이 세럼 1만 개를 에어드랍[27]했으며, BAYC 홀더들은 랜덤으로 받은 뮤턴트 세럼을 자신의 BAYC 원숭이와 결합하여 새로운 돌연변이

27 Airdrop. 공중에서 떨어뜨린다는 뜻이며, 기존 암호화폐 소유자에게 무상으로 코인을 배분하여 지급하는 행위를 말한다. 주식에서 '무상증자'와 유사한 개념이다.

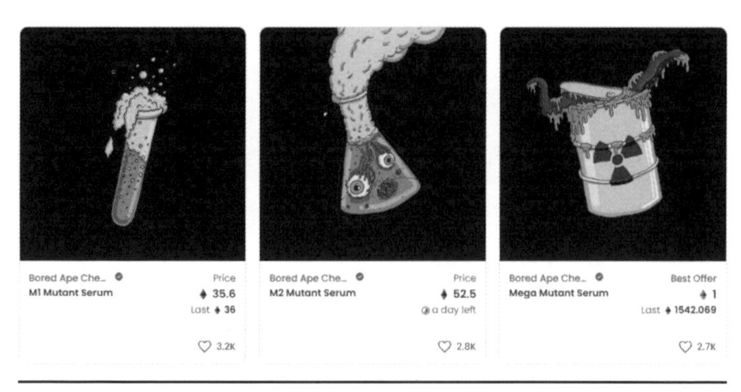

유가랩스는 BAYC에 적용할 수 있는 뮤턴트 세럼을 BAYC 홀더들에게 1만 개 에어드랍했다. 왼쪽부터 M1(7500개), M2(2492개), M3(8개).
(출처: https://nftevening.com/mega-mutant-serum-bought-for-888eth-and-hes-livestreaming-the-mutation/)

NFT인 MAYC(Mahomet Area Youth Club)를 얻을 수 있었다.

세럼을 사용할 때 발생하는 이더리움 가스비 정도만 지불하면 완전히 새로운 NFT가 생겼기 때문에 큰 인기를 끌었다.

뮤턴트 세럼은 M1, M2와 메가 뮤턴트(M3) 세 가지 종류이다. 세럼의 희귀도는 각기 다르고, 하나의 BAYC에 같은 티어(Tier)의 세럼은 한 번만 사용할 수 있다.

각 세럼은 각기 다른 희귀도를 가졌기에 그에 따라 M2 티어의 세럼은 M1 티어의 세럼보다 높은 가치가 매겨졌고, 여덟 개밖에 존재하지 않는 M3 티어의 세럼은 그 가격이 천정부지로 뛰었다. 한 BAYC 홀더(tgerring.eth)는 M3 세럼을 당시 약 40억 원에 해당하는 가치인 888ETH으로 매입했고, 본인의 BAYC에 M3 세럼을 이용해 '거대한 돌연변이 원숭이(Mega Mutant Ape)'를 발행했다.

M3 세럼을 888ETH에 매입한 사람은 이더리움 재단을 공동 창립하고 몇 년간 기술이사로 일하다가 블록체인 인스티튜트 시카고(Blockchain Institute Chicago)로 자리를 옮긴 테일러 게링이다. 그는 자신의 BAYC가 M3 세럼을 만나 거대한 돌연변이 원숭이가 발행되는 과정을 라이브 스트리밍했고, 이는 많은 사람들의 관심을 받았다.

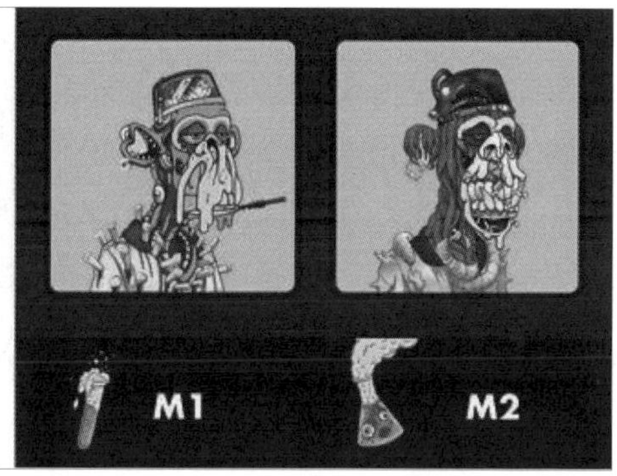

▲ 원본 BAYC(왼쪽), M1 티어의 세럼을 적용해 탄생한 MAYC(가운데), M2 티어의 세럼을 적용해 탄생한 MAYC(오른쪽)이다. (출처: https://opensea.io/collection/bored-ape-chemistry-club)

◀ M3 티어의 세럼을 적용해 탄생한 거대한 돌연변이 원숭이다. (출처: https://airows.com/creative/taylor-gerring-mutant-ape-mega-serum)

이런 일련의 상황에서 재미있는 점은, 완성된 MAYC보다 뮤턴트 세럼이 대체로 더 비싸게 팔렸다는 점이다. 실제로 M3를 적용한 '거대한 돌연변이 원숭이'는 평균적으로 10~30ETH에 팔렸다. 아마도 어떤 MAYC가 탄생할지 모른다는 기대감, 딱 한 번밖에 사용하지 못한다는 희소성 등이 사람들의 욕망을 자극한 듯하다. 이미 완성된 MAYC보다는 자신의 BAYC가 어떻게 변할 것인가에 대한 기대감이 희소한 세럼을 갖고 싶은 욕망을 부추겼고, 그중에서도 M3처럼 전 세계에 여덟 개밖에 존재하지 않는다는 희소성이 BAYC 홀더의 소유욕을 극대화한 것이다. 기대감과 희소함, 그것이 누군가에게는 40억 원짜리 베팅을 할 만한 가치라 여겨진다.

참고로 유가랩스는 이후 신규 유저 유입을 위해 1만 개의 뮤턴트 세럼을 추가로 발행했고, 이중에는 메가 뮤턴트도 다섯 개 포함되었다.

NFT 성공의 모범사례, BAYC

(1) 배타적 접근 권한

BAYC 프로젝트는 마치 요트클럽의 멤버십 카드처럼 해당 NFT 보유자만 가질 수 있는 배타적 권한을 부여했다. 예를 들어 공동 디지털 낙서하기 참여권, 오프라인 밋업[28] 참여권 등이다.

28 Meetup. 사업자가 투자자를 유치하려고 회사나 제품 또는 서비스를 설명하고 토론하는 행사.

이 같은 권한으로 해당 NFT를 갖고 싶은 수요를 더욱 늘릴 수 있도록 설계했다. 특히 BAYC 보유자에게 같은 팀에서 제작한 것으로 보이는 여러 유사 콘셉트의 제너러티브 아트 NFT를 에어드랍했고, 이같이 에어드랍된 NFT들마저도 가치가 고공 행진하면서 BAYC 보유의 가치가 극대화되었다.

이 외에도 BAYC 프로젝트는 NFT 홀더만 참여 가능한 오프라인/온라인 행사를 개최해 왔다. 한 예로 2021년 10월 31일부터 11월 6일까지 BAYC와 MAYC NFT 소유자를 위한 축제인 '에이프 페스티벌(Ape Fest 2021 in NYC)'을 개최했다. 개최 첫날에는 참가자 700명이 뉴욕의 브라이트 모먼트(Bright Moments) 미술관 앞에 줄을 섰고, 그날 저녁에는 1000명이 참석할 수 있는 요트파티가 이어졌다.

MAYC 홀더는 BAYC 홀더가 갖는 권한을 대부분 보유한다. 하지만 특정 고급 아이템은 BAYC 홀더만 갖게 하겠다는 유가랩스의 내부 방침을 유지하며 BAYC의 오리지널리티(원작의 가치)를 보장한다.

(2) 상대적으로 더 다수에게 분포됨

또 다른 대표적인 NFT인 크립토펑크[29]도 BAYC처럼 1만 점이 발행되었지만 홀더 수는 다르다. 크립토펑크가 3187명이고 BAYC

29 Cryptopunks. 2017년에 라바 랩스(Larva Labs)에서 만든 이더리움 기반 NFT.

는 5997명이다. 크립토펑크 NFT가 좀 더 소수에게 집중되었고, BAYC NFT가 좀 더 많은 사람에게 분포되었다. 이는 신규 유저를 유입시키는 네트워크 효과가 필요할 때, 홀더 수가 두 배에 가까운 BAYC가 크립토펑크에 비해 좀 더 유리한 측면이 있다.

(3) B2B 파트너십으로 인지도 확대

BAYC 프로젝트는 인지도를 높이기 위해 다양한 파트너십을 진행한다. 우리에게 익숙한 글로벌 브랜드 회사인 아디다스도 그 중 하나다.

아디다스에서는 '오늘 우리는 메타버스로 뛰어든다'라는 트윗을 올리면서 기대감을 형성했고, 아디다스 로고가 박힌 NFT 3만 점을 BAYC 콘셉트로 새롭게 발행하겠다고 말했다.

메타버스 속으로(Into The Metaverse) 프로젝트는 아디다스 로고가 박힌 NFT를 새롭게 발행하는 것인데, 아디다스 오리지널과 지머니(Gmoney), BAYC, 펑크스코믹(Punkscomic)이 참여했다. 디지털 NFT를 사면 실물도 인도되는 프로젝트였다.

'메타버스 속으로' NFT 구매자는 또한 아디다스가 2021년 11월, 메타버스 플랫폼 더 샌드박스(The Sandbox)에 구입한 가상 토지에서 앞으로 개최할 다양한 이벤트에 참여할 수 있는 권한과 커뮤니티 활동 참여 권한을 갖게 되었다.

유가랩스는 이 외에도 다양한 메타버스 프로젝트와 긴밀히 협

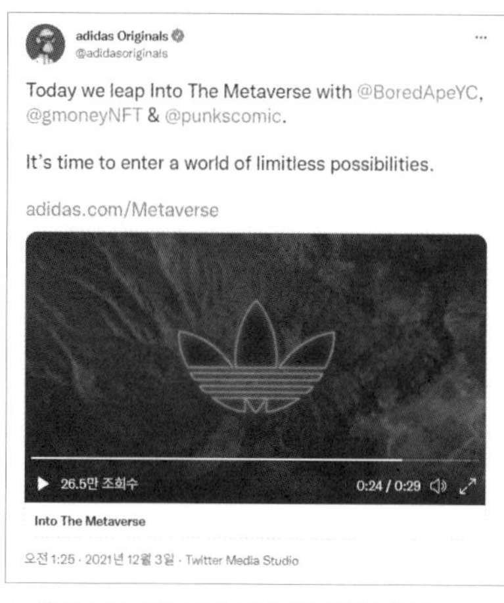

▲ 아디다스는 자신들의 트위터를 통해 BAYC 프로젝트와의 협업을 알렸다.
(출처: https://twitter.com/adidasoriginals/status/1466443459951271939)

▼ '메타버스 속으로' 프로젝트로 판매한 한정판 NFT이다.
(출처: https://www.coindeskkorea.com/news/articleView.html?idxno=76663)

업했는데, 디센트럴랜드(Decentraland)와 더 샌드박스 등이 이에 해당한다. 그들과 협업하면서 유가랩스는 메타버스 내 공공연한 PFP(Profile Picture)로써 2D에서 존재할 뿐만 아니라 3D 세상에서도 BAYC를 널리 알리는 계기를 얻었다. 또 디센트럴랜드, 샌드박스 등을 이용하는 유저를 BAYC 커뮤니티로 흡수하는 가능성도 만들었다.

샌드박스에서는 2D인 NFT 작품들이 3D 애니메이션화되어 움직이는 아바타로 변할 수 있음을 보여주고 싶어 했다. 이를 위해 대표적인 NFT인 BAYC를 샌드박스 내 아바타로 변환시켰고, 이

BAYC 홀더들은 파트너십을 통해 디센트럴랜드에서 BAYC 마크가 그려진 후드티를 에어드랍 받을 수 있었다. (출처: https://twitter.com/BoredApeYC/status/1405632678657933316)

들이 실제로 샌드박스 내에서 움직이고 게임처럼 노는 모습을 보여줬다. 이는 샌드박스와 유가랩스 모두에게 '윈윈'인 프로젝트였다. 이와 같은 다양한 파트너십은 BAYC 프로젝트의 브랜드 이미지와 신뢰도를 높이는 데 기여했다.

샌드박스에서 구현된 3D BAYC이다. (출처: https://twitter.com / TheSandboxGame/status/1435346842468896776?s=20&t=epjmaduD8br7YY0qEu-AWw)

(4) 구매자의 IP 활용 오픈, 바이럴 마케팅으로 인지도 확대

유가랩스는 BAYC 홀더가 IP(Intellectual property rights, 지적재산권)를 자유롭게 사용할 수 있도록 개방했다. 이에 커뮤니티 멤버들은 BAYC 이미지를 활용해 다양한 굿즈 등을 만들었고, 이로써 유저들로부터 시작되는 버텀업(Bottom-up) 바이럴 마케팅이 자연스레 전개되었다.

BAYC 이미지를 활용한 라떼 아트 사진이다. (출처: https://twitter.com/maggie6123/status/1466408873217376256?s=20&t=8VWb6lm0BQAvSz4BehEm8Q)

(5) 글로벌 인플루언서·셀러브리티를 통한 인지도 확대

미국프로농구(NBA) 선수 스테픈 커리, 배우 패리스 힐튼, 테

농구 선수 스테픈 커리의 트위터 계정에 등장한 BAYC이다.
(출처: https://twitter.com/boardroom/status/1431814660408422407)

니스 선수 세리나 윌리엄스, 미국 TV 진행자 지미 펄론 등 수많은 글로벌 인플루언서와 셀러브리티가 BAYC를 구입함으로써 BAYC 커뮤니티에 속하게 됐다. 이들은 SNS 프로필을 BAYC로 설정하기도 하면서 가장 비싼 NFT를 보유했다고 자랑하는 한편, 본인들이 얼마나 디지털 시대의 첨단을 달리는지, 얼마나 희소하고 '힙'한 사람들인지를 보여주려고 경쟁하는 듯하다.

미국 TV 프로그램에서 패리스 힐튼과 지미 펄론이 BAYC에 대해 이야기를 나누는 장면이다.
(출처: https://www.theboredapegazette.com/post/bayc-studios-released-an-animated-ape-version-of-jimmy-fallons-interview-with-paris-hilton)

인플루언서나 셀러브리티가 BAYC를 지속적으로 홀딩하고, 그들의 팔로어에게 BAYC를 노출하는 행위는 BAYC 프로젝트가 빠르게 성장하는 데 큰 원동력이 되었다. 셀러브리티들이 1만 개밖에 없는 희소한 BAYC를 구입해 해당 커뮤니티에 들어오고 싶게끔 하는 요인이 지속된다고 가정했을 때, 당장 BAYC를 구입하지 않으면 앞으로 영영 BAYC를 사지 못하거나 아니면 훨씬 더 비싼 가격을 지불해야만 해당 커뮤니티에 진입할 수 있다는 고립공포감(FOMO)[30]을 조성하기에 충분하기 때문이다.

또 BAYC를 보유하기만 하면 해당 커뮤니티 사람들과 자신이 어느 정도 동일한 신분임을 과시할 수 있는 명품 같은 도구가 되

30 Fear Of Missing Out. 소셜미디어 사용자가 자신만 뒤처지거나 소외된 것 같은 두려움을 느끼는 증상.

기도 한다. BAYC 자체가 전 세계 셀러브리티나 인플루언서와 교감하고 소통할 수 있는 채널이 되는 것이다.

300억 원 이상의 금융 자산을 보유한 슈퍼리치가 2020년 기준 전 세계에 약 30만~40만 명 있다고 할 때, 1만 점에 불과한 BAYC는 그 양이 터무니없이 적다. 즉 슈퍼리치 30만 명이 각각 300억 원씩을 갖고 있고, 이들이 NFT를 사는 데 자산의 0.1퍼센트를 부담 없이 쓸 수 있다고 가정해 보면 슈퍼리치들이 BAYC에 쓸 수 있는 돈은 약 0.9조 원에 해당한다.

30만 명(슈퍼리치 수)**×10퍼센트**(구매 전환율)**×300억 원**(보유 자산)**×0.1퍼센트**(보유 자산에서 BAYC를 사는 데 쓸 수 있는 비중)**=0.9조 원**

만약 BAYC를 슈퍼리치가 아닌 10억 원 이상 자산가 중 10퍼센트가 산다고 가정하면 모수가 약 3000만 명으로 100배 늘어나므로 이는 약 90조 원에 해당한다. 2024년 시총 약 5000억 원에 해당하는 BAYC가 18배 이상 커질 수 있는 것이다. 물론 이 가정은 수많은 비약을 포함한다.

(6) 기대감을 고조시키는 차후 계획 공유와 커뮤니케이션

유가랩스는 자신들이 BAYC로 무엇을 만들고자 하는지 계획이 생길 때마다 바로바로 디스코드[31], 트위터 등을 통해 커뮤니티와 공유했다. 이로써 커뮤니티 멤버들은 BAYC와 MAYC의 출현뿐만 아니라 모바일 게임·메타버스 세계와의 파트너십 등 다양한 활동이 이뤄질 것을 기대할 수 있었다. 이러한 매력적인 계획의 공유는 커뮤니티와 함께 커뮤니티를 더 키워가는 활동에서 중추적인 기준이 되었다. 그리고 나는 바로 이 부분이 사람들의 자발적인 참여를 이끌어 내는 가장 좋은 수단이었다고 생각한다.

유가랩스의 암호화폐 발행

세계에서 세 번째로 큰 NFT 프로젝트, 시가총액 약 3조 원 규모의 BAYC 프로젝트가 2022년 3월 18일 암호화폐를 발행했다. 이름은 에이프코인(ApeCoin)이며 바이낸스 거래소에서 기존 BAYC NFT 홀더를 대상으로 에어드랍 형태로 총 10억 개를 발행했다.

그렇지만 10억 개의 에이프코인이 모두 NFT 홀더에게 간 것은 아니다. 약 14퍼센트는 앤드리슨 호로위츠(Andreessen Horowitz)와 애니모카브랜드(Animoca Brands) 등 BAYC 초기 론칭에 참여한 벤처캐피탈에게 돌아갔다. 8퍼센트는 BAYC 프로젝트를 만든 유가랩스의 설립자 네 명에게 갔고, 유가랩스 법인은 따로 15퍼센트를 가져갔다. 3월 18일 에어드랍을 통해 기존 BAYC NFT 홀더들이

31 Discord. 사용자 간 커뮤니티를 만들 수 있는 인스턴트 메신저.

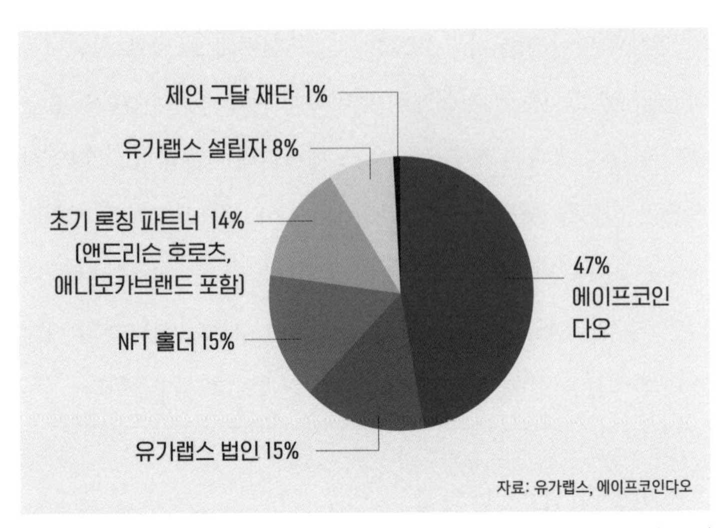

에이프코인 분배율을 나타낸 그래프이다. (출처: https://www.bloomberg.com/news/articles/2022-03-19/nft-bored-ape-yacht-club-s-apecoin-benefits-backers-like-andreessen-horowtz)

가져간 물량은 유가랩스 법인과 같은 15퍼센트다. 47퍼센트는 에이프코인 홀더의 투표와 의견 개진을 통해 BAYC 프로젝트를 운영하겠다고 만든 에이프코인다오(ApeCoin DAO)에 돌아갔다.

하지만 에이프코인다오에 배분된 47퍼센트는 현재 특정 주인이 없는 것과 마찬가지다. 그러니 벤처캐피탈과 유가랩스 지분을 합한 37퍼센트가 최대 지분인 셈이다.

프로젝트를 DAO를 통해 운영하겠다고는 했지만 DAO는 많은 토큰을 가진 사람일수록 강한 영향력을 갖는 구조가 일반적이기 때문에, 사실상 벤처캐피탈과 유가랩스가 프로젝트에 강한 영향력을 행사한다고 볼 수 있다. 바라보는 방식에 따라 앤드리슨 호로위츠, 애니모카 브랜드, 유가랩스가 에이프코인 발행을 이용해 BAYC에 미치는 영향력을 더욱 강화했다고도 할 수 있다.

앤드리슨 호로위츠는 배분받은 토큰으로 생긴 DAO 내 영향력을 대학 동아리 등 외부 기관에 넘기는 방식으로 줄이겠다고 했다. 사실 앤드리슨 호로위츠는 공짜로 배분받은 에이프코인을 당장 팔아도 거의 1조 5000억 원에 달하는 수익을 남기는 상황이었다. 바이낸스에 상장된 후 에이프코인 가격이 가파르게 올랐기 때문이다. 에이프코인은 상장 다음 날 아침 14.36달러까지 올라갔다가 2024년 6월 17일 기준으로 1.02달러에 거래되고 있다.

DAO라는 형식을 띠었지만 미등록 증권을 발행해서 내부자 스스로 BAYC 소유권을 더욱 굳건히 하고, 남는 지분은 거래소에 상장하여 수익까지 챙긴 것이나 마찬가지이다. 이 과정에서 자본시장법은 전혀 지킬 필요가 없었다.

2022년 3월 유가랩스가 IP를 인수한 미비츠 NFT는 인수 직전 열네 개 주소가 159개 미비츠를 집중 매수하면서 '내부자 거래' 의혹에 휩싸였다. 하지만 익명성과 NFT에 대한 모호한 규제 때문에 이런 의혹을 밝혀내기도 쉽지 않았다. 이어서 3월 23일 유가랩스는 5500억 원 규모의 외부 투자까지 유치했다. 코인과 주식 양방으로 아주 바짝 챙겼다.

미국 상장사들은 평균적으로 시가총액의 4.1퍼센트를 준법감시 비용으로 쓴다. 마이크로스트래티지(MSTR)의 CEO 마이클 세일러는 한 팟캐스트 방송에서 자신이 운영하는 회사가 작년 한 해에만 준법감시 비용으로 거의 200억 원을 썼다고 밝혔다.

「블룸버그」의 외부 기고자 애런 브라운은 유가랩스의 에이프코인 발행은 주식시장의 SPAC(기업인수목적회사) 상장과 비슷하다고 밝혔다. 기존 이해관계자들이 '나중에' BAYC 브랜드를 이용해 뭔가 여러 가지 비즈니스를 해볼 심산으로 코인을 발행하고 투자금을 먼저 끌어 모은 형태이기 때문이다. 권력과 힘이 소수의 집단에 집중된 DAO가 과연 DAO가 맞는지 생각해 볼 문제이다.

팀이 구심점이 되어 좋은 프로젝트를 만들어 주는 것은 고무적인 일이지만, 내부자가 실속을 미리 다 챙기고는 웹 3.0이네, 커뮤니티가 주인공인 프로젝트네 외치는 건 명백한 기만이다.

'권력이 있는 곳에 위선(Hypocrisys)이 있다.' 에이프코인과 BAYC 투자자라면 이 말을 기억해 두는 게 좋을 것이다.

BAYC 설립자 신원 공개를 둘러싼 갑론을박

2022년 2월, BAYC 프로젝트 창업자 네 명 가운데 두 명의 신원이 공개되는 일이 있었다. 인터넷 언론 「버즈피드」가 밝혀낸 바에 따르면 BAYC 프로젝트 창업자 중 '고든 고너'는 플로리다 출신 35세 와일리 애로나우이고, '가가멜'은 작가 겸 편집자인 32세 그레그 솔라노라고 한다. 이들은 그동안 잡지 인터뷰 등을 통해 간간이 언론에 모습을 비쳐오긴 했지만 늘 가명을 써왔기 때문에 누구도 정확한 신원을 알지 못했다.

사실 NFT 세계에서 익명으로 활동하는 것은 흔한 일이다. BAYC 같은 NFT에 투자할 때 사람들은 이것을 누가 만들었는지 따지기보다는 로드맵에 적힌 프로젝트의 계획과 생태계의 성장 가능성을 보고 투자하는 경우가 많다. 그렇다 보니 창업자가 신원을 굳이 밝히지 않는다면 일부러 알아내지도 않는 문화가 형성되어 있다.

따라서 이번에 언론이 이들의 신원을 공개한 것을 두고 이것이 '신상 털기'인지 아니면 투자자의 알 권리를 보장하는 것인지를 놓고 논란이 불거졌다. 한쪽 진영은 아무리 언론이라도 당사자의 동의 없이 신상을 공개하면 안 된다는 입장이다. 반대쪽 진영은 수십억 달러에 이르는 거래량이 발생하는 BAYC 프로젝트에서 특정 소수만 창업자의 신원을 알게 되면 정보의 비대칭 현상이 발생하므로 소비자의 알 권리를 위해 논의될 필요도 없는 문제라고 주장한다.

설립자가 익명으로 남는 게 당연한가

BAYC는 가장 싼 NFT의 바닥가격(Floor Price)이 28만 달러에 달하며, 시가총액은 30억 달러에 달한다. BAYC의 운영사 유가랩스는 50억 달러 기업가치로 벤처캐피탈 앤드리슨 호로위츠의 투자를 유치하기까지 했다.

유가랩스는 처음 NFT 판매(약 200만 달러) 이후에도 향후 거래가 발생할 때마다 2.5퍼센트를 로열티로 가져간다. 최근에는 아디다스와 라이선스 계약을 체결하고, 유명 코미디언 겸 배우 크리스 록을 BAYC 홀더들을 위한 오프라인 파티에 초대하고, 유명 록 밴드 스트록스의 콘서트에 참여하기도 했다. 현재 많은 셀러브리티가 BAYC를 소유했으며, 해당 셀러브리티를 지지하는 팬들에게까지 큰 영향력을 행사한다.

사람들은 이런 엄청난 영향력을 행사하는 프로젝트를 누가 만들었으며, 누가 실질적인 주인인지 알고 싶어 한다. 단순히 프로젝트가 너무 좋아서, 또는 사회에 미치는 영향력이 너무 긍정적이라서가 아니라 문제점도 있기 때문이다. 어떤 트위터리안들은 BAYC의 유인원들이 스트리트웨어를 입고 금니를 보여주는 모습이 흑인 인종차별이라고 주장하기도 한다(유가랩스는 인종차별설을 전면 부인했다).

또 BAYC 주요 아트워크를 그렸다고 알려진 아시아계 미국인 세네카에게 충분한 보상을 하지 않았다고 주장하는 사람들도 있다. 유가랩스의 CEO 니콜 뮤니즈는 "오리지널 아트워크를 그린 모든 아티스트에게 각각 적어도 수백만 달러를 보상으로 지불했다."고 항변했다(세네카는 공식 답변을 거부했다).

그러나 수조 원의 가치를 지닌 기업의 창업자와 실질적 주인의 정체를 내부자 외에 일반인이 모른다면 이런 문제들에 대한 가치 판단을 어떻게 제대로 할 수 있을까?

BAYC 창업자는 총 네 명이다. 그중 두 명의 정체가 밝혀졌지만 그 전까지는 네 명 모두 신원을 밝히지 않은 채 익명으로 활동했다. 그들은 「롤링 스톤」이나 「더 뉴요커」, 「코인데스크」 같은 언론의 인터뷰에 익명으로 등장해 BAYC를 만든 배경을 설명하곤 했다.

어느 날 암호화폐에 흥미가 생겨 NFT를 발행하고 싶어진 '고든 고너'와 '가가멜'은 돈 많고 부유한 원숭이들이 클럽하우스에 모여 사는 콘셉트를 구상했고, 곧장 프리랜서 일러스트레이터를 고용해 그림을 그리게 했으며, 개발자 두 명을 공동 창업자로 영입하여 NFT 프로젝트를 완성했다는 것이다. 개발자 두 사람, '노새스'와 '엠페러 토마토 케첩'의 정체는 아직 밝혀지지 않았다.

'가가멜' 그레그 솔라노는 편집자이자 책 비평가로 활동했으며, 버지니아대학교에 다니고 있었다. 유명 게임 〈월드 오브 워크래프트〉에 관련된 책을 실제 해당 게임을 디자인한 사람들과 공동 집필하기도 했다.

'고든 고너' 와일리 애로나우는 마이애미 출신이다. 한동안 시카고에 살았고, 2021년 5월에 우리가 잘 아는 암호화폐 거래소 비트멕스(BitMEX)와 작은 마찰을 일으키기도 했다. 애로나우가 2018년 'bitmex.guru'라는 도메인을 마치 비트멕스의 진짜 웹사이트인 것처럼 꾸미고 비트멕스 고객을 속이려 했다는 것이다. 비트멕스는 이에 대해 제3자 중재를 신청했고, 애로나우가 중재 자리에 나타나지 않으면서 해당 도메인은 비트멕스에 귀속되었다 (작은 해프닝 정도라고 할 수 있다).

다행히 현재까지 BAYC 두 창업자의 신상에는 큰 결격사유가 없어 보인다. 그러나 만약 다른 NFT 프로젝트에서 익명의 창업자가 알고 보니 엄청난 범죄 이력을 가진 인물이라면 기분이 어떨까? 엄청난 돈을 들여 해당 NFT를 수집한 컬렉터라면 뒤통수를 아주 세게 맞은 듯한 충격을 받을 것이다.

웹 3.0 세상을 지지하는 사람들 중 일부는 익명성이야말로 웹 2.0 기반 인터넷 세상의 문제를 바로잡을 수 있는 중요한 가치라고 생각한다. 모든 사람이 인터넷에서 아예 신원을 공개하지 않고 블록체인상의 명성으로만 활동하는 세상이 웹 3.0이라고 주장한다. 그러나 이 주장에는 커다란 결함이 있다.

예를 들어 BAYC의 경우 초기부터 투자를 집행한 벤처캐피탈 등 내부자들은 창업자의 신원을 알았을 것이다. 이는 정보 비대칭 문제이며, 전통 금융시장에서 이런 정보의 비대칭과 불투명한 정보 문제는 종종 큰 문제를 일으킨다. 일반 투자자들이 기업을 제대로 실사할 방법이 없기 때문이다.

익명성의 위험성

원래 블록체인이 내세우는 가치는 익명성이 아닌 '가명성'이다. 최초의 암호화폐인 비트코인은 정부나 은행의 중재 없이도 송금과 결제를 할 수 있는 P2P 네트워크를 목표로 만들어졌다. 누구든지 차별받지 않고 사용할 수 있는 중립적인 환경을 조성하는 것이 중요했다. 그래서 어느 나라에 살든 어떤 신분이든 인터넷만 연결되면 바로 사용할 수 있다. 따로 휴대전화 인증이나 계좌 인증 같은 고객 확인 절차를 거치지 않는다. 비트코인 창시자의 이름인 '나카모토 사토시'도 누군가 또는 어떤 그룹이 사용한 가명일 뿐이다.

그렇다고 해서 비트코인이 보낸 사람과 받는 사람의 '익명성'까지 보장하지는 않는다. 비트코인은 처음부터 그런 기능을 제공하지 않았는데, 그 이유는 간단하다. 비트코인은 전 세계에서 가장 많은 사람이 이용하는 안전한 자산 또는 화폐가 되는 것이 궁극적인 목표이다. 초기부터 비트코인 네트워크는 오직 이 한 가지 목표를 달성하고자 발전해 왔다. 거래 당사자의 신분을 감춰주는 '익명화' 또는 '비식별화' 기술은 범죄 같은 특정 목적을 가진 사용자에게만 유익할 뿐이다. 그래서 그동안 우선순위에서 빠질 수밖에 없었다.

개당 가격이 수억 원을 오가는 미술품 NFT를 일반 대중에게 판매하는 프로젝트의 설립자가 블록체인에서 기본적으로 제공하는 '가명성'을 활용하는 것까지는 이해할 수 있다. 어차피 블록체인상에서 해당 설립자의 트랜잭션 기록을 역으로 추적해 보면 거래소 계정이든 개인지갑 계정이든 실제 신원 정보를 연동해 둔 곳으로 연결되기 때문에 결국에는 밝힐 수 있기도 하다.

그러나 '익명성'이 마치 블록체인의 고유한 권리인 것처럼 주장하면 곤란하다. NFT 자산의 법적 정의가 증권인지 수집품인지를 따지지 않더라도, 결국 고가의 무형자산을 불특정 다수에게 공개모집 형태로 판매하는 것이므로 투명한 정보 공개와 위험 고지는 필수 조건이다. 만약 어떤 NFT 프로젝트의 설립자가 억지로 익명성 뒤에 숨으려 한다면 이런 의무를 지지 않겠다고 선언하는 것과 같으며, 만에 하나 문제가 발생한다면 피해는 고스란히 투자자에게 돌아간다.

NFT 구매 기준

돌멩이 그림을 7억 원을 주고 살 수도 있고, 원숭이 그림을 15억 원을 주고 살 수도 있다. 그럴 만한 경제적 능력이 충분하고, 그러한 구매 경험에 스스로 만족한다면 누가 뭐라고 하겠는가.

NFT 그림이 고가에 팔리는 이유는 상황마다 다르고 매우 주관적이기 때문에 일반화해서 정의할 수는 없다. 다만 좋은 투자와

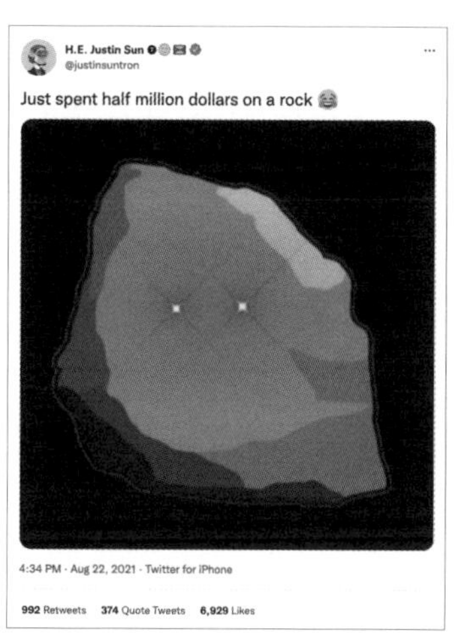

저스틴 선이 트위터에 자신이 소유한 이더 락을 공개했다. (출처: https://twitter.com/justinsuntron/status/1429346110405890048)

나쁜 투자를 구분하는 기준을 정해볼 수는 있을 것이다. 한 가지 예를 살펴보자.

트론(Tron)의 창업자 저스틴 선은 지난 8월 '이더 락(Ether Rocks)'이라는 NFT 프로젝트의 돌멩이 그림 한 점을 약 7억 원을 주고 구매한 후 늘 그래왔듯이 자신의 트위터에 그림을 포스팅했다. 이런 문구와 함께. "돌 하나에 50만 달러나 썼어(Just spent half million dollars on a rock)."

'관종'이라는 말을 많이 듣던 사람이라 별로 놀라운 일도 아니기는 하지만, 저 짧은 문구에는 꽤 다양한 의미가 내포되어 있다. 일단 자신이 50만 달러 쯤은 가볍게 쓸 만큼 부자라는 것과, 돌멩이 그림까지 구매할 만큼 NFT 시장을 밝게 전망하는 암호화폐 전문가이자 시원시원한 사람이라는 것 등이다.

사회학자이자 경제학자인 소스타인 베블런은 과시적 소비(Conspicuous consumption) 이론을 통해 사람은 누구나 자신의 경제적 상태와 사회적 지위를 과시하려는 습성이 있다고 주장했다. 저스틴 선의 행동은 마치 수컷 공작새가 암컷에게 구애할 때 아름다운 꼬리를 한껏 펼쳐 보이는 행동과 비슷하다. 하지만 인간은 공작새 같은 아름다운 꼬리가 없기도 하거니와 양심과 이성을 가진 동물이므로 직접 자신의 은행 계좌를 보여주는 등의 저돌적인 방법보다는 간접적인 방법을 선호한다.

이럴 때 사용되는 것이 바로 베블런 굿즈(Veblen goods)라고 불리는 물건들이다. 소유하거나 몸에 걸친 것만으로도 주인의 신분과 재력을 알 수 있는 특별한 물건을 말한다. 대표적인 것이 에르메스 버킨백이다. 가방 하나 가격이 수천만 원을 호가하지만 돈이 있어도 1년을 기다려야 살 수 있다는 엄청난 희소성을 지녔다.

저스틴 선에게는 돌멩이 그림 NFT가 이런 기능을 해주었다. 그는 돈이 아주 많을뿐더러 암호화폐 업계에서는 유명인사라서 해당 투자와 트위터 자랑질이 가져올 간접적인 플러스 요인도 적지 않을 것이다.

그런데 만약 우리 같은 일반인이 똑같은 그림을 구매해도 좋은 투자라고 할 수 있을까? 그러긴 쉽지 않다. 특히 미술품은 그 나름의 가격이 오르는 메커니즘이 있기 때문에 제대로 알지 못하고 함부로 투자했다가는 낭패를 보기 십상이다.

마르셀 뒤샹의 작품 〈샘〉은 실제 남자 소변기의 한쪽 귀퉁이에 'R. MUTT 1917'이라는 문구를 사인펜으로 적어놓은 미술품이다. 이게 왜 10억 원이 넘는 가격에 팔리는지 이해하지 못한다면 섣불리 고가 NFT 투자에 발을 들이지 않는 것이 좋다.

무엇보다 자신이 어떤 성향의 투자자인지 잘 알아야 한다. 자신이 원숭이 그림 한정판 1만 점 중 7225번 그림의 월등한 가치를 기가 막히게 알아볼 수 있는 사람인지 아닌지를 명확히 구분해야 한다.

나는 스스로 어떤 성향인지 잘 알기 때문에 매달 비트코인의 유통비용을 분석하고 투자한다. 물론 다른 유망 기업의 주식에 투자하기도 한다. 자기가 제일 잘할 수 있는, 자신의 성향에 맞는 투자를 해야 한다. 그것이 가장 성공적인 전략이다.

DAO를 둘러싼 논란

DAO는 어떤 목적을 이루기 위해 여러 사람이 모여 함께 일하는 조직이라는 점에서 주식회사나 협동조합과 비슷하다. 그러나 명백히 다른 점은 특정한 중앙집권 주체의 개입 없이 참여자들끼리 자발적으로 소통하고 투표 등을 통해 다수결로 의결함으로써 운영된다는 점이다.

이해를 돕기 위해 2022년 1월에 설립된 링크다오(LinksDAO)를 예로 들어보겠다. 이 DAO는 미국에 있는 PGA 투어급 골프장 두 개를 인수할 목적으로 결성되었다. 이를 위해 운영진은 먼저 NFT 9090개를 발행하여 불특정 다수 대중에게 팔았고, 약 120억 원을 모았다.

이 NFT를 구매한 사람들은 우선 링크다오가 미국 어느 지역에 있는 골프장을 구입할지에 대한 투표권을 갖게 된다. 그뿐 아니라 나중에 골프장을 구입한 뒤에는 해당 골프장에 입장해 시설을 이용할 수 있는 일종의 회원권도 같이 받게 된다.

골프장 운영 전반은 별도 법인을 세워 맡길 예정인데, NFT 보유자에게는 이 법인의 주식을 우선 매수할 권리까지 주어진다. 만약 링크다오가 성공적으로 골프장을 구입한다면, NFT에 투자한 사람들은 미국에서 가장 유명한 골프 코스 두 곳에 마음껏 드나들면서 그 골프장의 주주까지 될 수 있다.

해당 NFT 판매는 오픈시에서 공개되었기 때문에 약간의 이더리움만 있으면 누구나 참여할 수 있었다. 참고로 일반 회원권에 해당하는 '레저 멤버십'은 0.18ETH에, VIP 회원권에 해당하는 '글로벌 멤버십'은 0.72ETH에 판매되었다.

DAO는 이처럼 관심사가 같은 사람들끼리 인터넷 공간에서 자금을 모으고, 규칙을 정하고, 공동의 목적을 이룬다는 면에서 기존 주식회사제도보다 이점이 많다. 우선 국경이 없는 인터넷상에서 조직이 결성되고 암호화폐로 자금을 모으기 때문에 비교적 손쉽게 다수의 참여자를 모집할 수 있으며, 규모가 큰 자금을 빠르게 모을 수 있다. 또 목적 달성을 위한 의사결정을 민주적인 형태로 진행하므로 투명하고 운영도 믿을 수 있다. 목적을 달성한 이후 얻게 되는 결실 역시 특정 중앙집권 세력이 독식하지 않고 참여자가 모두 공평하게 나눈다는 면에서 이상적이기까지 하다.

그러나 이런 식의 '커뮤니티형' 조직이 과연 언제까지 사업을 안정적으로 유지하고 확장시킬 수 있을지는 의문이다. 예를 들어 링크다오도 골프장을 구매한 이후 문제가 발생할 수 있다. 어떤 골프장을 구입할지는 DAO 멤버들이 투표로 결정할 수 있지만, 골프장을 이런 방식으로 운영했다가는 의사결정을 빨리 하지 못하는 위험을 감수해야 한다. 또 골프장에서 수익이 나지 않으면 DAO의 인기도 시들해지고 참여자도 이탈할 것이다.

링크다오에서는 별도 법인을 만들어 운영을 맡긴다는 계획을 내놓기는 했지만 그래도 문제는 여전하다. 어차피 NFT 투자자들이 법인의 주요 주주가 되기 때문에 링크다오가 법인 경영진의 상위 기구처럼 자리매김할 가능성이 높다. 링크다오가 법인경영에서 완전히 손을 떼겠다는 서약을 한다면 모르겠지만, 과연 그게 가능할까?

세상에 존재하는 모든 조직에는 '위선'이 존재한다. DAO에서 높은 영향력을 행사하는 주요 인물들이 DAO 내에서도 결국 위계와 서열과 권력집중이 일어날 수밖에 없다 골프장 운영의 지속가능성을 위해 얼마나 많은 권력을 법인에 양도할 수 있는지가 관건이다. 만약 계속해서 권력의 맛을 포기하지 못해 경영에 입김을 넣는다면 절대 성공적으로 골프장을 운영할 수 없다. 사공이 많으면 배가 산으로 가게 되는 법이다.

DAO가 비트코인에 배워야 할 것들

지금 하루가 멀다 하고 디스코드에 만들어지는 수많은 DAO는 대부분 이런 문제점에 대해 명확한 해결책을 제시하지 못한다. 다른 말로 하면 사람들의 이목을 잡아끄는 흥미로운 목표를 가진 DAO는 많지만, 토큰을 찍어 내서 팔고 자금을 모집한 이후에는 별다른 성과가 없는 경우가 대부분이라는 뜻이다.

어디 성과만 없을 뿐인가? 설립자가 자신이 만든 DAO에서 쫓겨나기도 하고, 토큰 판매로 모은 자금을 운영진이 몰래 출금하여 잠적하는 일도 비일비재하다. 거의 모든 DAO가 겉으로는 투표 과정을 거치지만, 사실상 설립자나 운영진의 의지대로 투표 결과가 나오는 경우도 많다. DAO에서는 토큰을 더 많이 가진 사람이 더 많은 투표권을 가진다. 그런데 대부분 설립자 본인과 초기 투자에 참여한 지인, 즉 우호 세력이 토큰을 가장 많이 가지고 있기 때문이다.

DAO를 탈중앙화 조직으로 키워 성공적으로 운영하려면 비트코인의 지배구조를 답습하면 된다. 비트코인은 설립자만 있을 뿐 운영진이나 재단이 없는데도 지금의 성공을 이뤄냈다. 과거 일부 비트코인 고래 홀더들이 세력을 만들어 재단을 만들려고 시도하기도 했지만 실패로 돌아갔다.

만약 DAO 설립자들이 비트코인을 만든 나카모토 사토시처럼 커뮤니티가 자체적으로 돌아갈 수 있을 만큼 충분히 성숙한 뒤에 모든 것을 내려놓고 떠난다면 비슷하게 성공할 수도 있을 것이다. 그러나 현실적으로 이게 말처럼 쉽지는 않다.

비트코인이 택한 방식은 '원죄 없는 잉태'라고 불린다. 성모 마리아가 아무런 대가 없이 세상에 내려놓은 아기 예수처럼, 비트코인 창시자도 어떠한 금전적 이득을 취하지 않은 채 사라졌기 때문이다. 누군가 이를 똑같이 따라 하는 일은 매우 어려운데, 크게 두 가지 이유가 있다.

첫째, 이제는 비트코인의 성공을 모두가 알고 있기 때문에 금전적 보상이 더욱 강력한 동기가 된다.

둘째, 설령 설립자가 돈에 관심이 전혀 없는 사람이라고 해도 권력의 '위선'에서 자유롭지 못하다. 예를 들면 주변 사람들은 아무도 그렇게 생각하지 않는데 혼자서만 '앞으로 몇 년만 더 하고 물러나자. 아직은 내가 있어야 해. 지금 떠나기엔 너무 일러'라고 생각하는 것이다.

DAO의 취약한 구조를 이해하려면 주식회사제도와 비교해 보면 좋다. 주식회사는 기본적으로 무신뢰 기반 계약 시스템이다. 조직의 모든 구성원은 사적 계약 관계로 묶이고, 모든 계약에는 성과에 대한 보상과 잘못했을 때의 책임이 명시된다.

주식회사에서는 주주와 이사회가 경영진을 주기적으로 견제한다. 그래서 애플의 스티브 잡스도 자신이 세운 회사에서 쫓겨나기도 했다.

반면 DAO는 어떨까? 현존하는 조직 형태 중 협회, 재단, 협동조합 등 신뢰 기반 조직들이 DAO와 비슷하다. 처음에는 신뢰하는 동료들과 하나의 뜻을 이루고자 모였기에 문제가 없지만, 시간이 지날수록 생각과 견해에 차이가 생기게 된다. 결국 힘 있는 몇 명 위주로 권력이 다시 집중된다. 만약 이들이 조직을 엉망으로 운영한다면 견제할 방법도 없다.

구성원 간에 정기적으로 투표해서 경영진을 교체하는 등의 규칙을 미리 정할 수는 있다. DAO는 블록체인 위에서 조직되기 때문에 아예 스마트 컨트랙트를 이용해 리더의 임기를 정해 놓기도 한다. 이를 약속집행 메커니즘(Credible Commitment)이라고 하는데, 이로써 조직의 규칙을 투명하게 공개하여 구성원의 조직 신뢰도를 높일 수 있다. 잘만 활용하면 블록체인 기반 DAO의 큰 장점이 되는 셈이다.

문제는 그렇게 정해놓은 규칙조차 마음대로 바꾸는 권력의 출현이다. 어떤 조직이든 둘 이상이 모이면 반드시 위계가 생기고, 위계는 곧 권력으로 이어진다. 주식회사는 이런 문제를 최소화하려고 만든 계약 기반 유한책임 시스템이다. 협동조합이나 길드 같은 신뢰 기반(무한책임 또는 무책임) 조직에서는 해결할 수 없었기 때문이다.

최근 급부상하는 DAO도 이러한 권력의 문제에서 자유로울 수 없다. 이 문제를 어떻게 해결하느냐가 DAO에 남겨진 숙제이다.

PART 3

네트워크로써의 비트코인

Chapter 1

은행 없이 금융 거래가 가능한 세상이 올까?

비트코인은 돈의 인터넷이다.

_안드레아스 안토노풀로스

비트코인은 중앙은행과 시중은행이 없어도 작동하는 탈중앙 금융 네트워크로써 만들어졌다. 탈중앙화된 금융 네트워크가 왜 필요했을까? 2000년대 미국의 대형 은행들은 이자 상환 능력이 없는 사람, 즉 서브프라임 등급에까지 부동산 담보 대출을 마구잡이로 해줘서 거대한 거품경제를 초래했다. 결국 부동산시장이 무너지고 도산할 위험에 처하자 정부에서 대규모 구제금융을 받았다. 대형 은행이 망하면 그곳에 예금을 넣은 사람들에게까지 피해가 확대되니 중앙은행이 나서서 살려준 것이다.

문제는 이후 은행들이 보인 심각한 도덕적 해이였다. 대공황 이후 최악의 금융위기라고 할 수 있는 이 사건에서 책임을 지고 감옥에 간 사람은 당시 크레디트 스위스(Credit Suisse)의 임원이었던 카림 세라겔딘 단 한 명뿐이었다. 또 미국의 주요 은행들은 잘못을 반성하기는커녕 경영진에 예년보다 더 많은 보너스를 두둑이 챙겨주며 자기들끼리 보너스 잔치를 벌여 큰 비난을 받았다. 비트코인의 창시자 나카모토 사토시는 이들이 없어도 잘 돌아가는 세상을 만들고 싶었던 것 같다.

돈의 네트워크, 정보의 네트워크

과연 은행 없이 금융 거래가 가능할까? 은행이 우리의 일상생활에 너무나 깊숙이 들어와 있어서 잘 상상이 되지 않는다. 친구에게 돈을 보낼 때, 식당에서 음식을 먹고 계산할 때, 직장에서 월급을 받을 때 우리는 모두 은행을 통해 돈을 주고받는다.

사람들이 각기 다른 은행을 쓰더라도 매끄럽게 돈이 왔다 갔다 할 수 있는 것은 은행들끼리 쓰는 표준 네트워크가 있기 때문이다. 우리나라 은행들끼리는 '한은 금융망 네트워크'를 쓰고, 나라별로 중앙은행과 시중은행 간에 자유롭게 거래할 수 있도록 별도 네트워크를 구축해 놓았다.

국가 간에 송금할 때에는 은행들이 스위프트(SWIFT: Society for Worldwide Interbank Financial Telecommunication)를 통해 서로 정보

를 주고받는다. 쉽게 말하면 각국의 중앙은행과 시중은행이 쓰는 카카오톡이나 지메일이라고 생각하면 된다. 각국의 은행은 매일 4200만 건이 넘는 주문을 스위프트를 통해 처리한다. 만약 이렇게 각기 다른 나라의 은행과 소통할 수 있는 '표준화된 네트워크'가 없었다면 지금처럼 자유롭게 외국과 돈을 주고받는 일은 불가능했을 것이다.

이렇듯 경제에 돈이 빠르고 민첩하게 흐르는 데는 약속된 언어로 촘촘히 이어진 그물망, 즉 네트워크가 꼭 필요하다. 지금 전 세계 경제가 누리는 풍요는 돈의 네트워크가 잘 구축된 덕분이라고 해도 과언이 아니다. 네트워크라는 굳건한 땅 위에 지어진 글로벌 은행 시스템 덕에 21세기 경제는 번영할 수 있었다.

그럼 이제 '돈'이라는 단어를 '정보'로 바꿔보자. 정보도 돈처럼 사용자 간에 마찰 없이 매끄럽고 빠르게 흘러야 그 사용 가치가 높아진다. 장작더미에 불을 붙여 적군이 쳐들어 온 사실을 알리던 봉화 시스템이나 제1차 세계대전에서 광범위하게 사용되었던 전보 등은 모두 정보의 이동 속도를 비약적으로 높이려는 노력이었다. PC가 등장하고 정보통신 기술이 발전함에 따라 전 세계인이 실시간으로 정보를 교환할 수 있는 네트워크가 자연스럽게 형성되었다. 그것이 바로 '인터넷'이다.

블록체인 표준 프로토콜 후보

웹 3.0이 제대로 작동하는 데 필요한 가장 중요한 요소는 합의된 하나의 프로토콜이다. 마치 웹 1.0이 TCP/IP 프로토콜이라는 업계 표준이 만들어진 후 개인과 기업의 참여가 활발해지고 인터넷 생태계가 넓어진 것처럼, 웹 3.0도 참여자가 비약적으로 증가하고 기술이 발전하려면 합의된 프로토콜이 필요하다. 그렇다면 과연 어떤 블록체인 네트워크가 이 세계의 표준 프로토콜이 되어야 할까?

여기에서 조심해야 할 점은 블록체인 자체가 인터넷의 탈중앙화를 가능케 하는 기술이라는 오해이다. 사실 블록체인은 탈중앙화된 의사결정 구조를 지닌 네트워크를 구성하는 하나의 도구일 뿐, 그 자체는 그저 거래내역을 기록하는 원장이다. 그보다 중요한 건 이 원장에 적힌 거래정보를 정부 등 중앙기관의 보증 없이도 믿을 수 있는지, 누구도 절대 위변조할 수 없는지, 도둑맞거나 탈취당하지 않을지에 대한 신뢰를 확보하는 것이다. 바로 이를 위해서 암호화폐가 꼭 필요하다.

2018년 1월 18일, 〈JTBC 뉴스룸〉에서 '긴급토론-가상통화 신세계인가 신기루인가'라는 토론회를 열었다. 유시민 전 보건복지부 장관이 나와 당시 암호화폐에 대한 정부의 입장을 옹호했다.

"그래서 저는 이걸 어떻게 비유하냐 하면, 블록체인 기술은 '건축술', 비트코인은 '집'이에요. 근데 그 집을 처음에는 마을회관 하라고 지었는데, 지어놓고 보니 도박장이 돼 있는 거예요. 그래서 이 도박장을 규제하려고 하니까 그쪽에서 '건축'을 탄압하지 말라고 얘기하는 거예요, 지금."

말하자면 비트코인은 블록체인 기술을 이용해 지은 일개 건축물일 뿐인데, 지금 거기서 투기 과열 같은 문제가 많이 발생하니 철거해 버리고 다른 건물을 짓자는 것이다. 이 논리는 애초에 블록체인과 비트코인의 관계에 대한 이해부터 틀렸다. 만약 블록체인을 '건축 기술'에 비유할 거라면, 비트코인은 그 건축 기술을 사용해 건물을 짓는 인부와 중장비가 어떤 건설사나 시공사에 고용되지 않고도 스스로 일하게 만드는 '인센티브'에 비유해야 맞다.

인터넷이 1960~1970년대 미국 국방부의 아르파넷 프로젝트에서부터 시작되어 수십 년에 걸쳐 발전해 온 것처럼, 암호화폐도 1980년대부터 '가상화폐(Virtual currency)' 또는 '전자화폐(Electronic cash)'라는 이름으로 발전해 왔다. 흔히 비트코인을 최초의 암호화폐라고 알고 있지만 이는 사실이 아니다. 오히려 비트코인은 암호학자들과 암호 기술을 이용해 기존의 중앙집권화된 국가와 기업 구조에 저항하려는 사회운동가 집단 사이퍼펑크[32]가 1980년대부터 40년 가까이 연구해 온 탈중앙 네트워크 기술의

32 Cypherpunk. 더 나은 세계를 건설하려는 사회적·정치적 변화의 수단으로써 강력한 암호화 및 개인정보 보호 강화기술 사용을 권장하는 개인 또는 집단.

완결판에 가깝다.

비트코인 전에도 암호화폐가 있었다

세계 최초의 상업적 암호화폐는 미국의 암호학자 데이비드 차움이 1989년 설립한 디지캐시(DigiCash)에서 발행한 이캐시(Ecash)이다. 그는 1981년에 암호학자들 사이에서 지금도 유명한 '추적할 수 없는 전자 메일, 발신인 주소, 디지털 가명(Untraceable Electronic Mail, Return Addresses, and Digital Pseudonyms)'이라는 제목의 논문을 발표한 암호학 전문가이다.

1994년 디지캐시는 이캐시를 사용한 첫 전자 결제에 성공했고, 1995년에는 미국의 소규모 은행과 파트너십을 맺고 본격적으로 이캐시 디지털 화폐를 운영하기 시작했다. 하지만 이캐시는 인터넷 전자상거래가 조금씩 활성화됐음에도 불구하고, 프라이버시 보호보다는 더 편리하고 보편화된 신용카드를 선호하는 소비자에게 외면받으며 대중화에 실패했다. 결국 디지캐시는 1998년 파산을 선언했고, 이캐시 테크놀로지스(eCash Technologies Inc.)에 자산을 매각했다. 디지캐시가 이캐시 결제를 지원한 3년 동안 소비자 약 5000명이 이캐시를 사용한 것으로 알려졌다.

이캐시는 전 세계에 은닉 서명(Blind Signatures) 개념을 처음으로 소개한 암호화폐로 유명하다. 은닉 서명은 메시지 내용을 감추

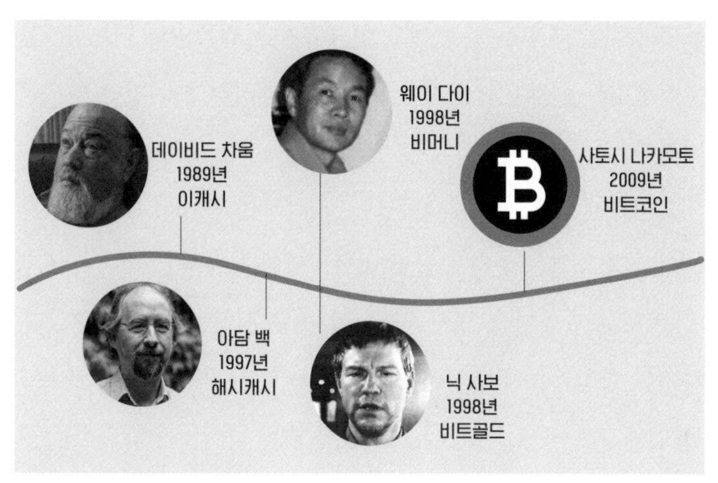

가상화폐의 역사를 정리한 그림이다.

고 참여자의 유효성을 증명하기 위해 공개 또는 개인 패스워드를 활용하는 개념이다. 이는 오늘날 암호화폐 거래소나 개인지갑의 주소를 말하는 퍼블릭 키(Public Key, 공개 키) 형태로 발전되어 널리 사용되고 있다.

디지캐시가 설립되고 10년이 지난 후, 웨이 다이라는 개발자가 '비머니, 익명의, 분산된 전자 캐시 시스템(B-Money Anonymous, Distributed Electronic Cash System)'이라는 논문을 발표하여 암호학 커뮤니티에 또다시 파장을 일으켰다. 비머니는 비공개 전송 기능(Private Sending Capabilities)과 자동실행 계약(Auto-Enforceable Contracts)을 이용한 탈중앙화 네트워크를 적용한 것이다.

비록 기술적인 완성도 면에서 블록체인에 크게 못 미쳤고 사람들의 충분한 관심을 얻는 데도 실패했지만, 탈중앙화 네트워크를 도입했다는 콘셉트만은 미래의 암호화폐시장에 엄청난 영향을 끼쳤다.

오랫동안 암호화폐 지지자였던 닉 사보는 1998년 비트골드(Bit Gold) 프로토콜을 통해 오늘날 비트코인이 사용하는 PoW 시스템을 최초로 도입했다. 비트골드는 실제로 시장에 나오진 않았다. 하지만 참가자들이 컴퓨팅 파워로 해시[33] 문제를 풀어 비트골드를 얻게 되는 구조, 시간이 지나면서 채굴 난이도가 증가하는 부분 등 기술적 메커니즘 면에서 훗날 비트코인 아키텍처(설계방식)에 상당한 영향을 준 것으로 알려졌다.

아직까지도 많은 사람이 닉 사보가 나카모토 사토시일 거라고 의심하지만 그는 공개적으로 자신이 사토시가 아니라고 여러 차례 밝혔다.

해시캐시(Hashcash)는 1997년 아담 백이 스팸메일과 서비스 거부(DoS) 공격을 제한하기 위해 사용한 PoW 시스템이다. 해시캐시에서 사용된 PoW 시스템은 이듬해인 1998년 웨이 다이가 고안한 비머니에서 새로운 블록 생성 방식으로 채택되었다. 이후 2008년 나카모토 사토시는 비트코인 백서를 통해 자신이 해시캐시의 PoW 방식을 채택해 채굴 알고리즘을 만들었음을 밝혔다. 2009년 1월 첫 번째 비트코인 채굴이 실제 이 방식대로 진행되어

33 Hash. 하나의 문자열을 이를 상징하는 더 짧은 길이의 값이나 키로 변환하는 것.

지금까지 이어지고 있다.

새로운 돈의 네트워크, 비트코인

인터넷이 처음 등장한 1990년대만 해도 그것이 향후 인류사에 어떤 영향을 미칠지 아는 사람은 극히 드물었다. 인터넷이 제공하는 가치를 제대로 이해하지 못했기 때문이다. 인터넷은 그 자체로는 별 가치를 생산해 내지 못했지만, 나중에 아마존이나 구글 같은 위대한 기업이 탄생할 수 있는 기초적인 인프라와 기본 레이어를 제공했다.

땅 위에 건물을 짓고 층을 올리려면 일단 믿을 수 있는 안정성과 누구나 쉽게 이용할 수 있는 범용성이 필요하다. 인터넷은 이 점에서 우수한 인프라를 제공했기에 널리 이용되었다. 만약 인터넷에서 보내는 이메일이 우편으로 보내는 편지처럼 수시로 유실되거나 반송되었다면 누가 이메일을 사용했을까? 혹은 인터넷에 사용된 컴퓨터 언어가 외계인만 이해할 수 있는 고차원적인 언어였다면 누가 그 위에 건물을 지으려고 시도했을까?

그동안 비트코인의 별명은 '돈의 인터넷'이었다. 비트코인 백서에도 나와 있듯이 원래 비트코인은 P2P 전자화폐가 될 목적으로 만들어졌고, 지금도 수요의 대부분이 점점 구매력을 잃는 신용화폐를 대신할 가치 저장 수단이자 전자화폐로써 발생하고 있다. 여기에서 주목할 점은 비트코인 생태계의 발전 방향이 인터넷의 그것과 매우 유사하다는 것이다.

지금 우리가 매일 쓰는 인터넷은 최소 4단계, 많게는 7단계 레이어로 이루어진 구조물이다. TCP/IP 프로토콜이 안정적인 네트워크와 데이터 전송 레이어를, HTTP나 SMTP[34]가 애플리케이션 레이어를 담당하며 이를 토대로 구글·아마존·페이스북과 같은 서비스가 만들어졌고, 전 세계를 연결하는 정보의 바다가 구축되었다.

비트코인이 발전하는 방식도 이와 굉장히 비슷하다. 비트코인은 이더리움이나 기타 알트코인에 비해 블록 하나를 생성하는 데 시간이 더 걸리고 블록 저장 용량도 작아 확장성에 제한이 많다. 대신에 가장 강력한 탈중앙성, 무신뢰성, 영원 불변성을 제공한다. 뒤에서 자세히 다루겠지만 비트코인이 지닌 이러한 특성은 전 세계의 뛰어난 기업과 개인들을 매료시켰다. 확장성과 속도 문제를 해결할 레이어2와 레이어3도 이미 생겨나고 있다.

비트코인 인플루언서 윌리 우에 따르면, 2021년 1월 기준 비트코인 사용자 수는 1997년의 인터넷 사용자 수와 같다. 하지만 증가 속도는 훨씬 빠르다. 이런 추세라면 향후 4년 안에 비트코인 사용자 수가 10억 명에 달할 것으로 예상되며, 이는 2005년의 인터넷 사용자 수와 같다. 즉, 비트코인의 성장 속도가 인터넷보다

34 Simple Mail Transfer Protocol. 인터넷상에서 메일을 전송할 때 쓰는 표준 통신규약.

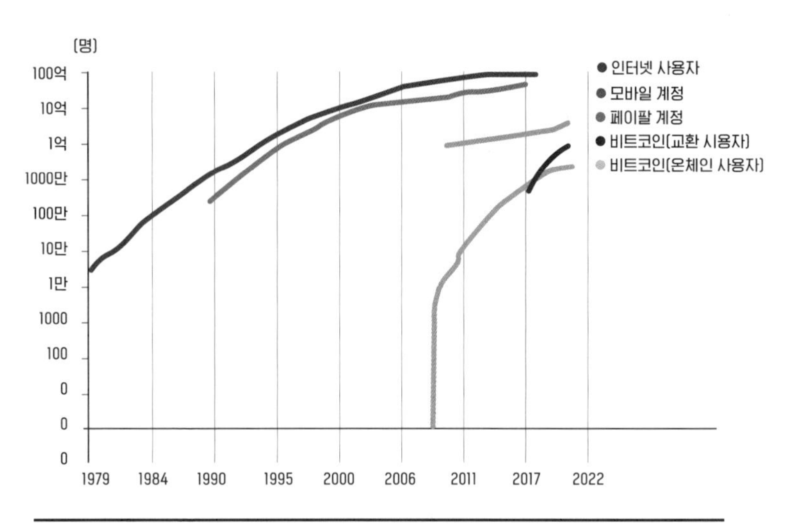

인터넷 사용자 수의 증가와 비트코인 사용자 수를 비교한 그래프이다. (출처: https://coinshares.com/research/institutional-crypto-adoption-three-factors-watch)

약 두 배 빠른 셈이다.

1973년, 빈튼 서프와 밥 칸이 TCP/IP를 정립한 이후로 1990년대 말 인터넷이 본격적으로 실생활에 쓰일 때까지 약 25년이 걸렸다. 만약 윌리 우의 주장대로 비트코인의 성장 속도가 인터넷보다 두 배 빠르다면, 2024년 기준으로 태어난 지 만 15년이 된 비트코인은 지금 1990년대 말의 인터넷과 비슷한 위치에 있다.

비트코인은 전 세계에 약 7900만 명의 사용자가 있는 것으로 추산된다. 1에서 1만 달러어치 비트코인이 든 활성 지갑 수가 그만큼 존재하기 때문이다. 인터넷의 경우 사용자가 1995년에 1600만 명에 불과했는데 2000년에는 4억 명까지 늘어났다. 그러므로 문제는 지금부터이다. 어쩌면 비트코인은 지난 20년간 무섭게 성장해 온 인터넷 산업보다 더욱 빠르게 우리 실생활에 침투해 들어올 수 있다. 미리 공부하고 대비하지 않는다면 닷컴버블 이후 20년 만에 찾아온 기회를 놓칠지도 모른다. 누군가의 말처럼 오직 준비하는 자만이 미래를 얻을 수 있다.

Chapter 2

비트코인이 **실패한다면** 무엇 때문일까?

비트코인은 디지털 시대의 안전한 가치저장 수단이다.
_카메론 윙클보스

'비트코인은 죽었다(bitcoinisdead.org)'라는 웹사이트에 따르면 비트코인은 탄생 이후부터 지금까지 최소 377번 넘게 사형선고를 받았다. 특히 비트코인 가격이 크게 하락한 2011년, 2014~2015년, 2018~2019년에는 더 많은 경제학 교수들과 투자 전문가들이 언론에 나와 비트코인은 비로소 끝장났다고 외쳤다. 그러나 비트코인은 매번 보란 듯이 반등하며 전 고점을 경신했고 오늘날까지 죽지 않고 살아남았다.

나는 이러한 상황을 보면 안티프래질(Antifragile)이라는 말이 떠오른다. 나심 탈레브가 그의 저서 『안티프래질』에서 '깨지기

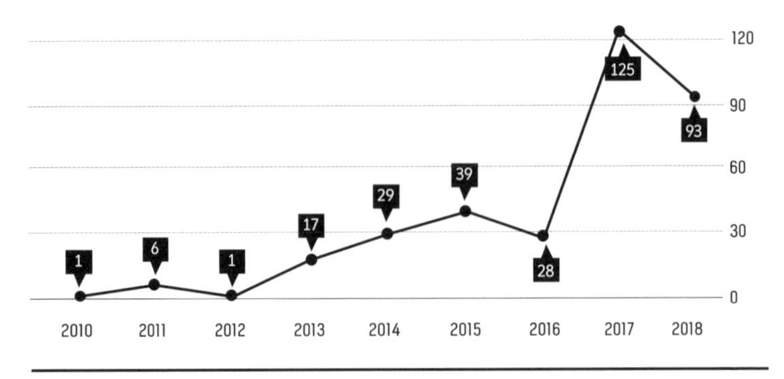

비트코인은 2019년 1월 3일까지 339번 죽었다. (출처: https://earlyinvesting.com/bitcoin-still-isnt-dead/)

쉬운'을 의미하는 프래질(Fragile)에 반대를 뜻하는 접두어 '안티(Anti)'를 붙여 만들어 낸 신조어이다. 안티프래질은 무질서와 불확실성에서 이익을 얻을 뿐만 아니라 살아남고 번영하기 위해서 무질서를 원하는 특성을 뜻한다. 항상 거센 비판과 공격에 직면하지만 그럴수록 더욱 강력해지는 비트코인의 독특함과 닮았다.

살아남을수록 계속 살아남을 것이다

만약 지나가는 아무나 붙잡고 비트코인과 탈중앙 암호화폐에 대한 간략한 설명을 해준 뒤, 만약 비트코인이 실패한다면 무엇 때문일 것 같은지 물어보면 뭐라고 답할까? 아마도 누구든 특히 화폐와 경제학을 잘 아는 사람일수록 적어도 몇 가지의 이유를 댈 수 있을 것이다. 가격 변동성이 너무 심하다, 거래소 해킹도 빈번

하게 터진다, 정부가 금지하면 어떡하냐, 범죄에 악용된다 등. 그러나 비트코인은 이미 지난 15년간 무수한 공격들로부터 살아남으며 내성을 다져왔다.

오래 살아남을수록 미래에 살아남을 확률이 더 높아진다는 이론을 린디 효과(Lindy Effect) 또는 린디의 법칙(Lindy's Law)이라고 한다. 예를 들어, 10년 동안 운영된 브로드웨이 연극은 1년 동안 운영된 브로드웨이 연극보다 10년 더 운영될 가능성이 높다. 나는 이것이 비트코인에도 적용될 수 있다고 믿는다.

비트코인이 대체될 가능성

비트코인은 현재 암호화폐시장에서 최고의 화폐 상품이다. 아마 많은 투자자들이 네트워크 효과로 인해 하나의 암호화폐 상품, 즉 비트코인이 시장을 지배할 가능성에 동의할 것이다. 그렇지만 더 우월하거나 개선된 버전의 비트코인이 만들어진다면 어떨까? '뉴 비트코인'이 네트워크 효과의 새로운 수혜자가 될 수도 있지 않을까? 비트코인의 코드는 누구나 따라 하고 개선할 수 있는 오픈소스니까 말이다.

하지만 여러 가지 이유 때문에 비트코인이 '개선된' 암호화폐 자산으로 대체될 가능성은 매우 낮다. 가장 큰 이유 중 하나는 속도나 확장성 등 비트코인의 한 가지 특성이 개선되면 비트코인의 탈중앙화 수준이나 보안 수준과 같은 또 다른 특성이 감소하기 때문이다. 이러한 상황을 '블록체인 트릴레마'라고 한다.

분산형 데이터베이스의 트릴레마

1980년대 초반에 컴퓨터 과학자들은 분산 데이터베이스에 내재된 일종의 트릴레마[35]를 확인했다. 최근에는 이더리움 창시자 비탈릭 부테린이 이 트릴레마의 변형이라 할 수 있는 블록체인 트릴레마에 대해 설명했다. 그는 분산형 데이터베이스는 한 번에 세 가지 보장(보안성, 탈중앙성, 확장성) 중 두 가지만 제공할 수 있다고 말했다.

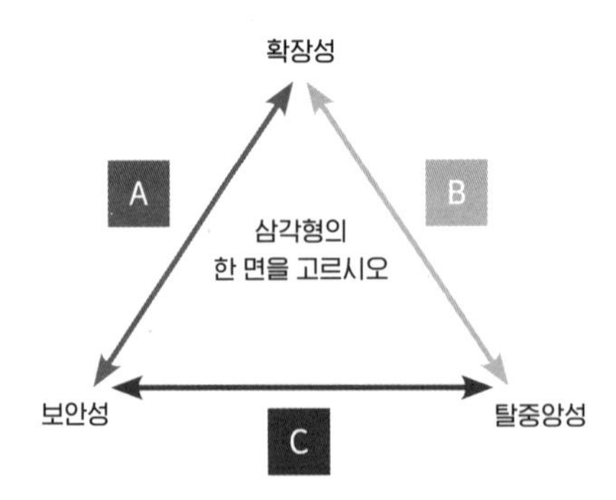

비탈릭 부테린이 설명한 블록체인 트릴레마를 도식화한 이미지이다.

(1) 보안성

보안성은 네트워크가 외부에서 공격받거나 손상되지 않는 정

---

35 Trillemma. 세 가지 문제가 서로 얽혀 옴짝달싹하지 못하는 상황.

도를 의미한다. 비트코인 같은 분산 네트워크가 보안성을 잃어버리는 주요한 경우는 '51퍼센트 공격'을 받았을 때다. 51퍼센트 공격은 한 사람 또는 한 그룹이 비트코인 네트워크의 컴퓨팅 파워 해시레이트[36]를 절반 이상 통제하는 것이다. 이것이 달성되면 공격자는 자기 마음대로 네트워크를 제어하거나 더 구체적으로는 이중지불 또는 거래취소 등과 같이 공개 원장을 변경할 수 있다. 그러면 네트워크에 대한 신뢰가 손실되고 전체 네트워크가 붕괴할 수도 있다. 분산형 네트워크가 더 많은 노드와 채굴자, 즉 더 많은 사람·그룹·지리적 영역에 분산되어 있고 크기가 클수록 공격하기가 더 어렵고 더 많은 비용이 소요된다.

네트워크를 보호하는 해시레이트로 측정할 때, 동일한 해싱 알고리즘을 사용하는 다른 암호화폐 대비 비트코인은 단연코 가장 안전한 암호화폐이다.

하지만 해시 알고리즘의 차이 때문에 비트코인의 해시레이트는 다른 암호화폐, 특히 시가총액 기준으로 둘째로 큰 이더리움의 해시레이트와 직접적으로 비교할 수 없다. 대신 네트워크 보안 전용 채굴 자원의 척도로 연간 총 에너지 사용량을 비교할 수 있다. 이더리움이 연간 약 25테라와트시(TWh)를 사용하는 것에 비해 비트코인은 연간 약 137TWh를 소비하는 것으로 추정된다.

36 Hashrate. 비트코인을 채굴하기 위해 전 세계 네트워크를 통해 동원된 연산 능력의 총합.

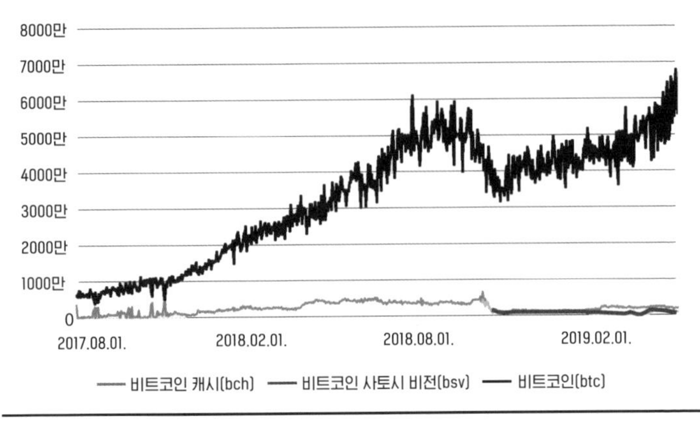

비트코인 계열 코인들의 해시레이트(TH/s)를 나타낸 그래프이다. (출처: 코인 메트릭스)

(2) 탈중앙성

탈중앙성은 한 개인이나 그룹이 시스템과 네트워크에 대해 더 많은 통제력을 가질수록 떨어지고, 더 적은 통제력을 가질수록 올라간다. 분산 네트워크에서 합의는 일종의 투표 메커니즘을 통해 달성된다. 이 시스템에서는 단일 그룹이 데이터를 제어하거나 제한할 수 없다. 개방 분산 네트워크에서 누구든지 자유롭게 가입할 수 있고, 그들이 네트워크의 규칙이나 프로토콜을 따르는 한 누구도 그들을 배제할 수 없다. 이를 통해 네트워크는 중개자 없이 작동한다.

더 높은 수준의 탈중앙성을 달성하려면 비교적 낮은 네트워크 처리량과 느린 정보 전달 속도를 감수해야 한다. 분산 네트워크의 반대는 한 중개자가 네트워크의 모든 것을 제어하는 완전 중앙집중 네트워크이다. 합의가 필요하지 않기 때문에 놀라운 속도와 처리량이라는 이점을 가지지만, 이 단일 중개자를 신뢰할 수밖에 없다는 단점이 있다.

비트코인은 현존하는 암호화폐들 중에서 가장 탈중앙적인 암호화폐이다. 예를 들어 암호화폐 시장조사 업체 코인메트릭스(Coin Metrics)의 최근 보고서에 따르면, 비트코인은 계속 보유자 수가 분산되고 활성 주소가 증가하며 채굴 풀도 점점 더 파편화되고 경쟁적으로 변하고 있다.

2021년 전에는 전체 해시레이트의 약 75퍼센트가 중국에서 발생했고, 미국은 4퍼센트에 불과했다. 그러나 2021년 중국이 비트코인 채굴을 완전히 금지한 이후에는 미국이 34퍼센트로 1위, 중국은 21퍼센트로 2위로 내려갔다. 한 가지 재미있는 사실은 한때 0퍼센트까지 내려갔던 중국발 해시레이트가 다시 슬금슬금 올라와 2024년에는 21퍼센트가 되었다는 사실이다. 이는 비트코인 채굴이 마치 인터넷과 같아서 법적으로 금지한다고 해도 사용 자체를 완전히 막을 수는 없음을 보여준다.

(3) 확장성

확장성은 네트워크가 사용자 수의 증가 같은 성장을 처리하는 능력, 그리고 네트워크가 제한된 시간 동안 얼마나 많은 트랜잭션을 처리할 수 있는가를 말한다. 비트코인 네트워크는 확장성을 최소화한 반면 탈중앙성과 보안성을 극대화하였다. 덕분에 이후에 생겨난 블록체인 네트워크들에 비해 트랜잭션 처리량이 적고 속도가 느린 것이 약점으로 지적받는다.

비트코인 네트워크는 평균 10분마다 새로운 블록을 추가하고 트랜잭션을 검증한다. 그리고 비트코인의 블록 크기는 제한되어 있기 때문에 각 블록에 들어가는 트랜잭션 수 또한 제한된다. 비트코인 네트워크는 초당 약 3~7개 트랜잭션을 처리할 수 있는 반면 VISA 같은 고도의 중앙집중 결제 네트워크는 초당 약 1700개 트랜잭션을 필요에 따라 여러 번 확장하고 처리할 수 있다.

무엇보다 중요한 건 화폐의 안정성

다수 대중이 사용하는 화폐는 무엇보다 안전해야 한다. 비트코인 네트워크가 지닌 강력한 탈중앙성과 보안성은 시간이 지날수록 더욱 주목받을 것이며, 네트워크 효과의 법칙에 따라 더 많은 사람들을 끌어들일 것이다. 미래에 화폐 네트워크로서 비트코인을 뛰어넘는 또 다른 네트워크가 등장할 수 있을까? 그 가능성은 매우 낮을 것이다.

비트코인 블록 크기 논쟁

비트코인의 트랜잭션 처리량은 각 블록이 추가되고 트랜잭션이 검증되는 시간(약 10분마다)과 블록 크기(약 1MB) 때문에 제한된다. 일부 사용자와 개발자는 비트코인의 확장성을 늘리기 위해 간단하고 직접적인 방법을 제안했다. 즉 블록 크기를 1MB 이상으로 키우는 것이다.

이는 논쟁의 여지가 없고 단순한 변경을 나타내는 것처럼 보일 수 있다. 하지만 실제로는 개발자 커뮤니티에서 수년에 걸친 치열한 전쟁을 유발했다. 블록체인 트릴레마를 단적으로 보여준 이 전쟁은 '작은 블록 지지자'와 '큰 블록 지지자' 두 진영으로 나뉘어 치러졌다.

블록 크기가 논쟁의 중심이었지만 더 근본적인 이슈는 비트코인이 무엇이며, 어떻게 발전해야 하는지 또는 어떻게 발전하지 않아야 하는지에 대한 원칙 싸움이었다.

원래 크기의 블록 또는 더 작은 블록을 원하는 사람들은 일반적으로 비트코인의 안정성에 장기적인 초점을 두고, 변경하기가 매우 어려운 강력한 프로토콜 규칙을 선호한다. 코드가 변경되면 잠재적으로 비트코인 네트워크가 새롭거나 예상치 못한 공격 벡터에 노출될 수 있기 때문이다. 작은 블록 지지자는 개인 또는 일반 사용자가 개인 노드를 실행할 수 있는 능력이 비트코인의 보안과 분산을 유지하는 데 중요하다고 믿는다. 큰 블록은 블록체인에 보관할 더 많은 기록을 의미하므로 노드(비트코인 원장)를 실행하는 것이 더 어렵고 비용도 더 많이 소요된다는 것이다. 이러한 문화 때문에 지금도 비트코인 개발자 커뮤니티에는 수많은 코드 변경과 업그레이드 요청들이 올라오지만 실제 적용은 아주 제한적으로만 진행된다.

반면 큰 블록 지지자들은 단기 장애물을 제거하거나 새로운 기회를 만드는 데 집중하고자 한다. 그들은 더 쉽고 빠르게 변경할 수 있는 프로토콜 규칙을 원하고, 블록의 크기를 키워야 한다고 주장한다.

그러나 블록 크기를 늘리는 것은 절충안 없이는 불가능하다.

왜냐하면 첫째, 블록이 클수록 블록체인이 커진다. 현재 전체 블록체인(비트코인의 오픈소스 원장에 기록된 모든 트랜잭션)의 크기는 약 400GB이다. 이를 통해 거의 모든 사람이 가정용 컴퓨터 또는 약 100달러짜리 저렴한 컴퓨터에서 전체 블록체인을 다운로드하고 전체 노드를 실행할 수 있다. 블록체인이 커지면 노드를 운영하는 데 비용이 더 많이 들고, 더 어려워진다. 그렇게 되면 기업이나 고가의 장비를 가진 사람만 노드를 구축하고 실행할 수 있기 때문에 분산이 덜해진다.

둘째, 블록이 커질수록 채굴자의 수입이 적어진다. 블록 용량이 커지면 블록에 담기기 위해 대기실(멤풀, Mempool)에서 기다리는 트랜잭션이 줄어든다. 비트코인의 블록 용량은 1MB로 고정되어 있기 때문에, 비트코인을 사용하는 사람들이 갑자기 늘어나 블록체인 혼잡도가 심해지면 사용자들은 서로 자신의 트랜잭션을 먼저 블록에 올리기 위해 더 높은 거래 수수료를 걸어야 한다. 만약 비트코인의 블록 용량이 커진다면 블록체인 혼잡도가 감소하고, 그에 따라 거래 수수료가 낮아지며 채굴자 수입이 감소할 수 있다. 원칙적으로 반감기가 있는 채굴 보상 수수료에 이런 이유까지 더해진다며 채굴자들이 조업을 중단할 수 있고, 채굴자들의 조업 중단은 비트코인 네트워크의 보안 저하로 이어질 것이다.

이렇듯 큰 블록은 트랜잭션 규모나 처리량을 증가시킬 수 있지만 네트워크의 탈중앙성과 보안성 하락을 동반한다.

하드포크된 비트코인

비트코인 네트워크는 2017년 블록 크기 전쟁 이후 두 개의 서로 다른 블록체인으로 하드포크[37]되었다. 기존 1MB 블록 용량을 고수한 '비트코인'과 블록 용량을 8MB까지 늘린 '비트코인 캐시'이다. 비트코인은 모든 노드가 합의해야 업그레이드가 단행되는데, 블록 용량에 대한 의견이 갈리자 일부 노드 진영이 자신들의 주장을 관철시키기 위해 이탈한 것이다.

이렇게 하드포크되어 나가서 새로운 비트코인을 만들겠다고 한 시도가 지금까지 100회가 넘는다. 그러나 대부분의 하드포크는 완전히 실패하여 시장에서 자취를 감췄거나(비트코인 엑스티, 비

37 Hard fork. 기존 블록체인과 호환되지 않는 새로운 블록체인에서 다른 종류의 암호화폐를 만드는 행위.

트코인 클래식 등) 형편없는 시장 지배력을 간신히 유지하는 수준에 그쳤다(비트코인 캐시(BCH), 비트코인 에스브이(BSV) 등).

비트코인 vs. 이더리움

여기에서 이더리움 네트워크와 이더리움 토큰 전체를 논의할 생각은 없다. 다만 비트코인과 시가총액 2위 암호화폐인 이더리움 간의 유사점과 차이점을 조금 살펴보고자 한다.

이더리움은 비트코인 블록체인 기술의 확장판

처음부터 백서로 발표된 비트코인은 '순수한 P2P 버전의 전자화폐'로 만들어졌다. 때문에 비트코인 네트워크는 중개인을 신뢰하지 않고도 가치가 안전하게 전송될 수 있는 분산형으로 설계되었다. 바로 이러한 특성이 미리 프로그램된 통화 일정, 2100만 개 상한선을 둔 신뢰성 있는 공급과 결합해 비트코인이 화폐 상품과 가치의 저장소가 되게 만들었다.

이더리움도 비탈릭 부테린이 2013년에 발행한 백서로 시작되었다. 그 내용을 요약해 보면 비트코인이 개척한 블록체인 기술을 확장하여 더 많은 기능, 특히 더 복잡한 트랜잭션을 수행할 수 있는 기능을 포함했다.

이더리움 백서에는 이런 내용이 나온다.

이더리움의 목적은 임의의 상태 전달 함수를 인코딩하는 데 사용할 수 있는 '계약'을 만드는 데 사용할 수 있는 튜링-완전 프로그래밍 언어를 내장한 블록체인을 제공하는 것이다.

이더리움 블록체인 네트워크는 모든 앱을 프로그래밍하는 데 사용할 수 있는 스마트 컨트랙트를 호스팅하고 실행할 수 있다. 이러한 이유로 일부 사람들은 이더리움 네트워크를 '분산 세계 컴퓨터'라고도 한다. 이 네트워크 덕분에 이더리움 블록체인에서는 다양한 토큰을 발행할 수 있다. 그리고 분산 금융, 게임, 소셜 미디어 도구 등을 포함하여 여러 앱을 구축하는 데 사용하는 일종의 플랫폼 역할을 한다.

플랫폼으로써 이더리움

이더리움은 비트코인에 비해 우월하거나 더 발전한 네트워크라고 할 수 있다. 하지만 추가 기능과 유연성은 비용이 많이 든다. 특히 더 복잡한 네트워크이기 때문에 소프트웨어 버그에 대한 가능성을 높이고, 분산과 보안이 저하될 수 있다.

앞서 소개한 블록체인 트릴레마 개념에 따르면 모든 블록체인은 보안성, 탈중앙성, 확장성 중에서 하나에 집중하면 나머지 두 개를 악화시키는 결과를 낳는다. 이더리움은 확장성에 집중한 체인이지만 탈중앙성도 최대한 챙기려는 모습을 보였다. 이더리움보다 빠르고 수수료도 싼 카르다노, 바이낸스 스마트체인(BSC), 솔라나는 탈중앙성을 버리는 대신 확장성을 더 키운 체인이다. 이더리움이 이런 3세대 블록체인들보다 여전히 앞서는 이유는 디파이와 NFT 수혜를 가장 먼저 그리고 거의 유일하게 입은 체인이기 때문이다. 사실 이미 '너무 커서 실패할 수 없는 상황'이 되었다고 볼 수도 있다. 그만큼 플랫폼 독점은 여간해서는 깨지지 않고, 블록체인 세상에서 플랫폼으로써 이더리움의 위치는 꽤 공고하다. 하지만 비싼 가스비, 느린 전송 속도, 불투명한 재단 운영 등의 문제를 해결하지 않으면 언젠가는 위기에 빠질 것이다.

롤업과 샤딩

이더리움 2.0은 앞으로 갈 길이 엄청나게 먼데, 일단 롤업(Roll up)과 샤딩(Sharding)이라는 걸 완성해야 한다. 롤업은 트랜잭션을 밖에서 처리하고 이더리움에는 요약정보만 저장하는 방식이다. 현재 롤업을 이용해서 이더리움 1.0을 기반으로 확장성을 키운 아비트럼(Arbitrum) 체인이 대표적인 롤업 레이어2이다. 아비트럼은 이더리움을 그대로 사용하지만 수수료는 1/10 수준이다.

샤딩은 이더리움 트랜잭션이 저장되는 컴퓨터를 64개로 나눠 처리 속도를 끌어 올리려는 시도이다. 쉽게 말해 샤딩이 완성되면 이더리움이 64개 버전으로 존재한다고 보면 된다. 이 64개 체인에 블록 생성자와 검증자를 랜덤으로 배치해서 트랜잭션을 처리

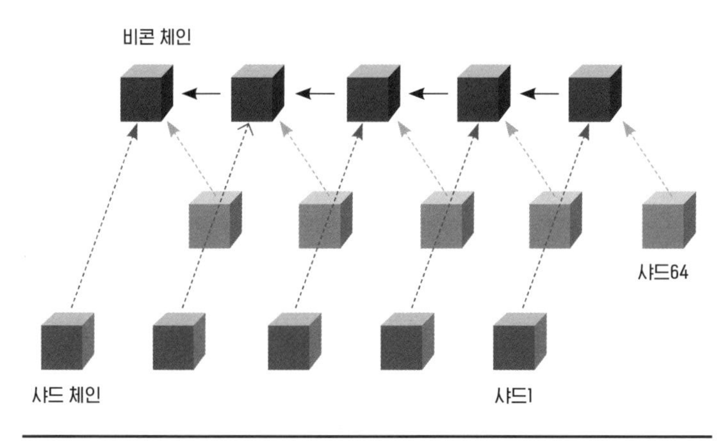

이더리움 2.0의 심장이라고도 불리는 비콘 체인 시스템을 나타낸 그림이다.
(출처: https://m.upbitcare.com/academy/education/coin/168)

시키는 '두뇌' 역할을 하는 게 비콘(Beacon) 체인이다.

비콘 체인은 샤드 체인들이 병렬적으로 작동하면서도 동기화 상태를 유지하게 하는 블록체인을 의미한다. 기존의 PoW 방식의 알고리즘 대신 검증인들의 2/3 이상의 투표를 확보하여 거래를 검증하는 방식의 알고리즘이다.

이더리움 2.0의 심장이라고도 불리는 비콘 체인은 코디네이션 레이어(Coordination layer)다. 데이터 레이어(Data layer)에 해당하는 샤드 체인들의 합의가 가능하게 하는 시스템이다. 이더리움 2.0에서 PoS(Proof-of-Stake, 지분증명)의 유효성 검증을 위한 검증인들을 관리하고 검증작업을 수행한다.

이더리움 2.0은 지금도 존재한다. 비콘 체인에는 이미 20만 개가 넘는 노드가 각각 32이더리움씩 스테이킹[38]해서 들어와 있는 상태이다. 기존에 존재하던 PoW 기반 이더리움 1.0과 새로 만들어진 PoS 기반 이더리움 2.0이 2022년 9월 15일 진행된 '머지(Merge)' 업그레이드를 통해 하나로 합쳐졌다.

2024년 1월, 이더리움 창시자 비탈릭 부테린은 이더리움이 성장하기 위해 도달해야 할 핵심 이정표를 공유했다. 이에 따르면 이더리움은 머지에 이어 서지(Surge), 스쿼지(Scourge), 버지(Verge), 퍼지(Purge), 스플러지(Splurge) 등의 기술 도약이 예정되어 있다. 서지 업그레이드는 네트워크 확장성을 제고하고 거래 처리 능력 향상 및 전송 수수료 절감을 꾀하기 위함이다. 스쿼지와 버지 업그레이드를 통해서는 각각 네트워크 보안과 사용자 경험을 향상시킬 것이다. 각각의 업그레이드가 정확히 언제 이뤄질지에 대한 계획은 아직 밝히지 않았다.

이더리움의 장점과 단점

다른 3세대 이더리움 킬러들 대비 이더리움이 지닌 장점은, 플랫폼 블록체인으로써 탈중앙성을 최대한 유지하면서 확장성을 해결하는 기술력이 가장 앞섰다는 점이다. 솔라나, BNB 등은 단순히 블록 용량을 늘리고 블록 생성 주기를 빠르게 하여 확장성을 늘린다. 그러면 블록을 만들고 검증할 노드의 컴퓨터에 엄청난

38 Staking. 자신이 보유한 암호화폐의 일정한 양을 지분으로 고정하는 행위.

고사양이 요구되고, 이는 노드의 집중화 또는 기업화로 이어져 블록체인을 쓰는 이유가 없어진다는 문제가 있다.

이더리움의 단점은 탈중앙화와 확장성을 모두 잡으려는 방향성 때문에 벌써 가랑이가 찢어지는 모습이 보인다는 것이다. 샤딩만 해도 서로 다른 64개 체인이 도대체 무슨 방법으로 소통할 건지, 스마트 컨트랙트 같은 복잡한 데이터 처리는 어떻게 나머지 체인들에 공유할 건지 등 문제가 산재해 있다.

PoW 방식에서는 노드가 가장 긴 체인만 찾고 네트워크에 전파하면 검증이 끝난다. 그런데 이더리움은 모든 노드의 2/3가 동의할 때까지 검증을 계속해야 한다. 그러다 보니 이 과정에서 문제가 터지지 않게 하려고 잘못된 행동을 하거나 컴퓨터 전원을 내리는 노드에게는 강제로 이더리움을 뺏어버리는 강한 페널티를 두는 등 많은 허점이 발생한다.

과연 '재단' 같은 애매한 조직 구조로 이런 엄청난 문제들을 하나하나 해결하여 플랫폼을 완성할 수 있을까? 그렇다면 차라리 기업이 운영하는 게 훨씬 낫지 않을까? 물론 탈중앙화와는 거리가 멀어진다. 다시 트릴레마 문제로 돌아가게 되는 것이다.

선택과 집중

이더리움은 탈중앙화와 확장성을 다 잡으려고 하는 것 자체가 단점이다. 오히려 솔라나와 카르다노가 더 늦게 시작했지만 중앙집권화되었기 때문에 느린 TPS 문제는 더 효율적으로 해결할 수 있었다. 아무리 이더리움의 미래가 기대된다고 해도 당장 사용자들은 수수료 싸고 빠른 쪽으로 이동하고 말 것이다.

반면 비트코인은 오직 탈중앙화에만 집중하기 때문에 가장 강력한 가치 저장 수단이 될 수 있고, 그 덕에 더 많은 사용자가 모여들어 기술로 확장성 문제를 해결하는 레이어2, 레이어3 등이 지속적으로 생겨날 수 있다.

	비트코인 네트워크	이더리움 네트워크
주요 목적	탈중앙화, 보안, 화폐 네트워크	분산 세계 컴퓨터
개선 실행 속도	매우 느리고 신중함	빠르고 사용자 요구에 응답
프로그래밍 가능 또는 스마트 컨트랙트	불가	가능
토큰 호스팅	비트코인만	여러 토큰 호스팅 가능
통화정책	고정, 사전 프로그래밍, 변경 불가	변경되었으며 다시 변경될 것으로 예상
심사성 (총 코인 개수 확인 가능 여부)	상시 심사 가능	심사 가능하지만 비트코인보다 어려움
중앙집중화 수준	매우 탈중앙화	더 중앙집중식
노드 비용	저가(100달러 이하)	고가
합의 메커니즘	Pow(작업증명)	현재는 Pow이지만 곧 Pos(지분증명)로 변경할 예정

비트코인과 이더리움 네트워크 간의 차이점과 절충안을 요약한 표이다.

코인 전쟁의 승자는 누구인가

앞서 언급했듯이, 비트코인의 오픈소스 특성은 개인이 자신의 토큰과 프로젝트를 위해 원래의 비트코인 기본 코드를 쉽게 복사·변경·구축할 수 있는 능력을 제공한다. 이로 인해 엄청난 양(말 그대로 수천)의 '알트코인'이 생성되어 생태계에 처음 발을 들인 사람들에게 혼란을 일으키고, 때로는 비트코인이 희소하지 않다고 오해하게 한다. 그러나 알트코인이 아무리 많이 생겨난다 해도 비트코인은 여전히 유일무이하다. 그 이유는 다음과 같다.

첫째, 비트코인 네트워크는 다른 블록체인 네트워크와 호환되지 않으며 비트코인 토큰은 다른 토큰과 대체할 수 없다. 그러므로 비트코인 토큰은 부족한 반면, 디지털 토큰은 부족하지 않다.
둘째, 비트코인 토큰의 주요 가치 동인은 확실하게 시행되는 공급 한도로 인한 희소성이다.
셋째, 정부가 발행한 신용화폐를 대체할 가능성이 있을 것으로 논의되는 코인은 비트코인이 유일하다.
넷째, 비트코인은 이미 일부 개발도상국에서 법정화폐로 채택되는 중이다. 더 많은 국가에서 비트코인을 법정화폐로 채택할수록 다른 암호화폐가 이 영역에서 비트코인을 앞지를 가능성은 더욱 낮아진다.

지금까지 우리는 비트코인이 현재 가장 안전하고 분산된 네트워크이지만, 확장성은 높지 않다는 것을 확인했다. 이더리움과 달리 비트코인의 네트워크는 추가 기능이나 추가 프로그래밍 가능성을 허용하지 않는다. 이런 고유한 특성 때문에 암호화폐 생태계는 시장이 요구하는 수준의 사용 적합성을 달성하고자 하는 수백 개의 프로젝트들로 북적거린다.

투자자들은 이 혁신의 최종 상태를 궁금해한다. 비록 누구도 미래를 완벽하게 예측할 수는 없지만 대체로 두 가지 지배적인 시나리오를 검토하고 있다. 특히 비트코인이 각 시나리오에서 어떻게 활약할지에 관심이 쏠린다. 멀티체인 세계(다양한 토큰들이 공존하는 현재 암호화폐 생태계)는 다방면으로 파편화되어 있다. 개발 인력도 비트코인 개발자, 이더리움 개발자, 솔라나 개발자 등 블록체인별로 따로 존재한다.

예를 들어 비트코인의 구조는 이더리움과 근본적으로 다르다. 그 결과 이더리움뿐만 아니라 이를 기반으로 한 모든 토큰과 NFT 생태계가 비트코인과 상호작용하지 못한다. 이러한 상황을 해결하기 위해 다양한 블록체인 생태계를 서로 연결할 브리지가 건설되고 있으며, 앞으로도 수년 동안 계속될 것이다. 상호운용성은 암호화폐 생태계의 성공을 위한 핵심이다.

코인들의 상호운용성이 커진다고 해도 기준이 되는 코인은 꼭 필요하다. 사용자들이 특정 코인을 돈처럼 주고받으며 거래를 하기 위해서는 그에 대한 가치가 보장되어야 하기 때문이다.

예를 들어 사람들은 특정 웹 3.0 서비스를 간편하게 이용하기 위해 해당 서비스가 발행한 별도 토큰을 구매하고 사용할 수 있다. 그 서비스 안에서는 해당 토큰이 재화나 서비스를 이용하는 대가이며 가격도 모두 그 토큰으로 매겨질 것이기 때문이다. 그러나 해당 서비스를 벗어나면 그 토큰은 아무짝에도 쓸모없어진다. 만약 다른 서비스 플랫폼으로 나의 부를 옮기고 싶다면 비트코인을 이용해야 한다. 비트코인은 지금도 암호화폐 세계에서 가장 궁극적인 통화로 인식되기 때문이다.

비트코인 외 토큰들은 사용 사례를 만들어 새로운 기술이 실제로 실행 가능함을 증명하기 위해 전쟁 중이다. 이들은 특정 수준의 계층 확장에 적합한 절충점을 찾는 것을 목표로 하고 있으며, 개발과 기능 향상을 위한 치열한 경쟁에 직면했다.

내가 비트코인과 그 외 코인들을 비교하는 것은 다른 코인을 만들거나 이에 투자하는 사람들에 대해 비난하기 위한 것이 아니다. 오히려 비트코인이 가치 저장 수단으로써 갖는 분명한 이점이 다양한 암호화폐가 공존하는 세상에서 발생할 수 있는 여러가지 부작용들을 감소시킬 수 있으리라 생각한다.

비트코인은 보안과 분산화에 최적화되었고 모든 사용자의 권한을 동등하게 보장한다. 또한 강력한 공급 제한으로 '절대적 희소성'을 가졌다. 비트코인이 모든 블록체인 네트워크를 아우르는 통합 화폐 네트워크로 기능할 수 있는 이유이다.

승자독식 세계

블록체인은 의심할 여지없이 매우 중요한 기술적 창조물이다. 제3자 신뢰기관의 존재 이유를 제거함으로써 중앙집중식 데이터 저장·관리 방식을 탈중앙식으로 바꾼 것은 가히 역사적인 사건이다. 그러나 블록체인이라고 해서 다 같은 블록체인은 아니다. 중앙화된 블록체인은 사실 기존의 데이터베이스 처리방식과 거의 차이가 없으며, 이는 탈중앙 블록체인의 핵심 가치인 영원불변성·몰수 불가성·검열 저항성·무신뢰성을 현저히 저하시킨다.

탈중앙성 관점에서 현재 시중에 나온 토큰들의 가치를 점검해 볼 수 있다. 어떤 토큰은 비트코인처럼 모든 면에서 최대한으로 탈중앙화된 반면, 어떤 토큰은 표면적으로는 블록체인 기술을 사용하고 탈중앙을 외치지만 사실상 소수의 특정 그룹에게 엄청난 부와 권력이 모이는 구조로 만들어진다.

일부 토큰 투자자는 그저 더 많은 기능과 사용성을 제공한다는 이유로 이런 '덜 탈중앙화된' 토큰을 선호할 수도 있다. 만약 이런 투자자들이 과반수를 차지한다면 암호화폐 생태계는 앞서 소개한 '멀티체인 세상'으로 발전할 것이다.

반면 웹 3.0 세상의 애플리케이션들이 각자 별도의 블록체인과 토큰을 만드는 것이 아니라, 기존에 존재하는 기본 레이어(레이어

1) 블록체인 위에서 해당 블록체인의 토큰을 그대로 사용할 수도 있다. 이런 환경이라면 다수의 블록체인이 필요하지 않다. 한 개 혹은 아주 소수의 블록체인이 전체 암호화폐 생태계를 떠받치는 기본 레이어의 역할을 하는 '승자독식 세상'이 되는 것이다.

이것이 기술적으로 가능해지면 애플리케이션을 만드는 사업가는 당연히 가장 튼튼하고 보안성이 뛰어난 블록체인 위에 자신이 만든 서비스를 올리고 싶어질 것이다. 블록체인 네트워크 중 가장 탈중앙화되고 영원불변성을 지닌 것은 비트코인 네트워크이므로, 승자독식 구조의 웹 3.0 생태계에서 주인공이 될 가능성이 가장 높은 것은 비트코인이다.

밈토큰의 인기가 미치는 영향

비트코인은 한때 논란의 중심에 섰다. 이번엔 가격 상승이나 또 다른 국가단위의 법정화폐 채택 때문이 아니다. 갑자기 시작된 밈토큰의 인기에 네트워크 혼잡도가 폭증하면서 수십만 개 트랜잭션의 처리가 밀리고 트랜잭션 수수료가 건당 7만 원 수준까지 치솟았다.

비트코인 네트워크 혼잡도가 갑자기 증가한 원인은 비트코인 기반으로 NFT를 발행할 수 있는 '오디널스(Ordinals)'와 이를 기반으로 마치 이더리움처럼 개별 토큰을 만들고 전송할 수 있게 한

BRC-20이라는 프로토콜 때문이다. 이더리움 ERC-20 기반의 밈토큰 '페페(PEPE)'가 갑자기 높은 인기를 얻으며 가격이 5만 퍼센트 이상 폭등했다. 그러자 이와 비슷한 밈토큰들이 우후죽순 등장했고, 이 열기가 BRC-20을 기반으로 비트코인 네트워크 위에서 밈토큰을 발행하려는 움직임으로 확산된 것이다.

밈토큰 발행과 전송 건수가 크게 상승하며 비트코인 트랜잭션 처리에 병목현상이 생기자, 평소 비트코인을 좋지 않은 시선으로 바라보던 이들이 입을 열기 시작했다. 비트코인을 '한물 간 구식 블록체인'이라 표현하며 '10분에 한 번씩 블록이 생성되는 것은 너무 느리다', 또는 '블록 용량이 1MB밖에 안 되는 것이 문제'라며 비난에 열을 올렸다. 심지어 투자자들 뇌리에서 한동안 잊혀졌던 '한물 간 코인' 비트코인 캐시와 비트코인 에스브이 가격이 다시 30퍼센트씩 급등하는 기현상이 벌어지기도 했다. 이들의 블록 용량이 상대적으로 커서 비트코인이 처한 확장성 문제의 반사이익을 얻을 것이란 기대감 때문이었다.

그러나 비평가들의 우려와 달리 비트코인은 여전히 아무 문제없이 잘 작동된다. 한때 43만 건까지 쌓였던 멤풀(트랜잭션들이 처리될 차례를 기다리는 일종의 대기줄) 내 트랜잭션 수도 다시 하락하는 추세고, 한때 7만 원까지 올랐던 트랜잭션 수수료는 2024년 6월 18일 기준 2.79달러 수준으로 내려왔다.

밈토큰의 인기는 형광등 스위치를 켰다 끄는 것처럼 잠깐 지나가는 유행일 뿐이었다. 파도처럼 순식간에 몰린 트랜잭션은 비트코인 네트워크에 일종의 '스트레스 테스트'를 해준 셈이 되었다. 비트코인은 이 기회를 통해 취약성을 드러내기는 커녕 오히려 건재함을 증명했다. 조금만 혼잡도가 올라가도 블록 생성을 멈춰버리는 3세대 블록체인들과 다르게 비트코인은 아무런 문제없이 10분에 한 번씩 블록을 생성해 냈다.

비트코인 블록이 생성되는 데 43분이나 걸렸다?

그러나 비트코인 위기설 분위기에 편승해 잘못된 정보들이 확산되기도 했다. 2023년 11월에는 한 언론에서 비트코인 네트워크에서 1시간 가량 블록 생성이 지연되는 사태가 발생했다는 뉴스가 나왔다. 파운드리 USA가 채굴한 815,689번 블록과 앤트풀(Antpool)이 채굴한 815,690번 블록 간 간격이 무려 43분이었다는 것이다. 원래 비트코인 블록은 10분에 한번씩 생성되는데 어떻게 된 일인지, 무슨 문제인지 우려하는 목소리가 늘어났다.

비트코인 블록체인의 블록 생성 주기는 10분이다. 이는 매 10분마다 새로운 트랜잭션 블록이 블록체인에 추가되고, 해당 블록 내의 트랜잭션들이 처리된다는 의미다. 그러나 10분이라는 시간이 정책으로 정해진 것은 아니다. 블록 생성 주기는 짧게는 몇 초에서 길게는 며칠까지 유동적으로 변할 수 있다.

비트코인 역사에서 블록 생성에 가장 오랜 시간이 걸린 기록은 최초의 블록인 '제네시스 블록'과 다음 블록 사이 시간으로, 무려 5일 8시간 32분이나 걸렸다. 이렇게 긴 시간이 걸린 이유는 사토시 나카모토만이 유일한 채굴자여서 네트워크의 연산 능력이 매우 제한적이었기 때문이다. 비트코인 등장 이후 첫 해 동안은 블록 생성 시간이 계속해서 들쭉날쭉했다.

그러나 2010년 이후로는 블록 생성 시간이 안정화되었으며 현재 평균 10분에 한 번씩 생성된다. 이는 채굴자들 수가 점점 늘어나 네트워크에 투입되는 연산력이 안정적으로 유지되기 때문이다. 결국 10분이라는 블록 생성 주기가 안정적으로 유지되려면 채굴자들이 언제나 충분히 많은 연산력을 네트워크에 투입해야 한다는 뜻이다. 만약 충분한 수의 채굴자가 계속해서 전기를 동원하여 비트코인 채굴용 컴퓨터를 가동해 준다면, 앞으로도 블록 생성 주기는 문제없이 10분 수준에서 유지될 것이다.

하지만 이는 어디까지나 평균일 뿐이다. 비트코인 채굴은 확률싸움이다. 더 많은 컴퓨터를 가동해서 연산력을 투입하면 채굴에 필요한 '논스'[39]를 찾을 확률은 당연히 높아지지만 그렇다고 그것이 언제나 정해진 시간 안에 찾아지리라는 보장은 없다.

블록 하나가 어쩌다가 한 번씩 43분만에 생성되는 현상도 확률

39 Nonce. 비트코인에서 새로운 블록을 형성하기 위해 수없이 반복해서 필수적으로 찾아야 하는 임의의 숫자값.

적으로 충분히 가능성이 있다는 뜻이다. 물론 블록 생성 시간이 43분씩 걸리는 현상이 연속적으로 계속된다면 뭔가 문제가 발생한 것이다. 그러나 비트코인 네트워크에는 이미 이런 현상을 방지할 수 있는 기능이 있다. 바로 '난이도 조절 매커니즘'이다.

난이도 조절 매커니즘

영수, 영호, 그리고 영숙 세 사람이 각각 자물쇠를 따야 하는 상황을 가정해 보자. 자물쇠는 숫자 세 개로 이루어진 비밀번호를 알아야 열 수 있다.

- **영수는 000부터 시작해 001, 002… 순서로 아래에서 위로 올라간다.**
- **영호는 999부터 시작해서 998, 997… 순서로 위에서 아래로 내려온다.**
- **영숙은 그냥 무작위로 숫자를 조합하여 입력해 본다.**

만약 비밀번호가 123이라고 한다면 영숙의 운이 엄청 좋지 않은 이상, 가장 빨리 비밀번호를 맞추는 사람은 아마 영수일 것이다. 그런데 당신은 게임의 진행자로서 영수가 너무 빨리 자물쇠를 따는 상황을 막고 싶다. 그래서 숫자 세 개를 추가했다. 비밀번호를 여섯 자리로 만들어 의도적으로 게임의 '난이도'를 높인 것이다.

비트코인에서도 이와 비슷한 일이 2016블록(약 2주)마다 일어난다. 지난 2015블록을 생성하는 데 걸린 시간을 평균적으로 계산하여 만약 10분보다 더 걸렸으면 자물쇠 비밀번호를 더 쉽게 조정하고, 반대로 10분보다 적게 걸렸으면 비밀번호를 더 어렵게 조정하는 것이다. 이렇게 2주에 한 번씩 비트코인 네트워크가 자동으로 채굴 난이도를 조정하여 블록 생성 시간을 10분에 맞추는 것을 '난이도 조절 매커니즘'이라 부른다.

비트코인 채굴은 누구나 자유롭게 참여하거나 그만둘 수도 있기 때문에 네트워크에 투입되는 연산력은 늘 가변적이다. 단순한 예로 비트코인 가격이 오를 때는 누구나 채굴에 참여하고 싶어하므로 연산력이 늘고, 가격이 떨어질 때는 채굴 수익성이 나빠지므로 채굴을 중단하는 사람들이 늘어 연산력이 감소한다.

비트코인 네트워크의 연산력이 가장 급격히 출렁였던 때는 2021년 여름이다. 당시 중국 정부는 중국 내 비트코인 채굴 전면 금지를 선언하고 모든 채굴장들의 문을 강제로 닫아버렸다. 당시 중국 채굴장들의 연산력 비중은 전체 네트워크 연산력의 70퍼센트에 달했기 때문에 비트코인에 대한 우려의 목소리가 많았다.

네트워크 연산력이 일시적으로 급감하자 비트코인 네트워크는 그 다음번 난이도 조절에서 무려 28퍼센트나 난이도를 낮추며 채굴자들이 이전보다 적은 전기와 컴퓨터를 투입해도 비트코인을 채굴할 수 있는 환경을 조성했다. 참고로 이는 비트코인 역사상 가장 큰 규모의 난이도 하락 조정이었다. 쉬워진 난이도에 매력을 느낀 채굴자들이 도처에서 채굴에 뛰어들었고 중국에서 다른 지역으로 장비들을 옮긴 채굴 기업들도 다시 채굴을 시작하며 네트워크 연산력은 이내 정상 수준으로 돌아왔다.

BRC-20이 불러올 새로운 기회

사실 나는 비트코인 네트워크 위에서 아무 쓸모도 없는 토큰이 우후죽순 발행되는 현상을 별로 반기지 않는다. 쓸데없는 토큰 생성과 전송에 블록 공간을 낭비하느라 정작 중요한 금융거래를 위한 트랜잭션이 뒤로 밀리는 현상도 전혀 바람직하지 않다고 생각한다. 그러나 내가 선호하지 않는 것과는 무관하게 비트코인은 모두에게 열린 오픈 프로토콜(Open protocol)이기 때문에 모두가 각자의 필요에 맞게 사용할 수 있어야 한다. 그것이 비트코인이 누군가에 의해서 만들어지고 운영되는 주식회사가 아니라 우리에게 주어진 공공재와 같다고 말할 수 있는 이유다.

BRC-20 프로토콜로 발행된 토큰의 트랜잭션 데이터는 외부에 따로 저장되는 것이 아니라 비트코인 블록체인에서 직접 처리된다. 때문에 이번 밈토큰 인기 현상 같은 사태들이 앞으로도 계속 반복되어 비트코인 멤풀에 처리 못한 트랜잭션 수가 많아지고 수수료도 비싸지면 결국 누가 비트코인을 쓰겠느냐는 우려 섞인 목소리도 나온다. 그러나 그럴 가능성은 매우 낮다.

우선 정말로 트랜잭션 수가 비약적으로 늘어난다면 비트코인 네트워크도 그에 맞춰 블록 용량을 늘려나갈 수 있다. 비트코인 커뮤니티는 이미 2017년 블록 용량을 1MB에서 4MB로 늘리는 '세그윗 업데이트(Segwit update)'를 도입한 경험이 있다. 놀라운 점은 비트코인은 따로 운영사가 없다는 특성 때문에 사용자, 채굴자, 노드, 코어 개발자 등 생태계에 기여하는 모든 사람들이 전원 합의를 이뤄야 업그레이드를 도입할 수 있는데 이것을 해냈다는 점이다. 이것이 바로 비트코인의 최대 강점 중 하나인 탈중앙성의 비결이다. 모든 사람들의 합의를 이끌어내야 하므로 네트워크 업그레이드가 보수적으로 일어나지만 그 덕분에 특정 세력이 장악하여 마음대로 주무를 수 없는 극강의 탈중앙성을 가진다.

사실 그동안 비트코인의 블록들은 트랜잭션들로 꽉꽉 채워지지 않은 채 채굴되는 경우가 많았다. 라이트닝 네트워크 등 레이어2에서 트랜잭션을 처리하는 방법들이 많이 등장하면서 비트코인 메인 블록체인에서 직접 처리되는 트랜잭션 수가 줄어들었기 때문이다. 그래서 블록 보상이 종료된 뒤 채굴자들이 트랜잭션 수수료만으로 운영을 유지할 수 있냐에 대한 질문이 끊임없이 나왔던 것이다.

그러나 이제 채굴자들은 단순히 BTC 전송 트랜잭션뿐만이 아니라 토큰과 그림파일 등 더욱 다양한 종류의 트랜잭션을 혼합하여 블록을 채굴할 수 있게 되었다. 이는 채굴자들의 전반적인 수익성을 개선할 뿐만 아니라 채굴자들에게 최적의 수수료를 발생시킬 수 있는 트랜잭션들을 찾아 제안해 주는 '최대 추출 가능 값(Maximum Extractable Value, MEV)' 같은 새로운 수익 모델도 흥행시킬 수 있다.

MEV는 기본적으로 초단타 차익거래와 구조가 유사하다. 금융시장 트레이더들이 상품들 간에 발생하는 미묘한 가격 차이를 이용해서 수익을 내듯이, 채굴자들도 트랜잭션 분석을 통해 미리 알게 된 정보를 이용해 탈중앙 거래소에서 차익거래를 한다.

예를 들어 채굴자가 트랜잭션 대기줄에서 대규모 매도 주문을 발견했다고 가정해 보자. 이를 발견한 채굴자는 비슷한 수량의 매도 주문을 내면서 더 높은 트랜잭션 수수료를 책정해 자신의 트랜잭션이 타인의 매도 주문보다 먼저 블록에 담기도록 한다. 채굴자의 매도 주문이 체결되면 시장가가 하락하기 때문에, 그것보다 높게 매도 가격을 설정했던 상대방의 대규모 매도 주문은 체결되지 않는다. 상대방이 매도 가격을 낮춰서 다시 트랜잭션을 멤풀에 올리면 채굴자는 이 주문을 싸게 재매수하여 수익을 남긴다. 이를 프론트런(Front Run)이라고 한다.

반대로 백런(Back Run)은 채굴자가 대규모 매수 주문을 트랜잭션 대기줄에서 발견하고 그 바로 뒤에 자신의 매도 주문을 집어넣어 가격이 올랐을 때 비트코인을 팔아 수익을 남기는 것을 말한다.

마지막으로 샌드위치(Sandwich) 거래는 매수가 됐든 매도가 됐든 시장 가격을 움직일 만한 대규모 주문의 사이사이에 채굴자 주문을 집어넣어 수익을 내는 방식이다.

그동안 MEV는 비트코인보다는 이더리움 채굴자 진영에서 더 많이 활성화되었다. 그 이유는 이더리움의 트랜잭션은 토큰, NFT, 스마트컨트랙 등 다양한 종류로 이뤄져 있어 차익거래 기회를 찾아내기 용이한 반면, 비트코인 트랜잭션은 비교적 단순했기 때문이다. 이제 비트코인도 탭루트 업그레이드 이후 등장한 오디널스(Ordinals), 인스크립션(Inscription), 그리고 BRC-20 등 확장

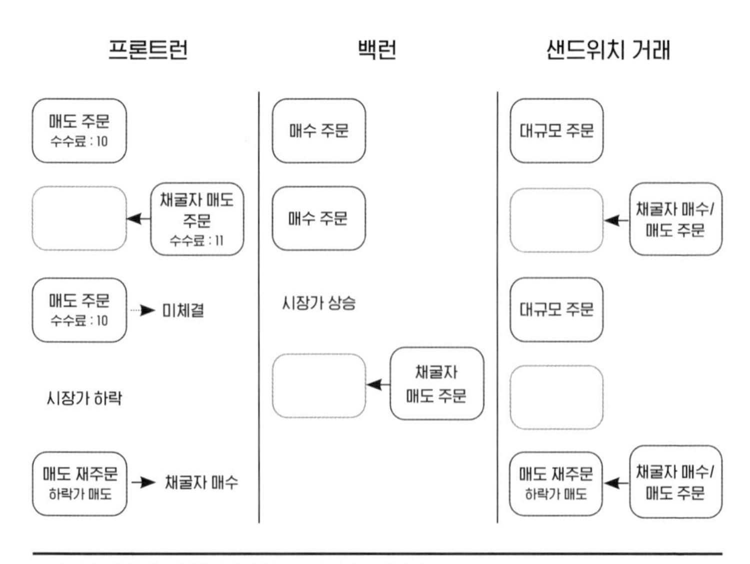

프런트런, 백런, 샌드위치 거래의 구조를 나타낸 도식이다.

형 프로토콜들로 인해 다양한 형태의 트랜잭션을 블록에 담게 됐으니 채굴자들이 MEV를 통해 추가 수익을 도모할 수 있다.

결론적으로 비트코인 위에서 토큰을 발행할 수 있는 BRC-20이나 그림과 문서 등을 올리는 기능들, 그리고 그로 인해 증가하는 네트워크 혼잡도와 수수료는 반드시 비트코인에 나쁜 영향만 미치는 것은 아니다. 높아진 수수료는 채굴자의 수익성을 증가시켜 네트워크 연산력 상승으로 이어지게 되며, 만약 트랜잭션이 감당할 수 없을만큼 많아진다면 비트코인 커뮤니티의 합의에 의해 블록 용량을 알맞게 늘려나갈 수 있다.

무엇보다 비트코인은 누구나 사용할 수 있는 오픈 프로토콜이며 언제나 다수의 사용자가 가장 원하는 방향으로 진화해 나간다. 만약 비트코인 네트워크를 사용하는 다수가 밈토큰을 발행하거나 그림 파일을 메인 블록체인에 올리는 것이 큰 효용이 없다고 느낀다면 자연스럽게 비트코인의 역사에서 퇴장할 것이다. 그리고 비트코인은 꾸준히 10분에 한번씩 블록을 생성하며 계속해서 앞으로 나아갈 것이다.

Chapter 3

다윗은 어떻게 비트코인을 활용하는가?

> 비트코인은 모든 사람에게 금융 지유를 제공한다.
>
> _닉 자보

세상에는 아직 비트코인을 범죄에 악용되는 사이버머니 정도로 치부하는 사람들이 많다. 물론 인터넷 세상이 발달할수록 더욱 기승을 부리는 랜섬웨어 공격에서 해커들이 흔히 비트코인과 암호화폐를 대가로 요구하는 건 사실이다. 참고로 랜섬웨어 공격은 웹사이트를 해킹하여 먹통으로 만든 다음 다시 풀어주는 조건으로 돈을 요구하는 사이버 범죄 유형이다. 범죄자 입장에서는 이메일로 코인 지갑 주소만 보내면 돈을 받을 수 있으므로 그만한 방법도 없다. 시가총액이 가장 큰 비트코인은 지구상 어디에서든 현금화할 수 있는 시장이 존재하므로 범죄의 대상도 국가를 가리지 않고 넓어졌다.

그러나 비트코인이 랜섬웨어 범죄에 자주 애용되게 만드는 몇 가지 특성들이 반대로 세계평화를 유지하는 데 어떻게 기여하는지는 미디어에서 자주 다뤄지지 않는다. 인류의 삶을 진일보시킨 뛰어난 기술은 언제나 음지와 양지 모두에서 쓰였다. 바퀴가 쓰는 사람을 가려가며 굴러가는 것은 아니며, 이메일도 때로는 블랙 메일과 스캠 사기에 이용되는 것처럼 말이다.

과연 비트코인의 올바른 활용 사례에는 어떤 것이 있을까? 오늘날 비트코인의 익명성, 탈중앙성, 국경의 제한이 없는 자유로운 이동성 등의 특성이 지구 곳곳에서 어떤 식으로 활용되고 있는지 알아보자.

비트코인 해변의 기적

2019년, 익명의 미국인 기부자 한 명이 10만 달러 상당의 비트코인을 '엘 존테'라는 작은 마을에 있는 비영리 단체에 기부한 일이 있었다. 그 후로 이 단체는 마을 주민과 가게들에 비트코인을 적극적으로 가르치고 사용을 독려했다. 곧 엘 존테 주민들은 하루하루 버는 돈을 비트코인으로 저축하고 숙제를 열심히 하는 학생에게 상으로 비트코인을 주는 등 일상생활 깊숙이 비트코인을 도입했다.

소문이 퍼지자 마을을 방문하는 외국인 관광객이 늘어났고 일부러 이곳에 진출하는 외국 기업들도 생겨났다. 익명의 기부자로부터 시작된 작은 프로젝트 덕분에 엘 존테 마을에는 '비트코인 해변'이라는 별명이 생겼다. 이제 이곳은 역사상 가장 큰 비트코인 실험의 진원지가 되었다.

2021년 6월 5일, 엘살바도르 대통령 나이브 부켈레는 비트코인을 법정통화로 지정하겠다는 깜짝 발표를 내놨다. 이어서 9월 7일, 비트코인 법정통화 지정 법안이 의회를 통과하며 엘살바도르 내 모든 기업과 상점이 비트코인을 결제 수단으로 받기 시작했다.

원래 성인 인구의 70퍼센트가 은행 계좌조차 없던 엘살바도르는 이제 전 국민의 50퍼센트가 비트코인 지갑을 스마트폰에 설치해 놓은 나라가 됐다. 높은 살인율과 악명 높은 갱단이 많기로 유명했던 엘살바도르에는 이제 전 세계 관광객의 발길이 끊이지 않는다. 유명 암호화폐 스타트업과 대기업 프랜차이즈를 유치하는 기회의 땅으로 발돋움했다.

미국에 건너간 가족이 보내주는 약간의 달러와 고기잡이로 하루하루를 연명하던 이 나라 국민은 비트코인 덕분에 비로소 '나도 잘살 수 있다'라는 꿈을 꿀 수 있게 됐다.

나이지리아의 해결사, 비트코인

나이지리아는 산유국으로 유명하지만, 또한 중국과 동남아로부터 섬유를 대량으로 수입하는 기업들이 많기로도 유명하다. 들여온 섬유를 완성품으로 봉제하여 수출하는 의류 제조업이 발달했기 때문이다. 문제는 나이지리아 정부가 틈만 나면 달러 유출을 막겠다는 명분으로 국외 결제를 금지한다는 것이다. 수입 섬유에 대한 대금을 중국 기업에 지급해야 하는데 외환거래가 막히면 기업들은 발만 동동 굴러야 한다.

이 문제에 해결사로 등장한 것이 바로 비트코인이다. 중국 수출업체들이 비트코인으로 대금을 받아준 덕분에 나이지리아 기업들은 달러 환전 없이도 무사히 수입을 진행할 수 있었다. 현재 나이지리아 정부가 자금 세탁, 테러 지원 등 불법적인 활동을 이유로 암호화폐 거래를 강하게 규제하고 있지만 시민들은 아랑곳하지 않고 비트코인으로 거래한다.

나이지리아에는 한때 강도소탕특공대(SARS)라는 특수 경찰조직이 존재했다. 무장 강도 퇴치를 목적으로 설립된 이 특수부대는 절도 사건이나 속도위반까지 관여해 시민들을 불법으로 가두고, 고문하고, 뒷돈을 요구하는 등 나이지리아 사회의 오랜 골칫거리였다.

2019년, 이들의 만행을 더 이상 참지 못한 시민들이 수도 라고

스 전역에서 'SARS를 해체하라(EndSARS)' 운동을 일으켰는데, 나이지리아 정부는 오히려 이들을 폭도로 규정하며 관련 단체들의 은행 계좌를 동결해 버렸다. 그러자 이곳에도 비트코인이 해결사로 등장했다.

시위를 지원하던 한 시민단체가 SNS를 통해 비트코인으로 후원금을 요청하자 며칠 만에 1억 원 상당의 비트코인이 모금되었다. 트위터 창립자 잭 도시도 이 당시 자신의 트위터 계정을 통해 나이지리아를 위한 비트코인 기부를 독려하기도 했다.

사태가 커지자 결국 며칠 후 무하마두 부하리 대통령은 SARS를 해체했다. 하지만 시위대는 여기서 그치지 않고 근본적인 국가 운영 방식과 경찰 개혁을 요구하고 나섰다. 만약 은행 계좌 동결로 국외 원조가 완전히 끊겼다면 나이지리아 국민이 여기까지 저항을 이어갈 수 있었을까? 비트코인은 나이지리아 국민에게 희망으로 자리매김했고 덕분에 나이지리아 국민 사이엔 민주주의에 대한 열망이 여전히 이어지는 중이다.

우크라이나 원조의 수단, 비트코인

가장 최근에는 러시아와 우크라이나 간 전쟁 가운데 또다시 비트코인이 등장했다. 우크라이나 정부군에게 무기, 군수품, 의료품 등을 지원하는 단체들이 비트코인과 기타 암호화폐를 통해 원조를 받기 시작한 것이다. 재밌는 것은 기부자들이 먼저 NGO 단체들에 어서 비트코인 지갑을 만들라며 여러 차례 요청했다고 한다. 즉 우크라이나 국민이 이미 비트코인을 통한 원조와 기부에 익숙한 상태였다는 뜻이다. 참고로 우크라이나는 구소련 시절부터 과학 기술이 발달한 덕분에 IT 인프라가 잘 갖춰진 국가이다. 우크라이나의 IT 산업은 전체 GDP의 10퍼센트를 차지하고 소프트웨어 개발자 수만 10만 명이 넘는다.

2014년 크림반도 침공을 겪은 학습효과 때문일까? 우크라이나 정치권도 이미 2021년 9월 8일 암호화폐를 합법화하는 법안을 통과시킨 적이 있다. 법정통화로 인정한 것은 아니지만, 법적으로 보호받는 정식 자산으로 인정받았다는 점에서 의미 있는 진전이었다.

러시아의 블라디미르 푸틴 대통령은 우크라이나를 돕기 위해 NGO와 자원봉사단체들로 밀려오는 비트코인을 지켜보며 무슨 생각을 했을지 궁금하다. 어쩌면 자국 중앙은행의 암호화폐 금지 제안을 공개적으로 비난하며 비트코인 채굴을 국가적으로 육성해야 한다고 주문한 계기가 바로 이것이 아니었을까? 큰 그림에서 보면 자신이야말로 미국과 서방 세계의 금융제재로부터 돌파구를 찾아야 하는 상황이니 말이다.

희망과 기회의 상징, 비트코인

위 사례들에서 살펴보았듯 세계적으로 비트코인은 주로 강자와 대치한 약자가 위기를 돌파하기 위한 수단으로 사용하는 경우가 많다. 베스트셀러 작가 말콤 글래드웰은 『다윗과 골리앗』에서 강자에게도 약점은 있으므로 약자가 자신의 강점을 잘 활용하면 싸움에서 승리할 수 있다고 강조하는데, 이를 '란체스터 법칙'이라고 한다. 제1차 세계대전에서 벌어진 수많은 전투를 통해 싸움에서 이기는 법칙을 연구한 영국인 항공 엔지니어 란체스터의 이름을 따 지은 것이다.

약자가 자신의 강점을 극대화할 방법은 전쟁터를 자신에게 유리한 곳으로 만드는 것이다. 애플이 휴대전화 세계의 골리앗이었던 노키아를 무너뜨릴 때도 같은 전략이 통했다.

노키아의 강점은 일반 휴대전화를 대량 생산하는 능력과 다양한 기종을 보유한 것이었다. 만약 애플이 노키아와 같은 시장에서 경쟁하려고 했다면 결코 이기지 못했을 것이다. 애플이 승리를 위해 새롭게 만든 전쟁터는 스마트폰 시장이었고, 이 전쟁터에선 애플이 가진 강점이 극대화될 수 있었다. 바로 소프트웨어다.

앞서 소개한 엘살바도르, 나이지리아 국민, 그리고 우크라이나는 모두 자신보다 훨씬 큰 골리앗과 싸우는 다윗의 처지에 놓였다. 엘살바도르는 자국이 처한 가난, 나이지리아 국민은 폭압적인 정부, 우크라이나는 러시아의 침공 위협과 대치했다. 그들은 골리앗과 싸우는 전쟁터를 자신에게 유리한 곳으로 바꾸기 위해 비트코인을 채택했고, 그 덕분에 골리앗보다 더 덩치가 큰 다른 친구들의 도움을 받아 싸움을 유리하게 끌고 갈 수 있었다.

앞으로도 비트코인의 탈중앙성, 익명성, 국경을 넘는 이동성 등 고유한 특성들은 약자의 위치에 놓인 많은 국가와 국민에게 희망과 기회를 제공할 것이다. 트위터 창업자 잭 도시가 말했듯 “비트코인은 전 세계에 평화를 불러올 마지막 수단”인 셈이다.

Chapter 4

비트코인은 **어디까지** 진화할까?

비트코인은 은행 없는 은행이다.

_웬스 카사레스

웹 2.0에서 아마존, 페이스북, 구글, 넷플릭스 등의 성공은 인터넷이라는 기본 레이어를 훨씬 가치 있고 중요한 공간으로 바꿔주었다. 이와 비슷하게 웹 3.0에서도 특정 암호화폐들을 비롯해 그 주변에서 발생하고 있는 다양한 성공 사례들은 이를 떠받치는 기본 레이어의 사용성을 증가시키고, 사람들의 소유 욕구를 높인다. 마치 입지 좋은 곳에 위치한 부동산의 인기가 높아지듯이 말이다.

이 구조에서 흥미로운 점은 사용자, 또는 투자자가 실제로 기본 레이어의 일부를 소유할 수 있다는 것이다. 웹 2.0에서 투자자는 인터넷 자체를 소유할 수는 없으므로 개별적인 애플리케이션의

웹 2.0

웹 3.0

웹 2.0에서 웹 3.0으로, 인터넷 가치의 변화를 나타낸 그림이다. (출처: 트위터 @Croesus_BTC)

성공 여부를 예견해서 주식 등을 통해 선제적으로 투자해야 했다. 그러나 웹 3.0에서는 어떤 애플리케이션이 성공할 것인가를 예측할 필요가 없다. 기본 레이어를 소유하기만 하면 그것과 그 위에서 벌어지는 모든 혁신(예: 구글, 아마존 등)과 함께할 수 있기 때문이다.

비트코인은 결국 시장이 요구하는 방향대로 진화할 것이다. 앞으로 암호화폐 산업이 성숙하며 정확히 어떤 모습이 될 것인지 예측하기는 어렵다. 앞에서 살펴봤듯이 탈중앙화의 정도만 약간씩 다른 암호화폐들이 공존하고 서로 각축전을 벌이는 '멀티 체인' 세상이 될 수도 있고, 가장 탈중앙화되고 보안이 철저한 블록체인 위에 모든 서비스와 애플리케이션이 올라가는 '승자 독식' 세상이 될 수도 있다. 어쨌든, 비트코인은 이미 그 희소성과 탈중앙성 덕분에 최고의 가치 저장 기능을 제공하는 코인으로 자리매김했다. 나머지 코인들이 이외의 영역에서 앞으로 어떤 역할을 찾고 스스로의 필요성을 증명하여 살아남을지는 미지수이다. 기술의 발전에서 단 몇 년의 격차가 얼마나 크게 작용할까? 지금 비트코인 네트워크 위에 지어지는 레이어2의 발전을 보면 이미 후발주자들과의 격차가 커진 것으로 보인다.

레이어로 진화하는 블록체인

비트코인의 가치가 단순한 투자자산이나 부의 저장 수단으로 그치는 것이 아니라 다가오는 웹 3.0의 근간을 이룰 '네트워크'로써 엄청난 가능성을 지녔다는 증거가 있다. 바로 비트코인의 레이어 2 솔루션인 라이트닝 네트워크(Lightning Network)이다.

라이트닝 네트워크를 이해하기 위해 먼저 비트코인 네트워크의 작동 방식을 살펴볼 필요가 있다. 비트코인 네트워크는 비트코인이 거래될 때마다 거래 기록을 담은 장부 전체를 통째로 업데이트하는 시스템이다.

비유하자면 이렇다. 한 마을에서 A와 B가 돈거래를 한다고 치

자. 이때 거래 기록(장부)은 두 사람이 각각 한 부씩 보관한다. 이 경우 둘 중 누군가가 장부를 조작해 거짓말을 하면 사실관계를 확인하기가 어렵다. A가 B한테 돈을 받고도 안 받았다고 하거나, B가 돈을 주지 않고 줬다고 우길 수도 있다. 둘 다 각자 갖고 있는 장부를 보여주며 자신의 말이 옳다고 주장할 것이다.

그런데 만일 A와 B가 거래하면서 마을의 모든 사람에게 장부를 한 부씩 나눠줬다면 어떨까? 최소한 마을 사람들의 과반을 끌어들이지 않는 이상 장부를 조작하기 어렵다. 비트코인은 거래가 일어날 때마다 해당 거래를 기록한 장부를 네트워크에 참여한 모든 노드에게 공유하는 방식을 쓴다. 누군가 비트코인을 보내놓고 안 보낸 척한다거나, 안 보내놓고 보냈다고 우기는 일은 발생할 수 없다.

은행 같은 제3자가 개입하지 않고도 거래의 신용을 담보할 수 있도록 설계됐다는 점은 매우 혁신적인 기술임과 동시에 비효율적이기도 하다. 단 100원어치의 비트코인을 거래하더라도 그때마다 전체 네트워크 데이터를 통째로 업데이트하기 때문이다. 네트워크의 혼잡도에 따라 그때그때 다르지만 만 원 이하 소액 거래라면 수수료가 더 많이 나올 것이고, 거래 시간은 기본 10분에서 많게는 한 시간 이상씩 걸리기도 한다. 이게 모두 A가 B에게 비트코인을 보냈다는 간단한 사실을 네트워크에 있는 모든 노드가 알고 공유해야 해서 발생하는 비효율이다.

사실 금액이 큰 비트코인 거래일수록 수수료는 별로 문제가 되지 않는다. 하지만 소액 거래에는 문제가 될 수 있다. 비트코인으로 커피 한 잔을 사 먹는데 수수료가 커피 값만큼 나올 수도 있다. 만약 내가 결제하는 시점에 비트코인 네트워크 사용량이 폭증하면서 갑자기 수수료가 치솟을 수도 있다. 예컨대 10만 원짜리 물건을 사려고 비트코인을 보내는 데 수수료가 10만 원 넘게 나오는 황당한 일이 벌어질 수 있다.

거래에 드는 시간도 마찬가지이다. 코인마켓캡에 따르면, 비트코인 거래에 소요되는 시간은 평균 10분 정도이다. 우리나라처럼 바쁜 게 미덕인 나라에서 커피 한 잔 값을 결제하기 위해 10분을 기다려 줄 사람은 아마 없을 것이다.

이를 해결하고자 비트코인 개발자들이 만든 것이 바로 라이트닝 네트워크이다. 쉽게 말하면 비트코인 네트워크와는 별도로 비트코인 네트워크에 연결할 수 있는 네트워크를 하나 더 만든 것이다. 라이트닝 네트워크를 이용하면 비트코인 소액 결제를 쉽게, 수수료 없이, 즉각적으로 실행할 수 있다.

방식은 이렇다. 자주 거래하는 특정인 간의 거래를 매번 비트코인 네트워크 장부에 올리지 않는다. 여러 번 거래한 이후 한꺼번에 정산해 마지막 한 번만 장부에 올린다. 예컨대 A와 B 사이에 비트코인 거래를 100번 한다고 치자. 라이트닝 네트워크에서 100번 거래한 다음 최종 정산해 둘이 얼마를 거래했는지 비트코

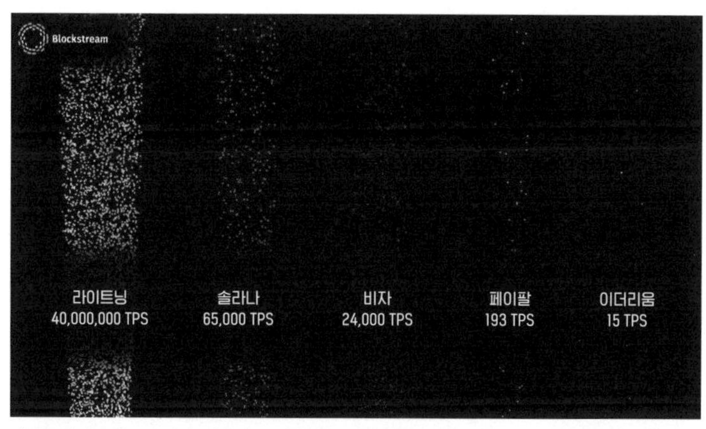

라이트닝 네트워크, 솔라나, 비자카드, 페이팔, 이더리움의 처리 속도를 비유한 이미지이다. (출처: 블록스트림)

인 네트워크에 전송하는 식이다.

이렇게 하면 메인 네트워크에서 장부를 업데이트할 때 발생하는 수수료를 한 번만 내면 된다. 둘 사이에 수백 차례 거래해도 사실상 수수료 없이 거래할 수 있다. 메인 네트워크에 주는 부담도 줄어든다. 속도도 '라이트닝'이라는 이름에 어울리게 번개처럼 빠르다.

비트코인 관련 기술 개발사 블록스트림(Blockstream)의 연구 결과에 따르면 현재 라이트닝 네트워크의 초당 처리 건수(TPS)는 4000만 건에 달하며, 이는 비자카드(초당 2만 4000건)보다 약 1660배 빠른 수준이다. 겨우 초당 193건을 처리하는 페이팔에 비해서는 거의 20만 배나 빠른 압도적인 처리 속도를 자랑한다.

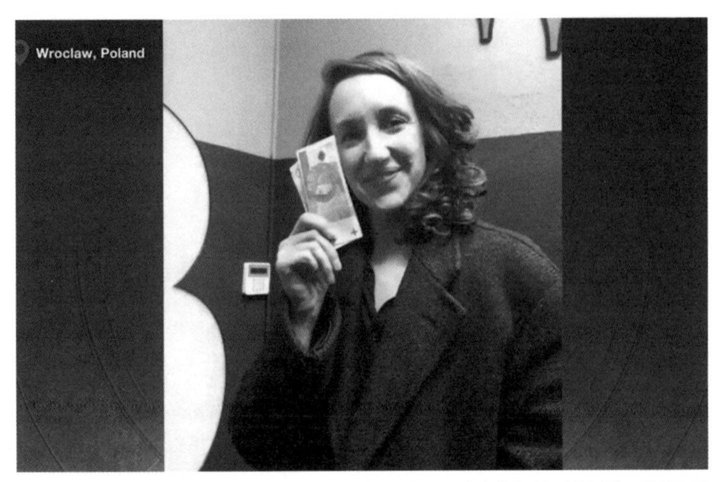

미국에서 보낸 비트코인을 폴란드 브로츠와프의 비트코인 ATM 기계에서 3분 만에 폴란드 화폐로 인출한 알레나 보로비오바의 사진이다. (출처: CNBC)

미국의 CNBC 방송에서는 2022년 4월 3일 라이트닝 네트워크가 실제로 잘 작동하는지 확인하는 차원에서 재미있는 실험을 진행했다. 미국에 있는 기자가 폴란드에 거주하는 알레나 보로비오바에게 비트코인을 전송해 본 것이다. 알레나 보로비오바의 휴대전화에 비트코인 지갑을 다운로드하고, 라이트닝 네트워크를 통해 미국에서 폴란드로 비트코인을 전송했다. 그가 폴란드 브로츠와프에 있는 비트코인 ATM 기계에서 폴란드 현지 화폐로 인출하는 데는 3분도 채 걸리지 않았다.

알레나 보로비오바는 고향인 우크라이나가 러시아에 침공당하기 전까지는 비트코인에 대해 한 번도 진지하게 생각해 본 적이 없었다고 한다. 그러나 하늘에 포탄이 날아다니고 국경이 닫혔다. 우크라이나 전역의 은행과 ATM에서 현금이 떨어지고 중앙은행이 모든 온라인 결제와 송금까지 막아버리자 대책을 찾을 수밖에 없었다. 이제 그는 비트코인과 라이트닝 네트워크를 통하면 은행, 신용카드 등 기존 금융 인프라를 전혀 거치지 않고도 금융거래를 계속할 수 있다는 사실을 안다.

결제 네트워크 패러다임의 변화는 진행 중

2022년 2월 1일 페이팔은 전해 4분기 실적을 발표했다. 매출액은 69억 2000만 달러로 시장 예상치인 68억 9000만 달러를 소폭 웃돌았다. 하지만 주당 순이익은 1.11달러로 시장 예상치인 1.12달러에 못 미쳤다.

2022년 2월 180달러 선에서 거래되던 페이팔 주가는 그 뒤 주욱 미끄러져서 2024년 6월에는 60달러 선에서 거래됐다. 2024년 1분기 실적발표 역시 실망스러웠다. 애널리스트 예상 주당 순이익 1.22달러를 11.42퍼센트나 하회한 1.08달러를 발표했다.

페이팔의 실적 성장세가 둔화하는 이유는 뭘까? 아크 인베스트먼트의 설립자 캐서린 우드는 답을 알고 있는 듯하다. 2022년 4월 8일 미국 마이애미에서 성황리에 끝난 '비트코인 2022'에서 캐서린 우드는 페이팔 보유 지분을 모두 처분했다고 밝혔다. 그는

페이팔 홀딩스 주가 추이를 나타낸 그래프이다. (출처: 트레이딩뷰)

페이팔이 아니라 비트코인 라이트닝 네트워크를 활용한 캐시앱(Cash App)이 결국 승자가 될 것이라고 예상했다.

블록사가 운영하는 캐시앱은 미국과 영국에 7000만 명 상당의 개인과 오프라인 소매점 고객을 거느린 모바일 간편결제 서비스 앱이다. 트위터 창업자인 잭 도시가 이끌고 있으며, 그가 트위터 대표직을 완전히 내려놓고 블록 경영에만 집중한 이후부터는 더욱 적극적으로 비트코인을 도입했다. 캐시앱은 2022년 1월 12일 라이트닝 네트워크를 연동했다. 이 덕에 캐시앱 사용자는 전 세계 누구에게든 거의 실시간으로, 그것도 무료로 비트코인을 보낼 수 있게 되었다.

금융의 탈물질화

최근 들어 페이팔 순이익이 감소하고 주가가 폭락하는 이유는 변화에 적응하지 못했기 때문이다. 블록처럼 중간자를 없애 자유로운 결제와 송금을 할 수 있는 비트코인이나 라이트닝 네트워크로 기초 인프라를 이전하는 기업이 늘고 있다. 돈이 이동하는 과정에 빽빽하게 들어선 중간자들이 앞으로 점점 없어지게 될 것이라는 컨센서스(구성원들의 합의)가 시장에 형성된 것이다. 그런데 페이팔은 아직 전통 인프라에 남아 허우적댄다.

> **돈은 순수한 정보의 형태로, 광속으로 전달될 수 있는 전자 비트로 변해가면서 빠르게 물질성을 벗어던지고 있다. 새로운 사이버스페이스 경제에서는 돈의 탈물질화가 두드러지게 나타난다. 뉴욕에서만 하루에 1조 9000억 달러가 넘는 돈이 전자 네트워크로 거래되고 있다.**

미래학자 제러미 리프킨이 2000년에 출간한 『소유의 종말』에 나오는 내용이다. 출간한 지 21년이 지난 이 책에서 이미 돈의 탈물질화(Dematerialization)를 예견했다는 사실이 놀랍다. 그가 비트코인의 등장까지 예상했는지는 모르겠다. 나카모토 사토시가 2009년 세상에 공개한 비트코인은 돈을 순수한 정보의 형태로 전달할 뿐만 아니라 은행, 신용카드 등 물리적 중간자들까지 없는 안전하고 튼튼한 네트워크이다.

반면 페이팔을 이용하여 돈을 보내면 마치 돈이 페이팔 안에서 즉각 보내진 것처럼 보이지만 사실상 옮겨진 것은 스크린에 보이는 숫자일 뿐이다. 실제 돈은 '페이팔 → VAN 사업자 → 신용카드사 → 은행'을 거쳐 다시 '수신자 국가의 페이팔 → VAN 사업자 → 신용카드사 → 수신자 은행'으로 옮겨지는 복잡한 과정을 거친다. 단계가 많으면 당연히 그만큼 수수료가 붙고 속도도 느릴 수밖에 없다.

페이팔을 비롯한 해외송금 서비스의 최대 단점은 한계를 극복할 수 없다는 것이다. 사용자에게 건당 3~4퍼센트씩 수수료를 떼어갈 수밖에 없다. 사용자의 이름, 주소, 생년월일, 납세자 식별번호 등을 모두 받아놓았다가 신원인증을 마친 사람에게만 인출을 허락해야 하는 점도 불편하다. 이런 만성적인 불편함의 고리를 끊을 수가 없다.

반면 알레나 보로비오바의 실험에서 보았듯이 비트코인과 라이트닝 네트워크를 통한 송금은 금액에 상관없이 거의 무료이다. 3분도 기다릴 필요 없이 눈 깜짝할 새 송금이 완료된다. 복잡한 신원인증 과정과 신용카드 등록도 필요 없다. 송금 과정에 가득 들어찬 중간자가 없기 때문에 훨씬 깔끔하게 거래할 수 있다.

2023년 10월 19일에는 개발자들이 테스트로 사용할 수 있는

타로 프로토콜의 1차 메인넷이 런칭되었다. 간단히 말하면 비트코인 네트워크를 통해 달러를 송금하는 기능이다. 달러가 은행과 신용카드사를 거치지 않고 움직이는 세상이 성큼 다가왔다.

달러뿐만 아니라 모든 통화와 자산을 비트코인 네트워크에서 거래하는 세상이 온다면 어떨까? 우리는 생각보다 가까운 미래에 브레턴우즈 체제 이후 70년 만에 달러 기축통화 체제가 막을 내리고 '비트코인 스탠더드(Bitcoin Standard, 비트코인이 전 세계 기축통화인 세상)'가 도래한 세상을 목격하게 될 수도 있다.

Chapter 5

비트코인 기반 **애플리케이션의** 특장점은?

비트코인은 탈중앙화된 글로벌 통화로써의 가능성을 지녔다.

_래리 핑크

내가 최고운영책임자(COO)로 재직중인 샌드뱅크는 여느 IT 스타트업들과 마찬가지로 신규 채용에 사회관계망 서비스(SNS)를 적극적으로 이용한다. 주로 이용하는 서비스는 링크드인(LinkedIn)이다. 링크드인은 기업의 채용 담당자와 구직자들이 편하게 각자의 의견을 공유할 수 있는 SNS 공간이자 만남의 장이다. 구직자가 이력서를 제출하면 채용 담당자가 검토하고 마음에 들면 연락을 하는 것이 기존의 채용 플랫폼 형식이라면, 링크드인은 (물론 그런 기능도 있지만) 기본적으로 SNS이기 때문에 서로가 목적에 관계없이 자유롭게 의견을 나누다가 상대방에 관심이 생기면 연락을 취하는 컨셉이다.

샌드뱅크도 그동안 링크드인을 통해서 좋은 채용 후보들을 많이 만났고, 그중 몇몇은 실제 채용으로 이어지기도 했다. 특히 나와 함께 샌드뱅크의 신규 채용을 담당하는 인사담당(HR) 매니저는 본인의 링크드인 계정에 샌드뱅크 조직 문화와 관련된 재미있고 유쾌한 글과 사진을 자주 올려 구직자들에게 회사를 홍보하는 업무를 담당했다. 재미와 따뜻함이 가득한 직장생활을 보여주는 사진을 주로 포스팅했던 HR 매니저의 계정은 금새 인기가 많아져 팔로워가 빠르게 늘었다.

그런데 몇 주 전 해당 HR 매니저의 링크드인 계정이 갑자기 영구정지되고 말았다.

영구정지된 링크드인 계정

정지 사유는 친구 신청을 너무 반복적으로 많이 했기 때문이었다. 좀 더 정확히는 가짜 계정이라고 의심될 만한 동일한 패턴의 반복적인 행동을 너무 많이 한 것이 문제라고 했다. 처음에 나는 해당 계정이 실제 우리 HR 매니저의 것이라는 점만 증명하면 무리없이 정지가 풀릴 것이라 믿었다. HR 매니저가 샌드뱅크에 다니는 현직자임을 증명하는 것, 그리고 신규 채용을 늘리기 위해 링크드인을 적극적으로 이용해 온 점을 증명하는 것은 어렵지 않다고 생각했기 때문이다.

그러나 내 예상은 보기좋기 빗나갔다. 링크드인 고객센터 측의 입장은 확고했다. 한 번 영구정지된 계정을 다시 복구하는 것은 어떤 경우에도 불가능하다는 것이다. 수차례 억울함을 호소했지만 우리가 할 수 있는 유일한 조치는 계정을 다시 생성해서 처음부터 시작하는 것이라는 대답만 앵무새처럼 반복해서 돌아올 뿐이었다. 한 기업의 인사 담당자가 거의 1년동안 들인 시간과 노력이 한순간에 날아갔다.

왜 빅테크는 고객을 무시할까

많은 사람들이 일상 생활과 일터에서 매일같이 사용하는 구글, 페이스북, 트위터 등 유명 SNS들은 무책임하고 기준도 모호한 운영 정책으로 지금도 억울한 사용자를 양산하고 있다.

갓난아이인 아들의 성기가 이상하게 부어오른 것을 발견하고는 진료를 위해 증상의 진행 과정을 기록하려고 자신의 안드로이드폰으로 촬영했다가 곤혹을 치른 미국 샌프란시스코의 마크라는 남성의 일화는 유명하다. 그는 구글에 의해 아동 성학대자로 신고돼 경찰 조사까지 받았으며 구글 계정은 영구 삭제되었다. 다행히 그는 경찰 조사 결과 '혐의 없음'으로 드러났지만, 구글은 여전히 별다른 설명도 없이 그의 계정을 복구해 주지 않았다. 우리

회사 HR 매니저가 링크드인으로부터 당한 조치와 비슷하다. 왜 이들 빅테크 기업들은 사실이 뻔히 드러났음에도 자신의 실수를 인정하고 고객의 불만을 해결해 주려 노력하지 않는 걸까.

우선 굳이 그럴 필요가 없다. 구글은 1998년에 설립돼 2004년에 나스닥에 상장된 기업이다. 이미 20년 넘게 검색 엔진을 비롯한 갖가지 인터넷 관련 분야에서 독보적인 지위를 유지해 왔다. 다른 빅테크 기업들도 구글보다 설립 시기가 조금씩 늦긴 했지만 비슷한 행보를 보인다. 링크드인은 2002년에 설립되어 2011년 나스닥에 상장되었으며, 페이스북은 2004년에 설립되어 2012년에 나스닥에 상장되었다. 하나같이 20년 넘게 해당 분야에서 일등을 놓치지 않고 독주 중인 기업들이다.

이들이 오랜 시간동안 독점적 지위를 유지해 온 이유는 인터넷 플랫폼 사업의 특성 때문이다. 부지를 사서 그 위에 공장을 짓고 인력과 원자재를 투입해야만 생산량을 늘릴 수 있는 전통 산업과는 다르다. 플랫폼 사업은 특정 임계점을 지나면 더 이상 비용, 즉 회원 유치를 위한 광고비를 늘리지 않아도 회원 수가 기하급수적으로 늘어나는 특징을 지닌다. 이미 많은 사람들이 모인 곳에 더 많은 사람들이 찾아오는 '네트워크 효과'가 발생하여 회원수를 알아서 늘려주기 때문이다.

무엇보다 본격적으로 성장 궤도에 오른 빅테크 기업들은 회원 수가 늘어날수록 방대하게 쌓이는 고객 행동 데이터 덕분에 경영상 시행착오를 최소화하여 후발주자의 추격을 쉽게 따돌릴 수 있다. 더욱 많은 데이터베이스가 축적된 빅테크 기업일수록 그때그때 고객이 좋아하는 게 무엇인지 더욱 정확히 알아내어 맞춤 서비스를 제공할 수 있다. 상대적으로 데이터베이스가 작은 신생 기업들이 경쟁할 수 있는 환경이 조성되지 않는다. 그래서 한 번 1등 지위를 차지한 플랫폼은 여간해선 순위를 내주지 않는다.

결과적으로 한 기업이 해당 분야에서 수십 년간 왕좌를 지키는 독점적 환경이 조성되다 보니 고객의 문제를 해결하는 것보다는 자신들의 명예나 내부 정책의 당위성을 우선시하는 상황이 발생한다. 물론 고객 수가 많은 만큼 하루에도 셀 수 없이 많은 불만과 문의가 접수될 것이다. 그러나 경찰 조사결과 무혐의 처분을 받은 사람에게까지 내부 운영정책 운운하며 고집을 부릴 필요가 있는지는 의문이다.

법정화폐와 닮은 빅테크 사업 구조

빅테크 기업들이 제공하는 SNS 서비스는 대부분 공짜다. 누구나 몇 번의 클릭만으로 계정을 만들고 쉽게 이용할 수 있기 때문에 더 큰 플랫폼 효과가 발생한다. 대신 기업들은 이렇게 모은 고객들에게 보여줄 광고를 유치하여 돈을 번다. 앞서 소개한 구글, 페이스북, 링크드인 등 유명 SNS들은 모두 광고 매출이 기업 전체

매출의 큰 영역을 차지한다.

기업들의 광고 매출이 상승하려면 더 많은 광고주를 유치하거나 더 비싼 광고 단가를 매기면 된다. 이는 광고를 유치하는 플랫폼이 얼마나 많은 회원을 보유했는지와 직결되는 부분이므로 기업들은 항상 고객 수를 늘리는 데 혈안이 된다. 여기서 등장하는 문제가 바로 가짜 계정 문제다.

트위터는 하루에 100만 건 이상의 가짜 계정을 삭제하는 것으로 알려졌다. 문제는 삭제되는 속도보다 새로 만들어지는 속도가 더 빨라서 근본적인 해결이 불가능하다는 것이다. 새로운 계정을 생성하는 데 비용이 들지 않으니 알고리즘을 이용하여 셀 수 없이 많은 계정을 만든다. 이를 마치 진짜 사용자인양 활동하게 해서 특정 제품이나 서비스의 홍보에 이용한다.

나는 내 트위터 계정에 비트코인 관련 콘텐츠를 많이 올린다. 그래서인지 주로 처음 들어보는 신생 코인이나 NFT를 홍보하는 DM과 댓글들이 많이 달린다. 나중에 더 많은 코인을 에어드랍해 줄 테니 지금 해당 코인을 사라고 하거나, 아예 내가 가진 비트코인을 특정 지갑주소로 보내면 그것의 두 배에 해당하는 금액을 다시 보내주겠다는 식이다. 과연 누가 이런 스캠성 홍보글에 속을까 의심이 들지만 공격자 입장에서는 아쉬울 게 없다. 공짜로 생성한 가짜 계정 100만 개를 이용해 홍보 메시지를 쉴 새 없이 보내서 한두 명만 낚아도 이득이기 때문이다.

트위터 입장에서 가짜 계정을 속시원히 근절하지 못하는 다른 이유도 있다. 가짜 계정 덕분에 회원 수가 많아 보이는 효과 때문이다. 진짜 계정이든 가짜 계정이든 플랫폼에 올라오는 콘텐츠 조회수와 클릭수만 늘게 만들면 광고주들의 환심을 살 수 있으므로 플랫폼이 벌어들이는 수익은 올라간다. 그러나 한편으로는 가짜 계정들이 너무 늘어나면 실사용자들이 느끼는 불편함이 가중되기 때문에 그냥 두고볼 수도 없는 노릇이다. 때문에 보통 SNS 플랫폼들은 어느 정도 선까지는 가짜 계정과 스팸성 광고 메세지가 늘어나는 것을 용인하다가 실사용자들의 불만이 슬슬 터져나온다 싶을 때쯤 가짜 계정들을 색출하여 삭제하고 금지하는 조치를 취하곤 한다.

빅테크 SNS의 이런 행태는 중앙은행이 관장하는 법정화폐 시스템과 닮았다. 끝없는 양적완화를 용인하는 현대 중앙은행의 통화정책은 스팸성 가짜 계정의 생성을 용인하는 빅테크와 비슷하다. 너무 많이 풀면 미래 세대에 더 큰 청구서가 날아갈 것을 알면서도 당장의 이익을 위해 빚을 내는 형국이니 말이다. 돈을 풀어 문제를 틀어막는 경제는 결국 구조조정의 시기를 놓쳐 나중에 더 큰 규모의 돈으로 문제를 틀어막아야 하는 상황에 봉착한다. 그럴 때마다 많은 국민들이 평생 일궈온 재산, 특히 예금은 통화량 증가에 따른 현금 구매력 하락으로 가치가 감소한다. 결국 국민들의 삶은 점점 피폐해져 간다.

SNS에 광고를 태우는 광고주도, 실제로 SNS를 사용하는 사용자도 가짜 계정에 잠식되어가는 플랫폼이 주는 피해에 점점 더 많이 노출된다. 광고주 입장에서는 가짜 계정이 많으니 구매 전환율이 예전만큼 나오지 않아 광고비를 낭비하게 되고, 사용자 입장에서는 의미 없는 스팸성 홍보글과 가짜 '좋아요'에 무방비로 노출된다.

탈중앙 SNS 노스트르

최근 비트코이너들 사이에서는 탈중앙화된 소셜 네트워크 서비스인 노스트르(NOSTR) 열풍이 불고 있다. 노스트르는 "Notes and Other Stuff Transmitted by Relays(단문 및 기타 자료의 전달)"의 약자다. 쉽게 설명하면 탈중앙화된 SNS 플랫폼을 만들 수 있는 프로토콜이다. 플랫폼이 배라면 프로토콜은 배들이 떠 있는 강이라 할 수 있다. 그러므로 노스트르는 그 자체가 트위터나 페이스북 같은 플랫폼은 아니지만 그러한 서비스를 만들어 올릴 수 있는 일종의 표준 규약이다.

노스트르가 일반 SNS 플랫폼과 다른 점은 바로 릴레이(Relays)라는 기술을 활용하여 탈중앙화된 시스템을 구축했다는 데 있다. 노스트르에서는 서비스 계정을 만들 때 사용자의 개인정보를 입력하고 ID와 PW를 설정하는 대신 공개 키(Public key)와 개인 키

(Private key)로 사용자를 식별한다. 공개 키는 남들에게 공유하는 일종의 ID로 쓰고, 개인 키는 해당 계정이 내 소유임을 증명할 때 쓴다. 그러므로 개인 키는 절대 외부에 공개해서는 안 된다.

마치 비트코인 개인지갑 사용법을 연상케 하는 이 방법은 사용자의 프라이버시를 최대한 보호해 주는 게 강점이다. 사용자들의 개인정보와 행동정보 등 모든 데이터는 특정 기업의 중앙 서버에 저장되는 것이 아니라 릴레이라고 불리는 별도의 노드를 운영하는 사용자들의 컴퓨터에 분산되어 저장된다. 나를 검열할 주체가 없다는 신뢰성을 바탕으로 노스트르의 사용자들은 안전하게 정보를 공유하고 교류할 수 있다.

노스트르 기반 SNS는 중앙 서버에 고객 데이터를 저장하지 않는 탈중앙 플랫폼의 특성상 맞춤 광고를 하기 어렵기 때문에 사용자의 직접 참여를 기반으로 한 보상 시스템을 운영한다. 예를 들어 사용자들은 콘텐츠 작성이나 좋아요, 댓글 작성 등의 활동을 통해 비트코인을 보상으로 받는다. 노스트르에는 수수료를 거의 들이지 않고 빠르게 비트코인을 송금할 수 있는 라이트닝 네트워크가 이미 장착돼 있다. 양질의 콘텐츠를 올리는 등 활발한 활동을 하면 할수록 보상을 받을 가능성이 커지기 때문에 사용자들의 활발한 참여가 이뤄진다.

노스트르는 탈중앙화된 시스템과 기존 SNS가 시도하지 못했던 새로운 보상 시스템을 통해 사용자들에게 신개념 SNS 서비스를 제공한다. 우리 회사 HR 매니저처럼 오랜시간 공들여 만든 계정이 하루아침에 정지당하는 등 분통 터지는 경험을 해본 사용자들은 매우 만족할 수 있다. 기존 SNS보다 자유롭게 정보를 공유하고 소통할 수 있으며, 그 과정에서 더욱 더 고객 중심적인 경험을 누릴 수 있다.

현재 애플 앱스토어에서 다운받을 수 있는 노스트르 기반 SNS 앱은 다무스(Damus)가, 그리고 구글 플레이에서 다운받을 수 있는 앱은 아메지스트(Amethyst)가 가장 대표적이다. 궁금하다면 한번 다운받아 설치해 보자. 그리고 내 공개 키 주소를 남길 테니 팔로우해 보기 바란다. 진짜 웹 3.0 세상이 무엇인지 이해할 수 있게 될 것이다.

npub1jf54924h4509t9xz94juypy05wugenz85x6ez77flswl7cngd0lqnmuuw9

비트코인 네트워크 기반 앱들의 등장

국내 블록체인 업계에서는 여전히 네트워크로써 비트코인이 지닌 가능성이 거의 논의되지 않는다. 인터넷과 IT에 정통한 지식인들 사이에서는 오히려 구식이고 한물간 코인일 뿐이라고 비난하는 인식이 크다. 비트코인의 가치를 인정하는 투자자들 사이에서도 비트코인은 투자자산이자 가치 저장 수단으로 이해하는 수준에서 사고 프로세스가 끝나는 경우가 많다. 카카오페이, 네이버페이, 토스 등 국내 대표 결제 앱들이나 심지어 가상자산 거래소들조차도 여전히 라이트닝 네트워크 서비스를 제공하지 않는다.

한국에서 인기를 끄는 웹 3.0 프로젝트는 대부분 이더리움 기반으로 만들어진다. 일부 프로젝트는 자체 메인넷[40]을 직접 만들기도 하고 다양한 이해관계에 따라 바이낸스 스마트체인, 카르다노, 솔라나 등 '이더리움 킬러'라 불리는 3세대 레이어1 블록체인을 이용하기도 한다.

그런데 요즘 미국과 유럽에서는 비트코인 네트워크를 이용하는 서비스, 즉 비트코인 앱이 끊임없이 등장한다. 이러한 비트코인 앱은 비트코인의 레이어2인 라이트닝 네트워크 위에서 프로그램을 구동시키기 때문에 비트코인 네트워크의 레이어3라고 불린다. 비트코인 레이어3가 등장하자 이더리움을 포함해 많은 알트코인의 입지가 점점 좁아지고 있다.

비트코인 레이어3에서 작동하는 앱이 늘어나고 개발이 가속화되면 이더리움의 핵심 기능이었던 'ERC-20 기준 토큰 발행과 스마트 컨트랙트'가 비트코인 네트워크상에서 앱으로 대체될 수 있다. 그러면 암호화폐 생태계에 엄청난 변화가 일어날 것이다.

그렇다면 레이어3는 무엇일까? 바로 레이어2의 기능을 응용한 앱들이다. 단순히 비트코인의 결제를 빠르게 해주는 기능을 넘어

40 Mainnet. 기존 플랫폼을 활용해서 구현한 토큰으로 새롭게 구축한 독립된 자체 플랫폼.

서 라이트닝 네트워크의 빠른 전송 속도를 자유자재로 사용할 수 있도록 응용하는 것이다. 예를 들면 내가 누군가와 줌(Zoom)이나 구글미트(Google Meet)로 화상회의를 한다고 할 때, 두 사람은 줌과 구글이 보유한 서버를 매개체로 영상과 음성 데이터를 교환하며 영상통화를 한다. 라이트닝 네트워크상에서도 이런 영상통화 기능을 그대로 재현할 수 있다.

다만 줌이나 구글미트처럼 특정 기업이나 정부가 관리하는 중앙 서버가 아니라 전 세계에 퍼져 있는 불특정 다수의 라이트닝 네트워크 노드가 서버 역할을 대체한다는 점에서 진정한 '개인과 개인 간 인터넷'이 가능하다. 바로 웹 3.0 세상이 본격적으로 열리는 것이다.

비트코인 레이어3 앱은 지금 우리가 인터넷에서 사용하는 대다수 앱의 기능을 그대로 재현할 수 있다. 카카오톡 같은 채팅 앱부터 페이스북과 트위터 등 소셜 미디어, 유튜브 같은 동영상 스트리밍뿐 아니라 심지어 넷플릭스 같은 OTT까지 만들 수 있다. 만약 스마트 컨트랙트를 통해 예금, 대출, 이자 수령이 가능한 레이어까지 추가되면 현재 대부분 이더리움 블록체인 위에 구현된 디파이까지 비트코인 레이어3 위에 만들 수 있게 된다.

비트코인 레이어3 앱에서 비트코인은 어떤 식으로 활용될까? 일단 라이트닝 네트워크를 통한 코인 전송 기능을 적극적으로 활용할 수 있다. 예를 들면 게임 내 아이템을 비트코인으로 구매한다거나 아예 게임 속에서 사용되는 화폐 자체를 비트코인으로 만드는 것이다. 인스타그램 같은 SNS에서는 '좋아요'를 누르거나 댓글을 작성할 때마다 보상으로 소정의 비트코인을 지급할 수 있고, 카카오톡 같은 채팅 앱에서 친구와 대화하면서 실시간으로 비트코인을 주고받을 수 있으며, 동영상을 플레이한 시간만큼 크리에이터에게 자동으로 비트코인을 송금하는 기능 등이 포함될 수 있다.

그중에서도 비트코인 네트워크 레이어3의 핵심 기능은 바로 검열 저항성이다. 비트코인이 현존하는 암호화폐 중 가장 탈중앙화된 블록체인으로 정부나 기업들의 검열과 규제의 영향에서 자유로운 것처럼, 라이트닝 네트워크도 별도의 운영기관 없이 완전히 노드들의 자발적인 참여로만 유지되고 운영되기 때문에 특정 그룹의 입맛에 따라 정보를 통제하는 것이 불가능하다. 그러므로 이러한 바탕 위에서 개발된 앱들은 정부나 기업의 검열과 규제를 효과적으로 회피할 수 있게 된다.

비트코인 레이어3에 게임을 만들면 중국 공산당의 게임 규제를 피할 수 있고, 트위터를 만들면 운영 기준을 위반했다는 이유로 계정이 정지되는 일을 피할 수 있고, 카카오톡을 만들면 채팅이나 보이스톡이 도청당하는 것에서 자유로워질 수 있고, 유튜브를 만들면 동영상 내용이 부적절하다며 '노란 딱지'가 붙는 일을 방지할 수 있다.

단순히 비트코인을 화폐로 사용하기 때문에 검열 저항성이 높은 것이 아니다. 네트워크 자체가 특정 그룹의 지배하에 놓이지 않기 때문에 누구도 자기 입맛대로 운영할 수 없다는 점이 중요하다. 물론 아직 비트코인을 잘 몰라도 누구나 사용할 수 있는 실용적인 서비스가 나온 단계는 아니지만 라이트닝 네트워크 위에 이와 같은 서비스가 본격적으로 등장한다면, 기존 웹 2.0 생태계에 미칠 여파는 어마어마할 것이다.

도널드 트럼프 당시 미국 대통령과 조 바이든 후보 간 경쟁이 한창 무르익었던 지난 미국 대선 기간에, 보수 지지층 사이에서 팔러(Paler)라는 SNS 서비스가 인기를 끌었다. 페이스북과 트위터 등 대표 빅테크들이 공화당 정치인들의 포스팅만 의도적으로 검열한다는 이유로 보수 지지자들이 대체재를 찾아 나섰기 때문이다. 약 8800만 명에 이르는 팔로어를 보유했던 도널드 트럼프 전 미국 대통령의 트위터 계정이 영구정지당한 사건도 한몫했다.

그런데 얼마 후 애플과 구글이 연달아 자사 앱스토어에서 팔러 앱을 삭제한 데 이어 아마존웹서비스까지 팔러의 데이터를 더는 호스팅하지 않겠다고 선언하며, 팔러는 말 그대로 인터넷 공간에서 '퇴출'당해 버렸다. 정치적 견해가 맞고 틀리고를 떠나서 빅테크의 이런 행위가 정당한지는 여전히 의문이 남는다. 애플·구글·아마존이 누군가가 자본과 노력, 시간을 쏟아 만든 서비스를 하루아침에 없애버리는 무소불위의 권력을 가졌다는 사실이 여실히 드러난 것이다.

만약 라이트닝 네트워크가 마치 iOS 앱스토어처럼 활성화된다면 이제 이런 식의 규제는 불가능해진다. 네트워크를 소유한 기업이 없기 때문에 검열하고 싶으면 비트코인 네트워크 자체를 셧다운시켜야 한다.

자유주의, 작은정부주의, 시장경제주의와 같이 정부와 국가 권력을 최소한으로 제한하는 사상이 비트코인 지지층의 근간을 이룬다. 비트코인 레이어3는 이러한 사상을 더 많은 사람에게 확장시키고 실제로 실현시키는 데 엄청난 공헌을 할 것으로 예상된다.

'승자 독식 법칙'은 비트코인에도 그대로 적용된다. 네트워크 효과와 규모의 경제를 이룬 플랫폼은 수확 체증 법칙에 따라 특정 임계점이 지나면 투입하는 비용은 그대로인데 산출물은 기하급수적으로 늘어나게 되고, 결국 후발주자가 더는 쫓아올 수 없는 경지에 이른다. 다만 비트코인 네트워크는 이렇게 독점적 지위를 획득하더라도 권력을 남용하거나 사회적 문제를 야기할 운영 주체가 없다는 점이 다르다.

2022년 4월, 중앙아프리카공화국이 공식적으로 비트코인을 법정화폐로 채택하며 엘살바도르에 이어 전 세계에서 두 번째로 비트코인 법정화폐 도입국이 되었다. 앞으로도 이렇게 비트코인을 화폐로 인정하는 국가가 하나씩 추가되고, 비트코인으로 경제 활동을 하는 인구가 늘어날수록 비트코인 네트워크의 가치는 기하급수적으로 상승할 것이다. 그에 맞춰 라이트닝 네트워크를 활용한 레이어3의 활용 사례도 빠른 속도로 늘어날 것이다.

비트코인 네트워크의 승자독식 현상은 암호화폐시장에서도 커다란 변수로 작용할 것이다. 왜냐하면 알트코인은 원래 비트코인의 단점을 보완하고자 만들어진 코인인데, 비트코인이 레이어3를 통해 알트코인의 존재 의의를 희석시키게 되면 알트코인에 투자할 이유가 없어지기 때문이다. 물론 앞으로도 한동안 기업과 개인들은 앞선 스마트 컨트랙트 기술과 빠른 속도를 제공하는 이더리움 및 기타 블록체인을 적극 활용할 것이다. 하지만 비트코인 레이어3 생태계가 넓어질수록 말 그대로 '대체(Alternate)'가 목적이었던 알트코인은 그 미래가 어두워질 것이다.

현재 비트코인 도미낸스는 약 40퍼센트에 달하는데, 만약 비트코인 레이어3 개발이 가속화되고 앱을 만드는 개인과 기업이 본격적으로 진출하기 시작하면 비트코인 도미낸스가 어디까지 올라갈지 알 수 없는 노릇이다.

모든 기술은 레이어 구조로 진화한다. 대표적으로 인터넷이 그랬고, 바이오 기술도 그렇다. 비트코인을 단순히 투자자산으로만 치부하면 안 되는 이유이다.

암호화폐 업계의 인플루언서 안드레아스 안토노풀로스는 거의 10년 전부터 비트코인을 '돈의 인터넷'이라고 불렀다. 그의 강연 내용을 텍스트로 모아 엮은 베스트셀러 『Internet of Money』는

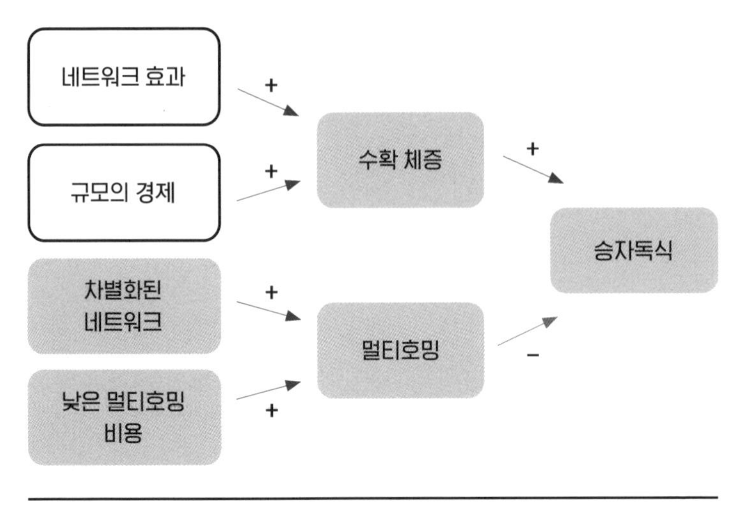

승자독식의 원리를 나타낸 이미지이다. (출처: Organic Media)

비트코인 입문자에게 필수 도서로 불린다(나도 이 책으로 비트코인에 입문했다).

비트코인은 자산이나 화폐이기 이전에 인터넷을 기반으로 한 새로운 기술이며, 그 위에 화폐가 지닌 가치 전달 기능과 금과 같은 안전자산이 지닌 가치 저장 기능까지 있다고 이해하는 게 맞다.

앞으로 비트코인만이 유일한 암호화폐로 남을 것이라고 주장하는 사람들을 '비트코인 맥시멀리스트'라고 부른다. 암호화폐 업계에서 이들은 보통 편협한 성격과 단순한 뇌 구조를 지닌 탓에 블록체인 기술의 엄청난 가능성을 이해하지 못하는 바보들로 받아들여진다.

물론 실제로 그런 사람들도 있기는 하지만 사실 대부분은 네트워크 효과와 수확 체증 법칙이 승자독식으로 이어지는 기술 발전의 메커니즘을 잘 이해하고 있기 때문에 그렇게 주장하는 것이다. 트위터 창업자이자 블록의 CEO인 잭 도시는 대표적인 비트코인 맥시멀리스트이지만 그가 바보라고 생각하는 사람은 아무도 없을 것이다.

블록체인 네트워크

오픈시 거래소에 메타마스크를 연동하여 이더리움을 이용해 NFT 아트를 구입하고, 지인들과 DAO를 만들고 토큰을 발행하여 구입한 NFT 아트의 판매 방법에 투표하는 행위 같은 것들은 기존의 인터넷 세상에서는 찾아보기 힘든 행동양식이다.

여기에서 가장 주목할 부분은 바로 투표를 통한 결정이다. 기존의 인터넷에서 사용자가 내릴 수 있는 결정은 극단적으로 말해 특정 서비스를 '쓰느냐 마느냐' 정도로 국한되었다. 일단 쓰기로 했으면 좋든 싫든 해당 웹사이트나 모바일 앱이 내세우는 정책을 수용하고 룰을 지키며 활동해야 했다. 물론 쓰기 싫으면 그만 사용할 자유야 얼마든지 있다.

그러나 네트워크 효과 때문에 그마저도 쉽지 않다. 간단히 설명하면 내 주변 사람들이 모두 그 서비스를 쓰고 있으니 나도 써야만 하는 상황을 말한다. 카카오톡이 아무리 쓰기 싫다고 한들 우리나라에 살면서 쓰지 않을 방법이 있을까? 남들은 다 카카오톡을 쓰는데 나 혼자 왓츠앱이나 라인 메신저를 쓰면 남들과 메시지를 주고받기가 불편하다.

반면 웹 3.0에서는 유저가 스스로 결정을 내릴 수 있는 영역이 더 많다. 메신저 서비스도 이제 더는 자기가 원하지 않는 서비스를 울며 겨자 먹기로 사용할 필요가 없다. 남들과 메시지를 주고받는 공간이 특정 기업이 제공하는 '플랫폼'에서 '블록체인 네트워크'로 이전되기 때문이다.

블록체인 네트워크는 지금 우리가 쓰는 TCP/IP 기반 인터넷처럼 인프라 역할을 하는 공간이라고 보면 된다. 다만 이곳에서는 정보가 이동하고 저장되는 방법이 조금 독특하다.

카카오톡의 경우 자체 데이터 센터를 구축하여 그곳에 고객정보를 저장하고 유저들 간에 주고받는 메시지 정보를 자체 서버 내에서 이동시킨다. 그러나 블록체인은 특정 기업이 아닌 네트워크 참여자들이 메시지를 공동으로 저장하고 다 함께 공유하는 방식으로 정보가 이동한다.

그러니 이론적으로는 카카오톡처럼 정보를 모아서(Mobilize) 처리하고(Process) 보여주는(Visualize) 플랫폼이 필요하지 않다. 정보가 모이고 처리되는 것은 블록체인 내에서 이미 끝나기 때문에 마지막에 보여질 정보(이 경우엔 타인이 보낸 메시지)를 사용자의 스크린에 띄워주는 정도의 서비스만 있으면 된다.

진짜 편리함은 무엇일까

웹 3.0 세계에 대한 설명에 으레 따르는 걱정은 '불편하다'는 것이다. 지금 우리가 사용하는 인터넷 세상이 이렇게까지 발전한 배경에는 FAANG으로 대표되는 혁신적인 기업들이 있었다. 인터넷 기업들은 '고객의 불편함을 해소한다'는 단 한 가지 숭고한 목표를 가지고 서비스를 만든다. 불편함이 해소되려면 불필요한 과정이 최대한 제거되어야 하는 것이 당연지사이다.

회원가입을 진행하는 과정에서 고객이 총 네 번 클릭해야 한다면 이를 두 번으로 줄이는 것, 특정 화면으로 가기 위해 총 다섯 개 페이지를 지나야 한다면 이를 한 개 페이지로 줄이는 것이 기업들이 하는 일이다. 기업은 고객이 느끼는 불편함을 해결하고자 끊임없이 코드를 고치고 서비스를 업데이트한다. 바로 이 과정에서 혁신이 생기고 고객이 감동하는 '아하 모멘트'가 탄생한다.

그러나 이 과정에서 부작용이 생기기도 한다. 극단적인 편함을 추구하는 과정에서 사용자의 자유와 권리를 필요 이상으로 침해하는 경우이다. 이유 없이 계정이 정지되거나 열심히 만들어 올린 동영상 콘텐츠가 '노란 딱지'를 받는 것 등이 포함된다.

애초에 이념이나 정치적 견해는 뭐가 맞고 뭐가 틀린지 판단하기 힘든 영역이지만 요즘 유튜브나 트위터 같은 플랫폼들은 이런 주관적인 가치 판단에 적극적으로 나선다. 그러면서도 정확한 기준이나 설명 없이 '당사의 커뮤니티 운영 기준을 위배했습니다'라고만 안내해서 사용자의 불만이 쌓이게 만든다.

나는 회사에서 마케팅을 담당해서 다양한 고객을 접하는데, 요즘 소비자는 예전에 비해 순종적이지 않다는 것을 느낀다. 편함과 혁신성에 무조건적으로 열광했던 웹 소비가 이전까지의 트렌드였다면, 지금은 훨씬 더 자기중심적으로 생각하고 판단한다.

한번은 친구 부부의 신혼집에 놀러갔다가 놀라운 광경을 보았다. 화장실 한쪽에 지방의 소규모 회사에서 만든 다양한 수제 비누가 쌓여 있었다. 그중에는 마트에서 파는 일반 비누보다 열 배나 비싼 비누도 있었다. 호기심이 발동해서 왜 이렇게 비싼 수제 비누를 잔뜩 사놓았느냐고 친구에게 물었다. 그는 잠시 생각하더니 이렇게 말했다.

"딱히 이 브랜드를 엄청 좋아하는 건 아닌데 이 브랜드를 만든 사람이 좋더라고. 우리 고향에 건강하고 지속 가능한 비즈니스를 구축해야겠다고 하면서 환경에도 신경을 쓰기 때문에 꼭 지역에서 자연 친화적으로 생산한 재료만 사용한대. 사장님이 우리 지역을 더 살기 좋은 곳으로 만들고 싶어 하니 그분이 무얼 만들든 도와주고 싶었어."

그의 간단한 말에 심오한 아이디어가 담겨 있었다. 오늘날 비즈니스의 의미가 무엇인지를 다시 한번 생각할 수밖에 없게 만드는, 대격변의 근본 원인 말이다.

요즘 소비자는 순종적이지 않다. 주위를 둘러보면 집에 텔레비전이 없다는 사람이 많이 늘었다. 어차피 텔레비전 영상은 유튜브에서 '짤'로 찾아서 보고, 영화는 넷플릭스에서 골라 보며, 라디오는 팟캐스트에서 골라 들으니 굳이 거실에 텔레비전을 둘 필요가 없는 것이다. 게다가 컴퓨터에는 브레이브 브라우저를 설치해서 광고를 차단하고, 인터넷 활동 기록을 남기지 않는 토르(Tor) 브라우저를 사용하여 개인 프라이버시까지 챙긴다. 바야흐로 개인과 개성이 주목받는 시대이다.

웹 3.0은 바로 이런 사람들을 위한 세계이다. 참여자 개인의 주권, 즉 시민권(Citizenship)을 무엇보다 중요한 가치로 받아들인다. 정부기관이나 서비스 개발사가 사용자를 위해 귀찮은 과정을 모두 대신해 주는 곳은 웹 2.0 세상이다. 어느 세상에 더 발을 깊이 들이고 살지는 개인의 가치 판단에 따라 정하면 된다.

다만 웹 3.0을 이용하려면 어느 정도 불편함을 감수해야 한다. 특히 암호화폐와 블록체인으로 이루어진 네트워크에서는 '코드가 곧 법'이라는 독특한 룰이 존재한다.

카카오톡은 회사에서 직접 데이터를 독점하고 사용자 반응을 살피며 끊임없이 앱을 업데이트해 주는 서비스이다. 불편한 부분을 빨리빨리 개선해 주니 편하지만, 그럴수록 점점 더 그 안에 종속될 수밖에 없다는 단점이 있다. 반면에 블록체인은 참여자 간의 합의에 따라 네트워크가 유지되기 때문에 원천적으로 업데이트를 자주 할 수 없다. 문제가 발생해도 빨리빨리 해결되지 않는 것은 불편하지만 그 대신 내 주관을 지키며 자유롭게 생활할 수 있다.

따라서 웹 3.0 세계의 기본적인 문화는 '직접 조사하라(DYOR: Do Your Own Research)'이다. 사용자에게 높은 자기 책임이 요구되는 것이다. 블록체인 네트워크에서는 코드에 문제가 있더라도 쉽게 업데이트하기 어려우므로 자신의 행동에 따른 결과를 다양한 각도에서 고민해 보는 것이 중요하다. 대부분 오픈소스 프로토콜이라서 모든 코드가 투명하게 공개되어 있기도 하다. 개발 언어를 모르더라도 커뮤니티에서 코딩을 잘 아는 사람에게 물어보는 등 본인의 의지에 따라 얼마든지 사전에 알아볼 수 있다.

만약 지금 웹 3.0을 테마로 영업 중인 서비스가 편한 사용성, 빠른 속도, 문제가 생겼을 때 해결해 줄 운영진과 같은 플랫폼적인 특성을 내세운다면, 실제로는 웹 3.0 서비스가 아니라 그저 마케팅 수단으로 활용하고 있을 가능성이 크다. 플랫폼과 웹 3.0, 둘 중 하나를 선택하지 않고 중간에 애매하게 걸친 서비스는 아마 오래 살아남지 못할 것이다.

웹 3.0의 기반이 되는 블록체인 네트워크는 보수적으로 발전해야만 한다. 코드가 곧 법이기 때문에 밥 먹듯이 코드를 갈아엎어서는 곤란하다. 누구나 쉽게 이해할 수 있는 간결한 코드여야 하고, 그것을 바꾸기가 매우 어려워야 한다. 법학에 적용되는 '법은 최소한이다'라는 기본 사상이 여기에도 적용되어야 하는 것이다.

탈중앙성과 분산된 권력을 제일 가치로 삼고 보수적인 속도로 발전하는 프로토콜 가운데 으뜸은 단연 비트코인이다. 물론 비슷한 속성을 지닌 다른 것이 등장할 수 있다. 하지만 비트코인이 지닌 네트워크 효과와 승자독식 메커니즘 때문에 제2, 제3 프로토콜의 존재가치는 점점 희미해질 것이다. 이것이 내가 앞으로 비트코인 네트워크가 웹 3.0의 주역이 되리라 예상하는 이유이다.

사실 하루가 멀다 하고 터지는 디파이, NFT, DAO 관련 해킹 뉴스를 보면 안타깝다. 거기에서 낭비되는 리소스를 비트코인 기반 웹 3.0을 구축하는 데 썼다면 훨씬 좋았을 것이다. 1990년대 닷컴 기업들이 너도나도 자체 인트라넷을 만들어 출시하며 자원을 낭비한 것과 비슷한 패턴으로 보인다.

비트코인 레이어3의 진화

임퍼비어스(AIImpervious AI)는 비트코인 네트워크를 이용해 P2P 인터넷을 구현한다는 목표를 가진 미국의 스타트업이다.

이 회사는 2021년 말 비트코인 라이트닝 네트워크의 프로그래밍 레이어 역할을 하는 API를 출시해 라이트닝 네트워크에 P2P

통신 및 데이터 전송 기능을 추가하여 유명해졌다. 즉 원래는 'A가 B에게 비트코인 몇 개를 보냈다'는 정도의 정보만 이동하던 라이트닝 네트워크에 다른 형태의 데이터도 이동할 수 있는 기능을 추가한 것이다.

임퍼비어스AI 홈페이지에 들어가 보면 자신들이 그리는 웹 3.0 세상을 그림으로 그려놓았다. 가장 밑에 비트코인이 있고 그 위에 라이트닝 네트워크, 그리고 그 위에 임퍼비어스가 구축한 레이어 3가 있고 그 위에 다양한 건물이 있다.

미국 마이애미에서 개최된 '비트코인 2022' 콘퍼런스에서 임퍼비어스AI는 비트코인 네트워크 전용 인터넷 브라우저를 소개하고, 2022년 10월에 공개했다. 콘퍼런스에서는 체이스 퍼킨스 CEO가 직접 무대에 올라 시연 영상과 함께 브라우저 기능 두 가지를 소개하자 청중에게서 감탄이 쏟아졌다.

한 가지는 여러 사람이 문서를 공동으로 작성하고 편집할 수 있는 라이브 독스(Live Docs) 기능이다. 구글에서 제공하는 구글독스(Google Docs)와 비슷한 서비스다. 구글독스에서 작성한 문서는 구글의 서버에 저장되지만 라이브 독스에서 작성한 문서는 어디에도 저장되지 않는다. 오직 문서 작성에 참여한 사람들끼리만 라이트닝 네트워크를 통해 직접 데이터를 주고받기 때문에 중앙 서버에 저장할 필요가 없다. 특정 기업에 나의 신상정보, 문서 접근 권한, 문서 내용 데이터를 모조리 맡기지 않아도 얼마든지 다른

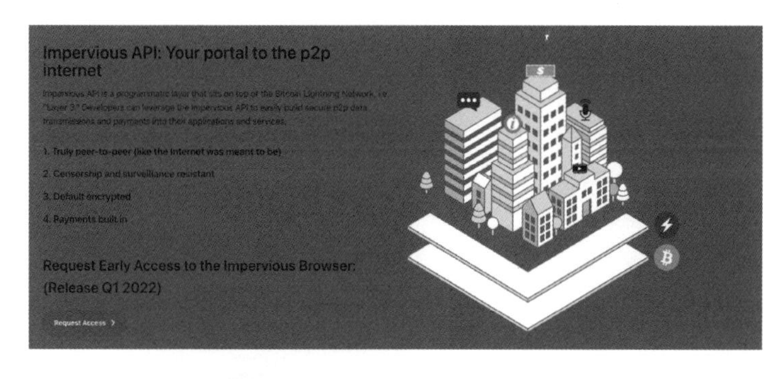

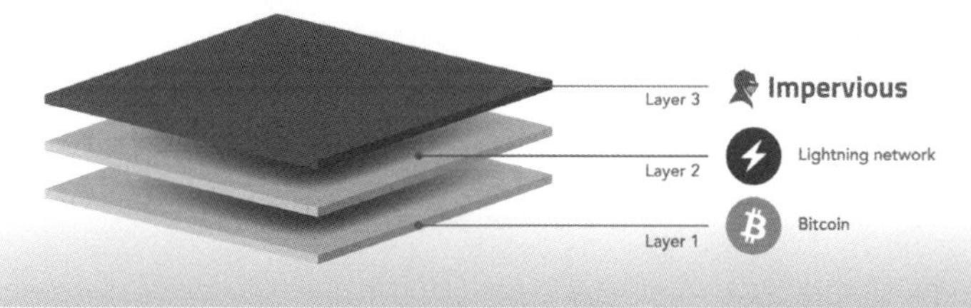

임퍼비어스 AI가 그리는 웹 3.0 세상이다. (출처: impervious.ai)

사람과 함께 문서를 작성하고 편집할 수 있다.

다른 한 가지는 미팅(Meeting)이라는 실시간 영상통화 기능이다. 코로나19 팬데믹 이후 회사에서 특히 많이 사용하는 줌이나 구글미트와 비슷하다. 이 역시 특정 기업이 소유한 별도 서버를 통해 영상 데이터가 전송되는 것이 아니라, 화상 채팅에 참여한 두 사람 간에 개설된 라이트닝 네트워크 채널을 통해 영상 데이터가 오가기 때문에 줌이나 구글미트 없이도 자유롭게 영상통화를 할 수 있다. 영상 데이터 전송은 실시간으로 이뤄지며 통화 종료와 동시에 어디에도 저장되지 않고 사라지므로 프라이버시 강

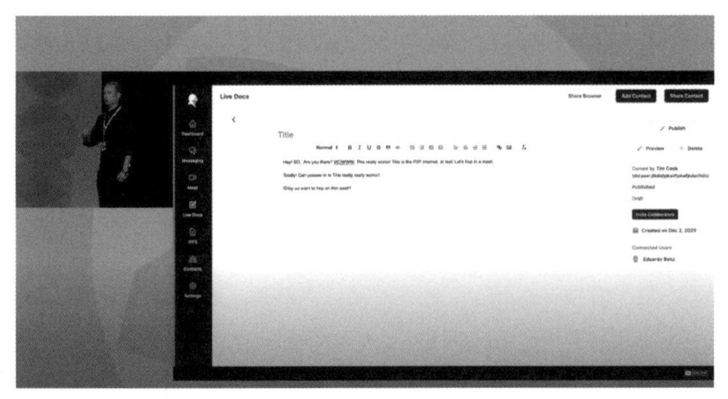

체이스 퍼킨스 CEO가 직접 무대에서 라이브 독스 시연 영상을 소개하는 장면이다. (출처: 비트코인 2022 콘퍼런스)

화에 탁월하다.

물론 지금 줌이나 구글미트를 사용하는 데 특별히 불편함을 느끼지 못하는 사람도 많을 것이다. 자신의 신원정보나 영상통화 기록이 기업이 소유한 서버 어딘가에 저장되는 것에 딱히 불만이 없을 수도 있다. 굳이 개인 대 개인 간 영상통화가 왜 필요한지 모르겠다고 생각하는 것도 이해는 된다. 기업들이 막강한 플랫폼 파워를 가지고 독과점을 누린들 그게 나와 무슨 상관이란 말인가?

전 세계에서 가장 빨리 초고속 인터넷망이 깔렸고 전 국민 스마트폰 보급률이 90퍼센트를 넘는 우리나라에서는 쉽게 공감하기 어려울 수도 있다. 그러나 세상에는 정부의 검열을 피할 수 있는 P2P 인터넷이 꼭 필요한 지역이 아직도 많다. 너무나 많은 사람이 자유롭게 인터넷을 사용할 수 없는 환경에서 살고 있다.

임퍼비어스 AI가 공개한 '미팅'을 통한 실시간 영상통화 장면이다. (출처: 비트코인 2022 콘퍼런스)

간단한 예로 중국에서는 구글, 페이스북, 인스타그램, 유튜브 등 거의 모든 미국 IT 서비스를 이용하는 데 제한이 있다. 러시아는 우크라이나를 침략하는 바람에 강도 높은 서방의 제재를 받고 있으며, 북한은 오래전부터 외부와 모든 연결이 차단된 대표적인 인터넷 소외지역이다. 이 외에도 미국과 정치적·군사적 긴장 상태라 미국의 인터넷 기업이 진출하지 못하는 곳도 많다.

그런 지역의 국민에게 정부의 검열에서 자유로운 P2P 인터넷은 어떤 의미일까? 돈을 벌기 위해 외국에 나간 가족과 영상통화를 할 수 있고, 필요할 때마다 자유롭게 돈(비트코인)을 주고받을 수 있다면 얼마나 좋을까? 우리가 지금 당연시하며 사용하는 기술과 문명이 제대로 닿지 못한 곳이 지구상에는 아직도 많이 있다. 그런 지역에 거주하는 사람들에게 정부의 통제와 상관없이 독립적으로 운영되는 탈중앙 네트워크와 익명성이 보장되는 P2P 인터넷은 웹 2.0이 끝내 이루지 못한 마지막 미션을 이뤄낼 것이다. 바로 '모두를 위한 인터넷' 말이다.

임퍼비어스AI가 2022년 10월 공개한 브라우저에는 문서편집과 영상통화, 왓츠앱 같은 메신저 기능, 비트코인 전송 기능이 들어가 있다. 나중에는 블로그, SNS, 유튜브처럼 타인과 정보를 공유할 수 있는 기능이 들어갈 것으로 예상된다.

임퍼비어스AI는 누구나 익명으로 사용할 수 있는 탈중앙 데이터 저장 기능도 내놓겠다고 공언했다. 이를 위해 IPFS라는 기술을 이용한다고 한다. IPFS는 분산형 파일 시스템에 데이터를 저장하고 인터넷으로 공유하기 위한 프로토콜이다. 냅스터(Napster), 토렌트 등 P2P 방식으로 대용량 파일과 데이터를 공유하기 위해 사용한다.

기존 HTTP 방식은 데이터가 위치한 곳의 주소를 찾아가서 원하는 콘텐츠를 한꺼번에 가져오는 방식이었다. 하지만 IPFS는 데이터의 내용을 변환한 해시값을 이용하여 전 세계 여러 컴퓨터에 분산 저장된 콘텐츠를 찾고, 찾아낸 데이터를 조각조각으로 잘게 나눠서 빠른 속도로 가져온 뒤 하나로 합쳐서 보여주는 방식으로 작동한다. 전 세계 수많은 분산화된 노드들이 해당 정보를 저장하기 때문에 사용자는 IPFS를 사용함으로써 기존 HTTP 방식보다 훨씬 빠른 속도로 데이터를 저장하고 가져올 수 있다.

레드폰과 AMP

2021년 8월, 임퍼비어스AI는 해커톤(Hackathon) 대회를 개최했다. 그리고 참가자에게 임퍼비어스AI가 제공하는 P2P 인터넷 API를 이용해 비트코인 레이어3 앱을 만들게 했다. 임퍼비어스는 심사를 거쳐 1위부터 10위까지 선정한 후 트위터에 공개했는데, 그중 눈에 띄는 서비스 두 가지를 소개한다.

레드폰

레드폰(Redphone)은 라이트닝 네트워크에 참여한 노드들끼리 웹RTC(WebRTC)라는 프로토콜을 이용해 음성 메시지를 주고받는 서비스이다. 라이트닝 네트워크를 통해 전송되는 데이터에 비트코인 대신 음성 데이터를 담는다고 이해하면 쉽다. 레드폰을 이용하면 비트코인과 라이트닝 노드를 운영하는 사람들끼리는 통신사에 가입할 필요 없이 실시간으로 전화통화를 할 수 있다.

기능은 간단하다. 상대방의 노드 ID를 앱에 입력한 후 전화를 걸면 된다. 만약 상대방도 레드폰을 설치했으면 전화가 걸린다. 전화를 받는 쪽은 분당 요금을 비트코인의 소수점을 세는 단위인 사토시(Satoshi, 줄여서 Sats라고도 한다)로 미리 책정해 놓을 수 있다. 첫 60초 통화는 공짜이고 이후 통화가 지속되는 동안 1분마다 전화를 건 사람의 지갑에 있는 비트코인이 자동으로 차감된다.

만약 레드폰을 통한 실시간 전화통화 기능이 확산된다면 더는 통신사에 가입할 필요가 없다. 미국에 사는 제임스가 한국에 있는 철수와 통화하려고 카카오 보이스톡에 가입할 필요도 없다. 물론 비트코인과 라이트닝 노드를 운영하는 사람끼리만 사용할 수 있지만, 제3자의 개입이 전혀 필요 없는 완전한 P2P 전화통화 기능은 전 세계의 많은 사람에게 큰 효용가치가 있을 것이다.

AMP

AMP(Atomic Multi-path Payment)가 무엇인지 설명하기 전에 먼저 라이트닝 네트워크에서 데이터가 어떤 경로로 이동하는지 다시 한번 이해하고 넘어가자.

철수가 영희에게 0.5비트코인을 라이트닝 네트워크를 통해 보내면 이 금액은 현재 라이트닝 네트워크에 접속해 있는 노드들이 열어놓은 '채널'을 통해 운반된다. 각 채널에는 해당 채널을 열어놓은 노드가 예치해 놓은 비트코인이 들어 있으며, 라이트닝 네트워크는 0.5비트코인이 지나갈 충분한 금액이 예치된 채널들을 랜덤으로 선별하여 코인을 차례차례 이동시킨다. 따라서 최종 도착지인 영희의 지갑으로 0.5비트코인이 도착할 때까지 총 몇 개 채널을 지나게 될지는 알 수 없지만, 총 수수료는 1~10사토시(0.9~9원) 정도로 미미한 수준이며, 모든 과정은 눈 깜짝할 사이에 이뤄진다.

AMP는 이러한 라이트닝 네트워크의 전송 과정을 더욱 획기적으로 개선한 기술이다. 이해를 돕기 위해 공상과학 영화에 가끔 등장하는 순간이동을 생각해 보자. 미래에 과학기술이 발전하여 누구든 A 지점에서 B 지점으로 순간이동을 할 수 있는 세상이 온다면, 그건 우리의 신체가 원자 단위로 쪼개져서 어떤 전자기장을 통과한 후 다시 원래의 신체로 합쳐지는 것을 의미한다.

AMP가 구현하는 기술도 순간이동과 정확히 같은 콘셉트이다. 앞서 0.5비트코인을 전송하는 철수와 영희의 예로 돌아가 보면, AMP는 0.5비트코인을 훨씬 작은 여러 개 단위로 분해하여 수많은 채널로 흩뿌린 후 마지막에 다시 원래의 0.5비트코인으로 합치는 방법으로 코인을 전송한다. 이렇게 하면 라이트닝 네트워크가 굳이 0.5비트코인 이상을 예치해 놓은 채널만 선별할 필요가 없기 때문에 단위가 큰 비트코인도 더 빠르고 효율적으로 전송할 수 있다.

임퍼비어스AI의 해커톤에 참여한 컴퓨터 개발자 앤서니 로닝은 이 AMP 기술을 이용해 라이트닝 네트워크를 통해 대용량 파일을 전송하는 방법을 공개했다. 영화나 드라마처럼 러닝타임이 몇 시간에 이르는 동영상 파일은 크기가 수십 기가바이트(GB)에 달하기도 해서 데이터 처리 용량에 한계가 있는 블록체인을 통해 전송하기가 매우 까다롭다. 그러나 AMP 기술을 이용해 파일 데이터를 여러 개로 쪼갠 다음 수십, 수백 개 라이트닝 네트워크 채널로 보낸 후 마지막 도착지에서 다시 합친다면 아무리 큰 파일이라도 보낼 수 있다.

이는 비트코인과 라이트닝 네트워크를 이용한 P2P 실시간 동영상 스트리밍 서비스가 나올 수 있다는 의미다. 유튜브에서 귀찮은 광고를 볼 필요 없이 내가 원하는 만큼 동영상을 본 후 사토시를 내면 된다. 또 원하는 영화나 미드를 보려고 넷플릭스, 디즈니플러스, 애플TV마다 모두 계정을 만들고 구독료를 낼 필요 없이 라이트닝 네트워크 노드만 설치해 놓으면 전 세계 어디에서든 원하는 콘텐츠를 볼 수 있다.

팟캐스트 인덱스

우리나라에서는 영향력이 상대적으로 덜하지만 전 세계적으로는 팟캐스트 시장이 굉장히 크다. 이미 미국에서는 팟캐스트 청취자가 7000만 명을 돌파했고, 중국에서는 수억 명에 달한다. 동영상 스트리밍을 유튜브가 평정한 것처럼, 팟캐스트는 현재 세계 최대의 음원 스트리밍 서비스인 스포티파이(Spotify)와 애플 뮤직이 양분하고 있다.

미디아리서치(MiDiA Research)에 따르면 2024년 1월 기준 스포티파이 시장점유율은 30.5퍼센트, 애플뮤직은 13.7퍼센트이다. 이들은 모두 유료 구독모델을 통해 인기 크리에이터와 그들의 콘텐츠를 끌어들이는 전략을 쓴다. 청취자들은 크리에이터가 정한 월 구독료를 내고 광고 없이 콘텐츠를 듣거나, 일부 무료로 공개한 콘텐츠만 청취할 수 있다. 물론 그 대신 광고도 함께 들어야 한다.

팟캐스트 인덱스(Podcast Index)는 이들 플랫폼이 독점하는 콘텐츠 영향력을 다시 크리에이터와 청취자들에게 돌려주기 위해 만들어진 서비스이다. 크리에이터가 자신의 팟캐스트를 완전히 무료로 공개된 오픈소스 인덱스에 올리면, 이 인덱스와 API로 연동된 팟캐스트 앱들이 자동으로 콘텐츠를 등록해 준다.

해당 앱에서 청취자가 팟캐스트를 들으면 청취자에게 분당 요금이 사토시 단위로 과금되며, 이 요금은 팟캐스트가 재생된 앱에서 약간의 수수료를 뗀 후 그대로 원작자의 비트코인 지갑으로 들어간다.

팟캐스트 인덱스의 장점은 다양하다. 일단 청취자는 원하는 팟캐스트를 듣기 위해 스포티파이와 애플 뮤직 등 플랫폼마다 계정을 만들고 구독 신청을 할 필요가 없다. 기존에는 흥미를 일으키는 팟캐스트 제목을 발견하고 잠깐만 들어보고 싶어도 지루한 광고를 무조건 한 번은 봐야 하거나 아예 정기 구독을 신청해야 했다. 반면 팟캐스트 인덱스에서는 내가 들은 만큼만 사토시가 자동으로 크리에이터에게 전송되기 때문에 더 효율적으로 콘텐츠를 소비할 수 있다.

크리에이터 입장에서도 자극적인 제목으로 클릭만 이끌어 내는 '어그로'보다는 청취자가 더 오래 팟캐스트를 재생하게 만드는 데 초점을 맞출 것이므로 양질의 콘텐츠가 만들어지는 문화를 조성하게 된다.

2024년 6월 18일 기준 팟캐스트 인덱스 API에 연동되어 오픈 소스 팟캐스트 콘텐츠를 제공하는 앱은 120개 정도이다. 그중 파운틴(Fountain)이라는 앱을 주목해 볼 만하다. 이 앱은 라이트닝 네트워크를 지원하는 비트코인 지갑을 연결하여 팟캐스트 재생에 사용할 수 있다.

일부 크리에이터 사이에서 이곳에서 발생하는 수익이 초기 유튜브 광고 수익보다 높다는 소문이 돌면서 최근 인기를 끌었다.

이곳에서는 크리에이터가 자신이 만든 콘텐츠의 요금을 직접 설정할 수도 있지만, 청취자가 크리에이터에 대한 팬심을 나타낼 수 있도록 자진해서 분당 요금을 설정해 사토시를 전송할 수도 있다. 팟캐스트를 시작한 지 얼마 되지 않은 크리에이터라면 처음에는 구독자 수도 적고 광고도 잘 붙지 않으므로 수익 구간까지 시간이 오래 걸리는 게 일반적인데, 파운틴에서는 무료로 팟캐스트를 공개해도 라이트닝 네트워크를 통해 후원하는 방법이 워낙 간단하고 편해서 더 빨리 수익이 생긴다고 한다.

스핑크스

스핑크스(Sphinx.chat)는 카카오톡이나 텔레그램 같은 채팅 기능을 제공하는 메신저 앱이다. 기존의 메신저 앱과 가장 크게 차별화된 부분은 모든 메시지가 라이트닝 네트워크를 통해 오가기

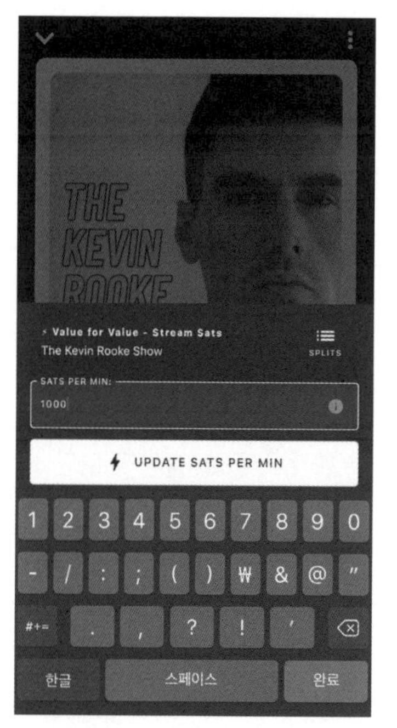

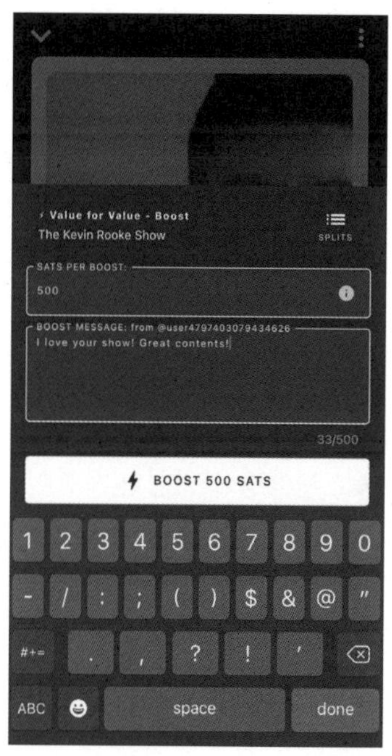

팟캐스트를 듣는 동안 낼 요금을 직접 설정하거나(왼쪽), 후원금과 응원 메시지를 일시불로 전달할 수도 있다(오른쪽).

때문에 높은 검열 저항성을 지닌다는 점이다. 스핑크스 운영진을 포함한 특정 기업이 서버를 운영하며 앱상에서 오가는 메시지의 데이터를 관리하는 것이 아니기 때문에 표현의 자유와 프라이버시 면에서도 큰 장점이 있다.

스핑크스 앱에서는 누구나 트라이브(Tribe)라고 부르는 일종의 프라이빗 그룹을 만들어 멤버를 초대할 수 있다. 트라이브에 들어가려면 방장이 사전에 설정한 입장료를 내야 하며, 방에 입장한 후에도 메시지를 보낼 때마다 약간의 수수료를 내도록 설정할 수도 있다. 보통 트라이브에 입장하는 데 필요한 비트코인은 1000~2000사토시(약 900~1800원) 정도이며, 메시지를 보낼 때마다 필요한 비트코인은 1~10사토시 정도이다.

입장료야 그렇다 치더라도 채팅에 메시지를 보낼 때마다 비용이 붙는다니 너무하다는 생각이 들 수도 있다. 그러나 이 기능에는 의외로 커다란 장점이 있다. 아마 100명이 넘게 모인 카카오톡 그룹 단톡방을 경험한 사람이라면 누구라도 광고 계정의 무단 도배글 공격을 당해보았을 것이다. 이런 광고 계정들은 간단한 코딩으로 만들어진 프로그램을 통해 특정 규모를 지닌 단톡방에 자동으로 잠입해 주기적으로 광고 메시지를 던진다. 그러나 스핑크스에서는 이런 형식의 무단 광고가 원천적으로 차단된다. 트라이브마다 정책이 다르기는 하지만 입장료와 메시지 비용을 설정해 놓기 때문에 무작위로 광고를 뿌렸다가는 비용이 눈덩이처럼 불어나기 때문이다.

스핑크스에는 이 외에도 특별한 기능이 많다. 우선 채팅창에서 다른 사람과 실시간으로 비트코인을 주고받을 수 있다. 친구의 생일을 축하하며 비트코인을 보낼 수도 있고, 자신은 갈 수 없는 콘서트 티켓을 친구에게 양도하며 실시간으로 비트코인을 받을 수도 있다.

아예 자신의 메시지에 가격을 매겨서 내용을 가린 채 올리는 페이드 메시지(Paid Message) 기능도 있다. 중요하거나 비밀스러운 정보를 담은 메시지는 소정의 비트코인을 전송해야 내용이 공개되는 식이다. 트라이브 안에서 나머지 멤버를 위해 유용한 정보를 제공하며 실시간으로 돈도 벌 수 있으니 일석이조이다. 이런 장점 덕분에 원래 트위터나 유튜브에서 왕성하게 활동하던 크리에이터들이 스핑크스에도 트라이브를 열어 멤버십 대상 커뮤니티 공간으로 활용하는 경우가 늘어나고 있다.

라이트닝 로그인

웹 3.0에서는 웹사이트에 어떤 방식으로 로그인하게 될까? 일반적인 웹사이트 로그인 방식은 먼저 나만의 아이디와 비밀번호를 조합하여 계정을 생성한 후, 접속할 때마다 아이디와 비밀번호를 입력하여 로그인하는 것이다.

요즘은 대부분의 웹사이트에서 '구글 계정으로 로그인', '카카오 계정으로 로그인', '네이버 계정으로 로그인' 등 SNS 로그인 기능을 지원하기 때문에 별도로 해당 웹사이트에 회원으로 가입하지 않아도 기존에 만들어 놓은 대형 포털사이트의 계정 정보로 로그인을 할 수 있어 편하다.

인터넷은 기본적으로 누구나 익명으로 활동할 수 있는 공간이다. 하지만 자기 웹사이트에 접속했으니 이름도, 나이도, 사는 곳도 모르는 사람에게 돈을 내라고 할 수는 없는 노릇이다. 그래서 웹 2.0의 웹사이트들은 회원가입이라는 장치를 이용해 사용자의 신원정보를 빠짐없이 기입하게 하고 서비스를 이용하는 대가로 돈을 내게 한다.

만약 페이스북, 트위터, 카카오톡처럼 무료로 이용할 수 있는 서비스라면 당신이 로그인한 뒤 활동하는 내역이 빠짐없이 기록된다. 그래야 축적된 데이터를 바탕으로 해당 사용자가 좋아할 만한 상품이나 콘텐츠를 알고리즘으로 자동 추천하여 매출을 늘릴 수 있기 때문이다.

반면에 웹 3.0 세상의 기본 사상은 '나의 신원정보를 특정 기업에게 넘기지 않는다'이다. 신원정보를 제공하지 않고 인터넷상에서 나의 신원을 어떻게 증명할 수 있을까? 내가 현생에서 홍길동이라는 사실은 밝히지 않는다고 해도 인터넷상에서 남과 내가 구별될 수 있어야 서비스에 혼선이 없을 테니 말이다.

현재 암호화폐 업계에서 가장 일반적으로 사용되는 로그인 방식은 바로 메타마스크 지갑을 연결하는 것이다. 메타마스크 지갑은 한 번 개설하면 오직 사용자 본인만 아는 프라이빗 키와 시드 구문이 발급되기 때문에 이 지갑 주소 자체가 인터넷 세상에서 나만의 고유한 신원이 될 수 있다. 대표적인 웹 3.0 서비스로 일컬어지는 디파이와 NFT 마켓플레이스에서는 대부분 메타마스크 지갑만 연결하면 서비스를 이용할 수 있다.

문제는 메타마스크 자체가 얼마나 신뢰할 수 있는 탈중앙 블록체인 지갑이냐는 것이다. 2022년 3월, 트위터에 갑자기 자신의 메타마스크 지갑에 접속이 안 된다는 제보가 폭증한 적이 있었다. 뒤이어 메타마스크 운영사인 콘센시스(Consensys)는 자사 블로그에 "메타마스크가 법적인 이유 때문에 특정 지역에서의 접속을 차단하였다."는 공지를 올렸다.

콘센시스는 정확히 어떤 지역이 차단되었는지 밝히지 않았지만, 당시 트위터에 올라온 제보들로 미루어 보면 베네수엘라 거주자들의 메타마스크 접속이 차단되었던 것으로 추정된다. 콘센시스는 얼마 후 트위터를 통해 "미국을 비롯한 몇몇 국가에서 내려온 금융제재안을 적용하기 위해 몇 가지 기능을 손보던 중 실수로 필요 이상으로 넓은 범위에 접속 차단이 적용된 것을 알게 되었다. 우리가 간과한 부분이고 알게 되어서 다행이다. 잘못된 부분을 파악한 후 바로 조치하여 서비스는 다시 복구되었다."고 밝혔다.

탈중앙 블록체인 지갑이 미국 정부가 내린 조치 때문에, 또는 특정 기업에서 마음대로 차단할 수 있다면 과연 탈중앙화되었다고 할 수 있을까? 메타마스크가 이런 지경이라면 다른 지갑 앱도 모두 마찬가지일 것이다. 그렇다면 사실상 구글 계정을 통해 로그인하는 것과 다를 바가 없다.

라이트닝 로그인(Lightning Login)은 바로 이런 문제점을 보완하여 좀 더 완벽한 익명 신원으로 웹 3.0 기반 웹사이트에 로그인할

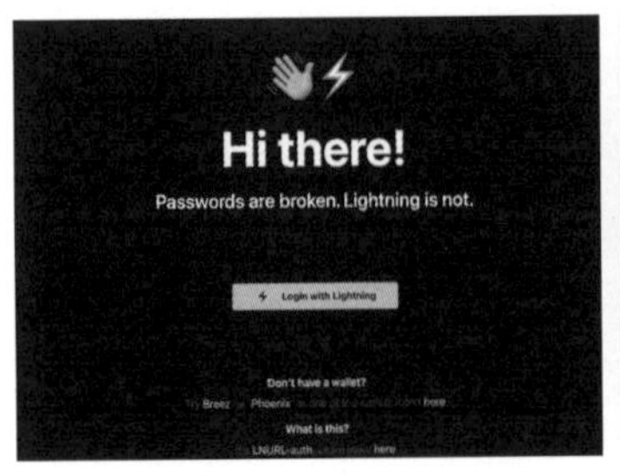

라이트닝 로그인 앱의 로그인 페이지이다.

수 있게 해준다. 앞에서 다뤘듯, 라이트닝 네트워크는 완전히 탈중앙화된 오픈 네트워크로써 지배력을 행사하는 기업이나 운영 팀이 없다. 그래서 라이트닝 네트워크 기반의 비트코인 지갑은 사용자에게 메타마스크보다 더 완벽한 수준의 자기 주권을 제공한다.

이 라이트닝 네트워크 기반의 비트코인 지갑들도 메타마스크와 마찬가지로 저마다 고유한 퍼블릭 키와 프라이빗 키를 한 쌍으로 가진다. 라이트닝 로그인은 LNURL 인증(LNURL-auth)이라는 고유의 인증 프로토콜을 통해 사용자가 보유한 지갑을 이용해 여러 웹사이트에 로그인할 수 있는 기능을 제공한다.

지금 스마트폰에 주로 사용하는 비트코인 지갑이 설치되어 있다고 가정해 보자. 이 지갑이 라이트닝 네트워크 기반 주소 발급을 지원한다면 LNURL 인증도 자동으로 사용할 수 있다. 이제 '라이트닝으로 로그인' 옵션을 제공하는 웹사이트에 접속하여, 스마트폰에 설치된 비트코인 지갑의 카메라 기능을 이용하여 QR 코

'라이트닝으로 로그인' 옵션을 제공하는 웹사이트에 로그인하면 해당 도메인에서 계속 사용할 수 있는 고유의 퍼블릭 키가 발급된다.

드를 스캔하면 해당 웹사이트에 익명으로 로그인이 된다. 익명이지만 내가 가진 비트코인 지갑의 고유한 퍼블릭 키(주소)로 로그인했기 때문에 웹사이트상에서 확실한 신원도 가질 수 있다.

해당 신원은 동일한 웹사이트를 이용하는 동안 계속 유지되며 얼마든지 반복해서 로그인할 수 있다. 다만 다른 웹사이트에서 해당 신원을 중복해서 사용할 수는 없다. 도메인마다 고유의 퍼블릭 키가 발급되는 구조이기 때문에 다른 웹사이트에 로그인하면 그곳에서만 쓰는 다른 신원이 발급된다. 즉 하나의 계정으로 모든 웹사이트에 중복으로 로그인하는 것이 아니라, 웹사이트마다 고유의 계정이 생성되어 각각 사용하는 것이다.

라이트닝 기프트

라이트닝 기프트(Lightning Gifts)는 온라인 비트코인 기프티콘을 생성할 수 있는 웹사이트이다. 기능은 매우 간단하다. 기프티

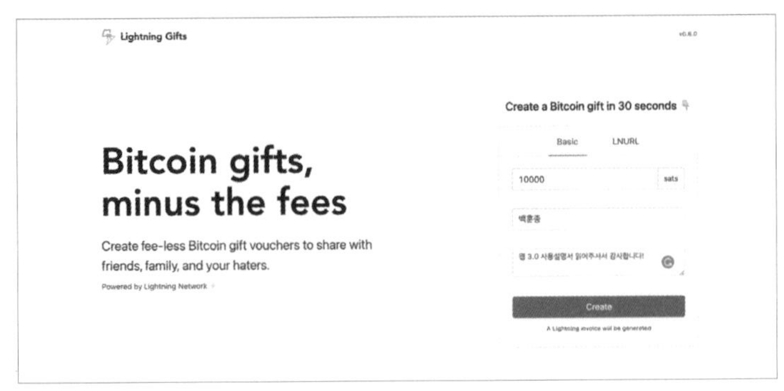

라이트닝 기프트는 자신들의 웹사이트에서 30초 안에 비트코인 온라인 기프티콘을 생성할 수 있다고 소개한다. (출처: lightning.gifts)

콘에 충전할 금액(사토시 단위)과 보내는 사람 이름, 메시지를 적은 후 인보이스에 기프티콘을 생성한다. 인보이스에 생성된 비트코인 지갑 주소로 사전에 적은 충전 금액을 전송하면 고유 URL이 생성된다. 선물을 주고 싶은 사람에게 이 URL을 전달하면 된다.

URL을 받은 사람은 비트코인을 수취할 지갑 주소만 간단하게 적어 넣으면 기프티콘에 들어 있는 비트코인을 수령할 수 있다. 선물을 보낸 사람이 기프티콘을 만들 때 기입한 보낸 사람 이름과 메시지도 확인할 수 있다.

라이트닝 기프트의 장점은 라이트닝 네트워크를 이용하기 때문에 수수료가 거의 제로에 가깝다는 것이다. 상대방에게 비트코인을 보내고 싶을 때 지갑 주소를 물어보고, 보낼 때 맞는지 다시 한번 확인하는 등 번거로운 절차를 거칠 필요 없이 간단하게 기프티콘을 만들어서 전달하면 되니 훨씬 매끄럽게 거래할 수 있다.

요즘 '주식 선물하기' 기능을 제공하는 증권사 MTS[41]가 많은데, 이 기능의 문제는 같은 증권사를 쓰는 사용자에게만 선물할 수 있다는 점이다. 투자가 필수인 시대에 주변 지인들에게 좋은 주식을 선물하는 것은 참 좋은 문화다. 그러나 주식이 플랫폼 사이의 장벽을 뛰어넘지 못하는 것은 단점이다. 반면 라이트닝 기프트에서는 전 세계 누구에게든 기프티콘을 보낼 수 있다. 심지어 비트코인 지갑이 아직 없는 사람이나 비트코인에 대해 아예 모르는 초보자라도 먼저 기프티콘 URL을 전달해 놓고 나중에 지갑을 만든 후 비트코인을 수령하게 할 수도 있다.

제베디

제베디(Zebedee)는 비트코인을 도입한 게임을 직접 개발하여 내놓기도 하고, 비트코인의 라이트닝 네트워크를 이용한 게임 플랫폼 민트 곡스(Mint Gox)를 출시하는 등 게임과 비트코인을 결합하는 새로운 플랫폼으로 주목받은 서비스이다. 제베디 앱의 기본적인 기능은 평범한 비트코인 지갑과 유사하다. 다른 지갑과의 가장 큰 차이점은 게임 개발사들과 협업하여 게임 내 재화로 비트코인을 사용할 수 있게 환경을 만들어 주고, 제베디 지갑을 연동

41 Mobile Trading System. 투자자가 증권회사에 방문하지 않고도 모바일로 간편하게 주식매매 주문을 내는 시스템.

하여 비트코인 입출금까지 지원한다는 것이다.

제베디가 비트코인 기반 P2E(Play-to-Earn) 기능을 제공하는 게임이 점점 늘어나고 있다. 가장 대표적인 것이 온라인 1인칭 슈팅게임의 원조 격인 카운터스트라이크(Counter-Strike)이다. 제베디는 원래 카운터스트라이크에서 게이머가 헤드샷을 맞추거나 킬(Kill) 수를 많이 쌓으면 올라가는 게임 내 점수를 그냥 숫자가 아니라 실제 비트코인으로 받을 수 있게 만들었다. 2021년 2월에 진행된 사전 예약에서 10여 개 서버가 모두 가득 찰 정도로 큰 인기를 끌었다. 지금은 게임의 종류가 늘어나 1인칭 슈팅게임뿐만 아니라 자동차 레이스, 지뢰찾기 등 총 7종의 게임이 지원된다. 플레이어에게 제공되는 비트코인은 광고와 스폰서를 통해 제공된다.

이뿐 아니라 게임 영상을 중계하는 스트리머를 위한 '비트코인으로 팁 받기' 기능도 제베디 앱에서 직접 제공한다. 스트리머가 카운터스트라이크 토너먼트를 중계하는 영상에 '제베디 스트리머'에서 제공하는 URL을 심으면, 중계 화면에 시청자가 실시간으로 비트코인을 후원할 수 있는 QR 코드가 생성된다. 비트코인 후원금은 라이트닝 네트워크로 전송되어 수수료가 제로에 가깝고 곧바로 스트리머의 지갑으로 전송된다.

PART 4

자산으로써의 비트코인

■

돈은 인류를 물물교환 시대에서 벗어나게 만들어 준 도구이다. 지난 모든 역사를 통틀어 인간은 언제나 화폐로써 최고의 가치를 지니는 물건을 찾으려고 노력해 왔다. 화폐는 다른 물건과의 교환 가능성에 따라 가치가 매겨지기 때문에 실생활에서 사용할 수 있는 물건인지 여부가 중요한 것은 아니다.

그래서 그동안 정말 수많은 물건이 돈으로 사용돼 왔다. 조개껍데기, 구슬, 돌멩이, 동물의 털, '왐펌(Wampum)'이라고 불리는 북미 원주민들이 몸에 차는 장신구 등이다.

그렇다면 질문이 하나 생긴다. 화폐로 받아들여지는 물건과 아닌 물건의 차이는 무엇일까? 왜 어떤 것은 돈으로 사용되고 어떤 것은 사용되지 않을까? 경제학자들과 역사학자들은 '좋은 화폐의 속성'을 얼마나 지니고 있느냐가 이 차이를 만든다고 설명한다. 화폐의 속성을 많이 보유한 물건일수록 사람들이 널리 사용하는 화폐로 받아들여질 가능성이 크다는 것이다.

비트코인은 좋은 화폐가 될 수 있는 요소가 많다. 금이 지닌 희소성과 내구성을 두루 갖추었으면서도 지폐처럼 쉽게 사용할 수 있고, 저장할 수 있고, 다른 곳으로 운반하기도 쉽다. 또한 다른 화폐와 마찬가지로 비트코인은 기업이 아니기 때문에 배당이 나오거나 현금 흐름이 창출되지 않는다. 그러면 비트코인은 전통적으로 좋은 화폐로 받아들여지던 다른 재화에 비해 얼마나 더 좋은 요건을 갖추고 있을까?

변치 않는 희소성

비트코인의 가장 큰 특징 중 하나는 희소성이다. 비트코인의 연간 인플레이션율(새로 채굴되어 세상에 나오는 비트코인으로 인해 전체 비트코인 수량이 늘어나는 비율)은 1.8퍼센트며, 금과 거의 비슷한 수준이다. 그런데 비트코인은 여기에 전체 발행량이 유한하다는 추가적인 특성까지 지녔다. 물론 금도 지구라는 공간이 유한하기 때문에 무한대로 채굴되지는 않겠지만 아직까지는 계속 채굴되고 있으므로 언제 추가 발행이 완전히 멈출지는 아무도 모른다. 또한 지구 밖에서 발견될 가능성도 남아 있다.

반면에 비트코인은 오직 2100만 개만 존재할 수 있다. 과연 정말 2100만 개만 발행되고 더는 발행되지 않을지 의심이 들기도 할 테지만, 이 정책에 대한 비트코인의 코드는 2009년에 세상에 공개된 후 한 번도 바뀐 적이 없다. 그리고 앞으로도 갑자기 바뀔 가능성은 거의 제로에 가깝다. 비트코인의 코드는 다른 어떤 암호화폐보다도 가장 신뢰할 만하다.

그렇다면 비트코인의 발행량은 어떻게 2100만 개로 제한되는 것일까? 바로 비트코인만의 중요한 특성 두 가지에서 비롯된다. 이는 비단 공급량 제한뿐만 아니라 비트코인이 다른 모든 암호화폐와 차별화되는 이유를 이해하는 데도 중요하다.

첫째, 비트코인의 탈중앙성이다. 어떠한 개인도, 기업도, 정부기관도 비트코인 네트워크에 대한 통제 권한을 갖고 있지 않다.

오직 오픈소스 코드로만 구동되는 완전히 탈중앙화된 네트워크에서 참여자들은 반드시 코드의 룰을 따라야 한다. 코드가 일종의 헌법과 같은 기능을 하는 것이다. 2100만 개라는 공급량 제한은 최초의 비트코인 소스코드에 적혀 있었고 지금까지도 변함없이 네트워크를 지배하는 주요 규칙이다.

그렇다면 이 코드를 변경하는 것은 영원히 불가능할까? 그렇지는 않다. 필요에 따라 언제든 코드를 수정할 수 있다. 다만 비트코인 네트워크에서 코드를 변경하는 유일한 방법은 '노드'라고 불리는 네트워크 참여자들 간의 합의뿐이다.

그러나 이런 합의는 사실상 불가능하다고 보면 된다. 왜냐하면 일단 비트코인 네트워크에 참여하고 있는 노드의 수가 너무 많고 지리적으로도 광범위하게 분포되어 있기 때문에 노드들 간에 완전한 합의를 이루는 것이 너무 어렵다. 특정 노드들끼리 모여 이익집단을 구성하여 네트워크 영향력을 키우거나 더 많은 투표권을 가져가는 것이 원천적으로 방지되는 것이다.

그리고 현재 네트워크 참여자 입장에서도 비트코인 최대 공급량이 현재 수준으로 유지되는 것이 유리하다. 비트코인 최대 공급량이 늘어난다는 것은 시중에 유통되는 비트코인의 총 개수가 증가하는 것을 의미하고, 이는 곧 현재 비트코인 홀더가 보유한 비트코인 가치가 희석되는 것이나 마찬가지이기 때문이다. 채굴자의 경우에도 미래에 벌어들일 비트코인 수익의 가치가 깎이는 것이므로 역시 동의할 리 없다. 네트워크 참여자 모두가 합심하여 공급량 제한을 바꾸지 않는 방향으로 의사결정을 내리게 되는 '게임 이론'이 작동할 것이다.

둘째, 검열 저항성이다. 어떤 개인도, 기업도, 정부기관도 비트코인 네트워크를 점유하거나 통제하지 못하기 때문에 특정 세력의 입맛에 따라 네트워크 운영 방침이 바뀌는 일이 없다.

또 비트코인 노드를 운영하는 참여자가 특정 국가나 지역에 국한되지 않고 전 세계적으로 분산되어 있어, 특정 국가의 정부가 마음먹고 네트워크를 지배하려고 해도 사실상 불가능에 가깝다.

비트코인이 앞으로 더 많은 사람에게 화폐 또는 통화로 받아들여질 수 있는 이유에 대한 단계별 논리는 다음과 같다.

1. 화폐는 설령 실생활에 쓸모가 없거나 소비 가치가 없는 물건이어도 그것이 자연적으로 지닌 독자적인 특성 때문에 가치가 생성된다. 비트코인 네트워크는 중간자 없는 돈의 송금과 결제라는 기능만으로도 상당히 쓸모 있지만, 꼭 그 기능이 없다고 해도 사람들은 비트코인 자체에 높은 가치를 부여한다.
2. 투자자들이 비트코인에 높은 가치를 부여하는 주된 이유 중 하나는 바로 희소성이다. 비트코인은 미리 계획된 공급 스케줄과 제한된 공급량 덕분에 가치 저장 수단으로 기능할 수 있다.
3. 비트코인의 희소성은 탈중앙성과 검열 저항성이라는 특성에 따라 뒷받침된다.
4. 이 특성들은 비트코인에 하드코딩되어 있으며 비트코인 네트워크 참여자와 비트코인 보유자가 자신들의 자산 가치를 깎아먹으면서까지 손을 댈 이유가 없기 때문에 결코 변하지 않을 것이다. 오히려 비트코인 네트워크 참여자라면 희소성과 불변성이라는 특성을 최대한 지키려고 할 확률이 높다.

Chapter 1

비트코인 채굴은 무엇? 누가? 어떻게?

> 남은 모든 비트코인은 미국에서
> 채굴되어야 한다.
>
> _도널드 트럼프

비트코인 '채굴'은 컴퓨터로 복잡한 수학 연산을 풀어 사용자 간 거래내역을 정리하고 그 대가로 신규 생성된 비트코인을 받아 가는 것을 의미한다. 비트코인 네트워크는 새로운 블록이 일정한 속도(10분에 1개)로 생성되도록 프로그래밍되어 있다. 이 블록 생성 과정에 참여한 수많은 작업자가 경쟁을 벌여 가장 먼저 '해시캐시'라는 문제를 푼 작업자에게 상금으로 비트코인이 지급된다. 해시캐시는 특정한 조건을 갖춘 해시를 찾아내는 일련의 과정을 말하며, 이 과정에 참가하여 경쟁하고 비트코인을 대가로 받는 사람을 채굴자 또는 마이너(Miner)라고 한다. 비트코인은 이들의 참여로 기본적인 네트워크를 유지할 수 있다.

비트코인 채굴 A to Z

채굴에 동원하는 컴퓨터의 성능이 좋을수록 해시를 찾아낼 확률이 올라간다. 물론 확률이 높아진다고 해서 동일한 채굴자가 항상 보상을 받을 수는 없다. 그래서 채굴자들 사이에서는 10분마다 주어지는 보상을 가져가려는 경쟁이 치열하다.

비트코인 네트워크는 경쟁이 심화해 채굴 속도가 빨라질 것 같으면 채굴자가 풀어야 하는 암호 문제의 난이도를 자동으로 높여 채굴 속도를 늦춘다. 반대로 경쟁이 완화되면 채굴 난이도를 조절해 채굴 속도를 높인다. 이를 '난이도 조절 메커니즘'이라고 하며, 다른 블록체인에는 없는 비트코인만의 특징이다.

그렇다면 왜 속도 조절이 필요할까? 블록 생성 속도가 너무 빠르면 트랜잭션을 처리하기 위해 고사양 컴퓨터가 필요하여 블록을 만들고 검증하는 노드의 역할을 우리 같은 일반인들이 수행할 수 없다. 기업이 대규모 비용을 들여 고사양 컴퓨터 인프라를 구축하고 노드 역할을 해줘야 할 것이고, 그렇게 되면 블록체인의 탈중앙성은 저해된다. 반대로 블록 생성 속도가 너무 느리면 트랜잭션 하나를 처리하는 데 너무 오랜 시간이 걸리므로 사용성이 저해된다. 한 개의 블록을 생성하는 데 평균 10분이라는 '적당한 시간'이 걸리게 함으로써 고도의 탈중앙성과 적정한 사용성(트랜잭션 속도)을 추구한 것이다.

이러한 규칙은 비트코인 가격이 급격하게 오를 때 채굴에 과도한 경쟁이 몰려 가장 좋은 성능의 컴퓨터를 동원한 채굴자가 모든 보상을 가져가는 부익부 빈익빈 현상 또한 막아준다. 반대로 비트코인 가격이 내려서 채굴 보상 수익이 낮아질 때는 신규 채굴자가 진입할 요인을 제공한다.

비트코인은 15년 역사를 거치며 가격과 시가총액이 계속해서 상승했기 때문에 현재 채굴 그 자체가 하나의 커다란 산업으로 발돋움한 상태이다. 주로 미국과 캐나다 등 북미 지역에 포진한 대형 채굴 기업들은 견조한 실적과 높은 성장성을 바탕으로 다수가 나스닥에까지 상장되어 있다.

채굴 기업들의 성장을 견인한 주인공은 다름 아닌 기관 투자가들이다. 지난 몇 년간 비트코인이 매력적인 투자자산으로 부각되면서 개인 투자자의 관심이 높아졌다. 그러자 이들을 고객으로 유치해야 하는 기관들 역시 다양한 방법으로 비트코인 관련 상품을 제공해 왔다.

기관에서는 까다로운 컴플라이언스(Compliance), 즉 기업의 사회적 책무 조건 때문에 아무 자산에나 투자하기가 어렵다. 그래서 아직 법적 지위가 애매모호한 비트코인을 직접 보유하는 방식보다는 관련 사업을 하는 기업의 주식을 매수하는 등 간접투자 방식을 선호해 왔다.

최근 들어 비트코인에 대한 기관 투자가들의 관심이 더욱 늘어났다. 대표적인 비트코인 간접투자 수단으로 사랑받아 온 그레이스케일 비트코인 투자신탁(GBTC)의 인기만 봐도 알 수 있다. 미국의 최대 투자은행 중 한 곳인 모건스탠리는 2021년 7월 31일 자사 펀드인 유럽 오퍼튜니티 펀드(Morgan Stanley Europe Opportunity Fund)를 통해 GBTC 5만 8116주를 추가 매입하며 보유량을 두 배가까이 늘렸다고 밝혔다.

또 캐서린 우드가 이끄는 아크 인베스트먼트 역시 2021년 7월에 GBTC 45만 주를 매입한 것으로 알려졌다. GBTC로 몰려드는 글로벌 기관자금은 비트코인 채굴 기업들의 주가 상승과 더불어 글로벌 자산시장에서 비트코인의 높은 인기를 증명한다.

채굴 허브로 부상하는 미국

2022년경부터 비트코인 채굴 기업들에 대규모 기관자금이 몰린 배경에는 중국의 암호화폐 채굴 전면금지 조치가 있다. 중국은 한때 전 세계 비트코인 해시레이트의 75퍼센트를 차지할 정도로 채굴산업을 독과점했다. 그렇지만 중국 정부의 전방위적인 암호화폐 채굴장 폐쇄 조치 이후 영향력이 급격히 줄어들어 2021년 말경에는 0퍼센트 수준으로 비중이 낮아졌다.

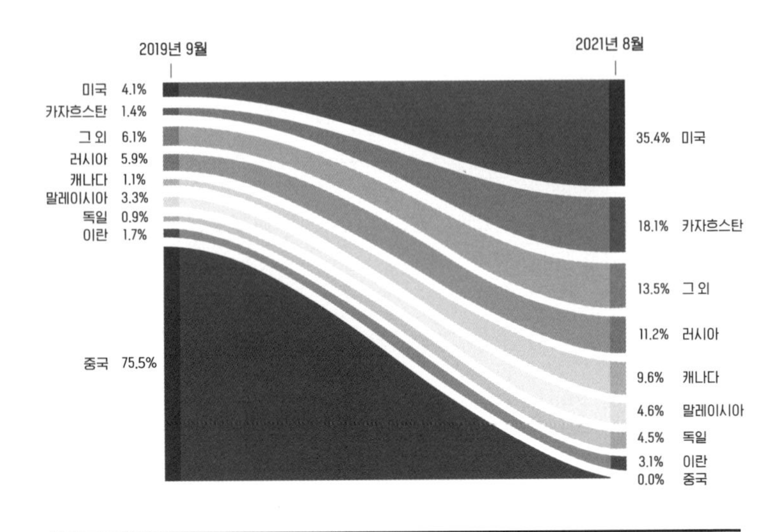

중국의 비트코인 채굴 전면 금지 이후 국가별 해시레이트 점유율이 뒤바뀌었다. 미국이 기존 4퍼센트에서 35.4퍼센트로 급성장하며 세계 1위에 등극한 반면 중국은 75.5퍼센트에서 0퍼센트로 하락했다. (출처: https://www.visualcapitalist.com/sp/after-chinas-crypto-ban-who-leads-in-bitcoin-mining)

반면에 2019년만 해도 전 세계에서 4퍼센트 남짓한 해시레이트 비중을 차지하던 미국은 2024년 현재 38퍼센트를 차지했다. 중국은 다시 점유율이 올라 현재 21퍼센트를 차지하고 있다.

비트코인 간접투자를 원하는 글로벌 기관 투자가들은 이런 현상을 두 팔 벌려 환영할 만하다. 2022년 이전 중국의 비트코인 채굴장은 불투명한 회계처리와 화력발전으로 생산된 전기를 사용하여 환경오염을 일으키는 등의 이유로 투자를 하고 싶어도 하기 어려운 대상이었다.

반면에 북미 지역 채굴 기업들은 나스닥에 상장되어 있어 정보도 비교적 투명하게 공개하고 대부분 친환경 전기를 사용해 채굴하므로 투자 대상으로 삼기에 좋다. 투자하는 기업들의 ESG 준수 여부까지 꼼꼼히 따져야 하는 기관들로서는 비트코인 채굴 산업의 주 무대가 중국에서 미국으로 옮겨오는 현상이 반가울 수밖에 없다.

비트코인 채굴 기업의 경쟁력은 남들보다 앞서 얼마나 많은 비트코인을 채굴할 수 있느냐에 달렸다. 과거에는 경쟁자보다 더 많은 비트코인을 채굴하는 능력이 채산성에 달려 있었다. 즉 남보다 값싼 전기를 사용해 고정비를 낮춰서 마진율을 높이고, 이렇게 더 많은 수익을 남긴 기업일수록 기계 등 시설 확충에 공격적으로 재투자해 생산성을 높임으로써 경쟁에서 이기는 방식이었다.

경쟁이 심화하자 채산성 정도는 기본적으로 갖춰야 할 요건이 되었다. 요즘은 얼마나 값싼 전기를 공급받는지보다는 얼마나 많은 자본을 끌어올 수 있는지가 채굴 기업의 경쟁력을 판가름한다. 대규모 자금을 운용하는 벤처캐피탈과 헤지펀드들은 비트코인 채굴 기업에 투자할 때 다음 기준에 따라 투자 대상을 선택한다. 첫째, 채굴에 사용되는 전기의 클린에너지 비율이 얼마인가? 둘째, 경영진이 당초 발표한 계획대로 사업이 진행되는가? 셋째, 채굴 시설이 있는 지역의 정부가 친화적인가?

미국과 캐나다 기반 비트코인 채굴 기업들은 이 세 요건을 모두 충족했기 때문에 기관 투자가들로부터 대규모 자금을 유치할 수 있었다. 마라톤디지털홀딩스(MARA: Marathon Digital Holdings)는 채굴에 사용되는 전기의 100퍼센트를 탄소중립 방식으로 조달하는 것을 목표로 수력, 풍력, 원자력 발전소와 전기공급 계약을 체결하고, 셰일오일 시추 과정에서 누출되는 메탄가스를 가둬 전기를 생산하는 기술을 개발하는 등 비트코인 채굴의 그린에너지 전환에 앞장섰다. 또 MARA가 있는 몬태나주는 미국 로키산맥 부근의 주 가운데 와이오밍주와 콜로라도주에 이어 세 번째로 블록체인산업진흥법을 도입했다.

밸류에이션[42] 방법

이렇게 좋은 투자처로 떠오르는 채굴 기업들의 가치는 어떻게 평가해야 할까? 나스닥에 상장된 기업들은 재무제표가 공개되어 있으니 간단하게 계산해 볼 수 있다. 기본적으로는 미래에 벌어들일 비트코인 개수를 예측한 후, 이를 기반으로 자산가치에 멀티플(Multiple) 즉 성장 가능성을 몇 배로 적용할지만 결정하면 된다. MARA와 헛8(HUT 8), 암호화폐 채굴회사의 재무제표를 예로 들어보자.

현재 두 회사의 시가총액은 MARA가 약 56.6억 달러, HUT8

42 Valuation. 애널리스트가 기업의 현재 가치를 판단하여 적정한 주가를 산정하는 일.

이 15.6억 달러이다. 둘을 합치면 72.2억 달러, 약 9.9조 원 정도이다. 2024년 3월 기준, 양사가 한 달간 채굴한 비트코인 개수는 MARA가 850BTC, HUT8이 238BTC로 둘이 합쳐 총 1088BTC이다. 이 수치를 기반으로 연간 비트코인 채굴량을 예측해 보면 1만 3056BTC이고, 이는 2024년 6월 18일 현재 비트코인 가격인 6만 6000달러 기준으로 약 8.6억 달러(약 1조 1870억 원)에 달한다. 자산가치가 1조 1870억 원인 두 기업의 시가총액이 9.9조 원이므로 현재 두 기업의 멀티플은 8.3배이다.

만약 다음 반감기인 2028년까지 두 회사가 지금처럼 비트코인을 연간 1만 3000개씩 채굴한다면 두 회사는 비트코인을 약 5만 2000개 보유하게 된다. 현재 비트코인 가격이 그때까지 유지되기만 해도 자산가치는 약 4.6조 원이며, 비트코인 가격이 두 배 오른다고 가정하면 9.2조 원이 된다. 여기에 멀티플 열 배를 적용하면 두 회사의 가치는 92조 원이 되어 현재 시가총액의 거의 열 배가 될 수도 있다.

물론 이 계산은 어디까지나 두 회사의 핵심 자산인 비트코인의 가치가 적어도 지금 수준으로 유지되거나 높아지는 것을 가정한 예상이므로 맹신은 금물이다. 나심 탈레브처럼, 비트코인 가격이 '0'에 수렴할 가능성을 더 높게 점치는 사람이라면 비트코인 채굴 기업에 대한 투자도 피해야 한다. 이 회사들의 가치는 비트코인의 가치와 운명 공동체임을 잊지 말자.

채굴에 대한 오해와 편견

지난 수백 년 역사가 증명했듯, 자유경쟁은 인류가 번영하는 가장 빠른 지름길이다. 세계 최초로 비트코인을 공식 결제수단으로 도입한 엘살바도르는 얼마 전부터 화산지열을 이용한 친환경 발전으로 비트코인 채굴을 시작했다. 미국, 중국에 이어 다음으로 높은 해시레이트를 보유한 카자흐스탄은 비트코인 채굴을 공식 산업으로 인정하고 자국 내에 기업들을 유치하는 데 총력을 기울이고 있다. 이렇게 전 세계의 정부, 기관, 기업이 너도나도 들어와 경쟁을 펼치면 산업 전체의 발전 속도도 기하급수적으로 빨라지게 된다.

사실 그동안 비트코인 채굴 기업들은 대중의 지탄을 받아왔다. 실체도 없는 비트코인을 캐내려고 너무 많은 전기를 쓰고 이산화탄소를 배출하여 지구 환경을 오염시킨다는 것이 이유였다.

과거 중국이 대부분의 비트코인 해시레이트를 점거했을 때만 해도 이는 어느 정도 맞는 주장이었다. 그러나 중국에서 북미 지역으로 비트코인 채굴 산업의 거점이 이동한 뒤 클린에너지를 사용하여 고부가가치를 창출하는 유망 산업으로 탈바꿈했다. 만약 그동안 비트코인이 무엇인지 이해하기 어려웠다면 비트코인 채굴 기업들을 공부해 보자. 남보다 훨씬 쉽고 간단하게 비트코인 세계에 입문하게 될 수도 있다.

비트코인 채굴 산업이 커지면서 기업 단위로 대규모 투자가 집행되고, 데이터센터와 맞먹는 규모로 채굴 시설들이 지어지기 시작했다. 개인이 집에서 혼자 채굴기 몇 대를 가동해서 채굴 보상을 가져갈 확률이 매우 낮아진 것이다. 그러자 비트코인을 채굴하고 싶은 일반 개인을 위해 채굴을 대신 해주는 호스팅 서비스가 등장했다. 현재 미국에서 가장 유명한 호스팅 서비스 업체는 컴퍼스 마이닝(Compass Mining)이다.

2021년 8월 17일, 블록의 CEO인 잭 도시도 트위터를 통해 자신도 컴퍼스 마이닝을 통해 채굴을 해보려 한다고 밝혀 세간의 관심을 모았다.

컴퍼스 마이닝은 비트코인 전문 채굴기(ASIC) 호스팅 업체이다. 사용자가 구매한 채굴기를 대신 운영해 주고 그 수수료로 영업이익을 남기는 사업모델이다. 2021년 중국에서 비트코인 채굴을 완전히 금지하자 해시레이트가 급감하고 채굴에 투입되는 비용이 하락했다. 이때 비트코인 채굴에 도전하는 개인 투자자가 늘면서 컴퍼스 마이닝까지 덩달아 유명해졌다.

홈페이지에 들어가 보면 이 회사가 미국과 캐나다 등 여러 지역에서 호스팅 시설을 운영한다는 것을 바로 알 수 있다.

비트코인 채굴에서 경쟁자보다 높은 수익을 내려면 저렴한 전기료와 안정적인 운영 노하우가 필수적이다. 비트코인 채굴 전문 시설은 모두 전기료가 저렴한 지역(수력 발전소 근처 등)에 있어 가

정집에서 직접 채굴기를 돌리는 것과는 비용 면에서 비교되지 않는 강점을 지닌다. 또 열이 많이 발생하는 채굴기를 시원하게 유지할 수 있는 온도, 습도 등도 중요한 요소이다 보니 여건에 따라 직접 운영하기보다는 이러한 호스팅 업체가 매력적일 수 있다.

컴퍼스 마이닝을 통해 비트코인 채굴을 시작하는 방법은 간단하다. 먼저 컴퍼스 마이닝 홈페이지에서 회원으로 가입한 뒤 마음에 드는 채굴기를 구매한다. 가격대와 브랜드별로 다양한 옵션이 있으며, 컴퍼스 마이닝에서 자체적으로 채굴기별 가격대비 성능을 컴퍼스 스코어(Compass Score)라는 점수로 알려주므로 참고하면 된다.

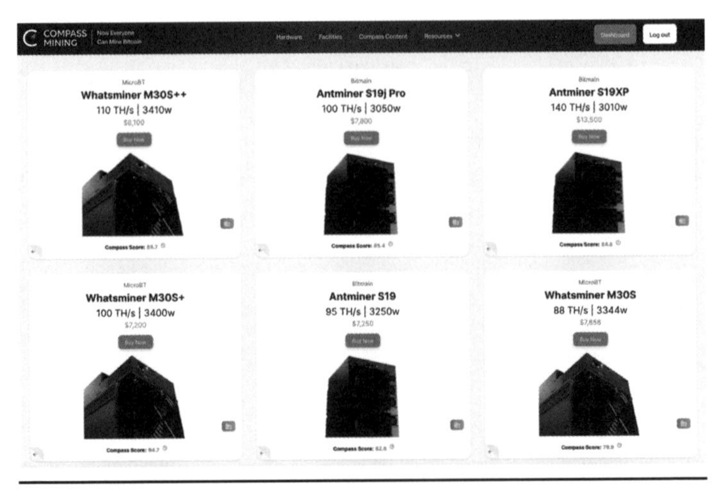

컴퍼스 마이닝은 가격대와 브랜드별로 다양한 채굴기 구매 옵션을 제공한다.
(출처: compassmining.io)

채굴기를 구매한 후에는 해당 채굴기를 설치할 호스팅 시설을 선택한다. 지금 주문하면 언제 설치까지 완료되어 채굴을 시작하는지 대략적인 날짜까지 알 수 있다. 2024년 6월 현재 전 세계적인 반도체 대란에 채굴기 구매 수요까지 몰려 대부분 모델이 지금 주문해도 4~5개월 후에야 호스팅 시설에 도착하는 상황이다.

비트코인을 채굴하면서 수익성을 고려하지 않을 수는 없다. 현재 수익성은 다소 하락한 상태인데, 최신 채굴기인 비트메인의 엔트마이너 S21 제품 기준으로 하루에 약 11달러 수익이 발생한다. 2021년 11월에 하루 수익이 30달러를 상회한 것에 비하면 절반 이상 감소했다.

수익성 하락 배경에는 2024년 4월 반감기로 인해 채굴보상이 6.25BTC에서 3.125BTC로 줄어들었고, 그러면서도 비트코인 채굴 경쟁은 심해져(해시레이트 상승) 채굴 보상을 얻을 확률이 줄어들었기 때문이다.

2024년 6월 18일 기준으로 컴퍼스 마이닝에서 엔트마이너 S21 채굴기를 하나 구매하여 미국 텍사스에 있는 호스팅 시설에 설치한다면, 예상되는 월간 수익은 약 330달러이고 전기료와 수수료를 포함한 월간 총비용은 약 211달러이다.

이 경우 순수익은 월 119달러이므로 채굴기 구매비용 6100달러를 보전하고 수익 구간으로 전환되기까지는 약 51개월이 소요된다.

비트코인 가격이 지금보다 더 상승한다면 수익 구간으로 접어드는 기간 또한 더욱 짧아질 것이다. 물론 반대 경우에는 손해를 볼 수도 있으니 유의해야 한다. 그리고 컴퍼스 마이닝이라는 회사를 얼마나 신뢰할 수 있는지도 잘 따져봐야 한다. 채굴기 구매를 위한 비용은 내가 내지만, 실제 보관과 운영은 컴퍼스 마이닝에서 하는 것이다. 그러므로 만약 이 회사가 나쁜 마음을 먹거나 부도가 나기라도 하면 큰돈을 들여 구매한 채굴기를 영영 구경조차 못할 수도 있다.

그런 위험부담에도 불구하고 향후 비트코인이 네트워크 효과와 승자독식 메커니즘 영향으로 웹 3.0 세상을 지배하는 인터넷 프로토콜로 자리매김할 것이라고 믿는다면, 비교적 손쉽게 비트코인 채굴을 시작하여 고정 수입을 얻을 수 있는 컴퍼스 마이닝 채굴 호스팅에 도전해 보는 것도 좋겠다.

Chapter 2

최후에 살아남는 암호화폐는 비트코인?

비트코인은 신뢰를 코드로 대체한다.

_나발 라비칸트

아마 암호화폐 투자자들은 대부분 비트코인이 좋은 화폐가 될 우수한 요건을 많이 갖췄다는 점에는 동의할 것이다.

그러나 1만 6000종이 넘는 암호화폐 중 결국 단 하나만 살아남게 될 거라는 말에는 얼마나 동의할까?

물론 이 부분에 많은 이견이 존재할 것이다. 사실 나 역시 앞으로 수많은 암호화폐 중 오직 비트코인만 살아남을 것이라는 주장에 큰 자신은 없다. 세상은 언제나 내가 전혀 예상치 못한 일들을 던지며 당혹감을 주니 말이다. 그러나 비트코인이 암호화폐 산업에서 갈수록 지배적인 위치에 오르리라는 것은 매우 확신한다. 바로 네트워크 효과의 강력함 때문이다.

네트워크 효과는 특정 서비스의 사용자가 많아질수록 해당 서비스가 지니는 네트워크의 가치가 기하급수적으로 높아져 더 많은 사람이 서비스를 이용하게 되는 현상을 말한다.

돈의 네트워크도 크게 다르지 않다. 당연한 얘기겠지만 사람들은 무슨 SNS를 쓸지에 대한 고민보다는 어떤 은행을 쓸지, 어떤 신용카드를 쓸지, 어떤 주식에 투자할지와 같이 내가 내린 결정 때문에 재산이 늘거나 줄 수 있는 사안에 훨씬 더 신중하다. 같은 개념으로 '좋은 돈'을 선택하려는 욕구도 클 수밖에 없다.

만약 투자자들이 가치 저장 역할을 하는 화폐 상품으로써 암호화폐를 찾는다면 그들은 자연스럽게 가장 크고, 가장 안전하고, 가장 분산적이며, 가장 많은 유동성 네트워크를 지닌 상품을 선택할 것이다.

비트코인은 진정으로 희귀한 암호화폐로써 퍼스트무버(First mover) 이점이 있으며, 시간의 흐름 속에서도 이러한 이점을 유지해 왔다. 참고로 비트코인의 지배력, 즉 시가총액이 전체 암호화폐 생태계에서 차지하는 비중은 100퍼센트에서 절반 이하로 감소했는데, 이는 비트코인의 규모가 축소되어서가 아니라 나머지 생태계가 성장했기 때문이다.

비트코인 도미낸스에 대한 오해

요즘 비트코인 도미낸스 지수(Bitcoin dominance index)가 점점 떨어지는 것에 대해서 말이 많다. 비트코인 도미낸스는 암호화폐 시장에서 비트코인의 시장 지배력을 나타내는 수치이다. 쉽게 말해 비트코인의 시가총액과 나머지 모든 알트코인의 시가총액을 비교하는 것이다.

주식시장을 떠올려 보면 쉽다. 우리나라 코스피에서 삼성전자의 시가총액이 차지하는 비중은 2024년 3월 기준 22.56퍼센트이다. 이 비중이 떨어졌다는 것은 그만큼의 자본이 다른 곳으로 옮겨간 것을 의미한다. 실제로 2024년 들어 삼성전자 주가가 8만원 벽을 시원하게 뚫지 못하고 비실댄 이유는 투자자들이 삼성전자에서 돈을 빼서 코스닥 블루칩 중소형주나 외국 주식에 더 많이 투자했기 때문이다.

그래서인지 비트코인 도미낸스가 하락하는 것을 두고 그동안 비트코인에 치중되었던 암호화폐 투자자들의 관심이 다른 알트코인들로 옮겨가고 있다고 해석하는 투자자들이 많은 듯하다. 실제 비트코인의 도미낸스 지수는 2021년 12월만 해도 70퍼센트에 육박하다가 2022년 4월 30일 기준 42.13퍼센트까지 내려왔는데, 이는 2018년 이후 4년여 만에 최저치이다.

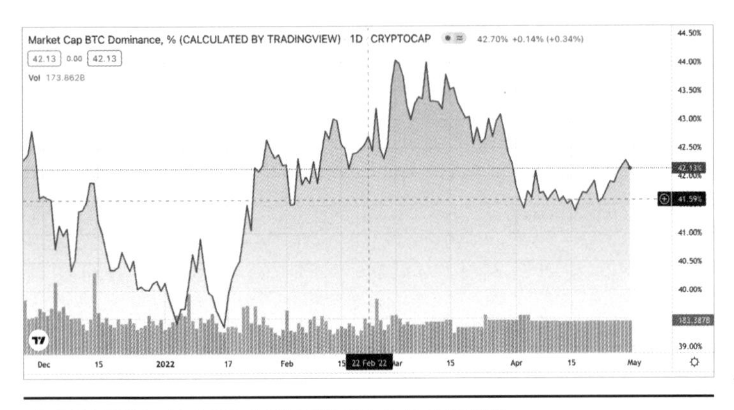

· 비트코인 도미넌스 지수 추이를 나타낸 그래프이다. (출처: 트레이딩뷰)

하지만 단순히 비트코인의 시가총액 비율이 하락했다고 해서 비트코인의 시장 지배력이 감소했다고 해석할 수는 없다. 암호화폐 시장은 주식시장과는 근본적으로 다른 특성이 있기 때문이다. 이제 그 이유를 알아보자.

스테이블코인까지 포함해야 할까

암호화폐 정보업체 코인마켓캡(CoinMarketCap) 기준 시가총액 상위 열 개 코인의 리스트를 살펴보면, 3위와 6위에 각각 테더(USDT)와 USD코인(USDC)이 자리했다. 이들은 달러 기반 스테이블코인으로, 사실상 탈중앙 암호화폐라고 보기 어렵다. 코인 형태로 발행되었을 뿐 그저 각 운영사가 은행 계좌에 달러를 보유하고 있는 만큼 발행된 일종의 달러 파생상품인 셈이다.

사실상 달러나 마찬가지인 이들을 굳이 비트코인 도미낸스 계산에 포함해야 하는지 의문이다. 차라리 스테이블코인들의 시가총액을 광의통화(M2)에 포함하여 비트코인 시가총액과 비교하는 것이 더 의미 있다고 생각된다. 달러의 글로벌 기축통화의 지위를 비트코인(또는 다른 레이어1 코인)이 얼마나 뺏어왔는지 알 수 있으니 말이다.

암호화폐시장에서 달러 기반 스테이블코인의 역할은 주로 거래소나 디파이에서 트레이딩을 하려는 목적으로 사용될 뿐, 블록체인 생태계가 발전하거나 암호화폐를 활용한 탈중앙식 경제가 커나가는 것과는 직접적인 연관이 없다. 따라서 비트코인의 시가총액과 나머지 코인들의 시가총액 합산을 비교할 때 이들 스테이블 코인은 제외하는 것이 정확하다.

1만 6903 종류의 암호화폐

내가 처음 암호화폐 산업에 발을 들인 2018년만 하더라도 전 세계에 존재하는 암호화폐는 약 2000 종류였다. 지난 6년 동안 무섭게 늘어 2024년 6월 18일 기준 240만 개가 넘는 코인이 존재한다. 신규 코인이 연간 대략 40만 개 생겨난 것이다. 이론상 코인을 발행하는 건 누구나 마음만 먹으면 할 수 있으므로 통계에 포함되지 않은 코인까지 포함하면 사실상 훨씬 더 많을 것이다.

코스피는 아무리 많아야 한 해에 20종목 정도만 신규로 상장된다. 2021년에만 역대 최대 공모금액을 모았다는 중소형 바이오/기술주 중심 코스닥도 겨우 115개 회사가 신규로 상장되었을 뿐이다. 1년에 수천 개 신규 코인이 등장하여 시가총액에 합산되는 암호화폐시장의 특성을 고려하면 비트코인 시가총액과 나머지 모든 알트코인의 시가총액을 비교하는 것이 그다지 큰 의미가 없다. 암호화폐에 대한 세간의 관심이 높아질수록 후자 쪽이 기하급수적으로 늘어나기 때문이다.

그렇다면 시가총액 상위 열 개 암호화폐로 범위를 줄여서 비트코인 대 나머지 아홉 개 암호화폐를 비교하는 것은 어떨까? 조금 더 의미 있는 시도이긴 하지만 여전히 문제가 있다. 2020년 10대 코인 리스트를 보면 불과 4년여 전이지만 지금 10대 코인 리스트에서는 찾아볼 수 없는 코인이 많이 보인다.

이렇듯 이더리움 정도를 제외한 나머지 3~10위 코인은 수시로 순위가 바뀌기 때문에 비트코인이 이들 때문에 시장 지배력을 잃어간다는 설명도 맞지 않다. 새로운 암호화폐는 지금도 무수히 생겨나고, 현재 10위권에 포진해 있는 알트코인들은 끊임없이 신규 코인들의 도전을 받는다. 지금까지의 역사가 증명하듯 앞으로도 3위 이하의 코인들 순위는 계속해서 뒤바뀔 가능성이 크다.

그렇다면 이제 남은 이야기는 1위 비트코인과 2위 이더리움 간의 대결이다. 각자의 영역에서 대마불사로 자리매김한 비트코인

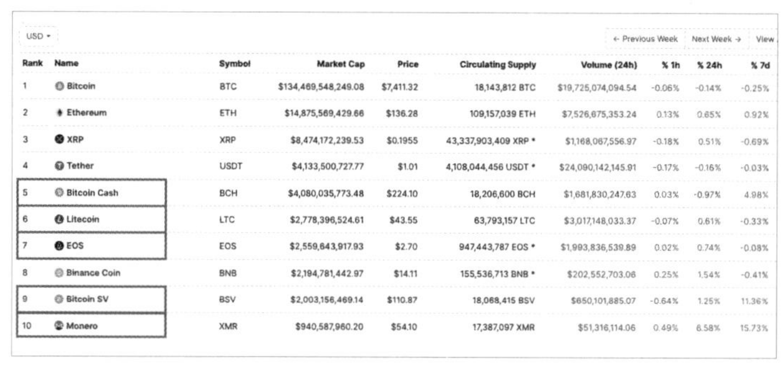

USD ▾ ← Previous Week | Next Week → | View

Rank	Name	Symbol	Market Cap	Price	Circulating Supply	Volume (24h)	% 1h	% 24h	% 7d
1	Bitcoin	BTC	$134,469,548,249.08	$7,411.32	18,143,812 BTC	$19,725,074,094.54	-0.06%	-0.14%	-0.25%
2	Ethereum	ETH	$14,875,569,429.66	$136.28	109,157,039 ETH	$7,526,675,353.24	0.13%	0.65%	0.92%
3	XRP	XRP	$8,474,172,239.53	$0.1955	43,337,903,409 XRP *	$1,168,067,556.97	-0.18%	0.51%	-0.69%
4	Tether	USDT	$4,133,500,727.77	$1.01	4,108,044,456 USDT *	$24,090,142,145.91	-0.17%	-0.16%	-0.03%
5	Bitcoin Cash	BCH	$4,080,035,773.48	$224.10	18,206,600 BCH	$1,681,830,247.63	0.03%	-0.97%	4.98%
6	Litecoin	LTC	$2,778,396,524.61	$43.55	63,793,157 LTC	$3,017,148,033.37	-0.07%	0.61%	-0.33%
7	EOS	EOS	$2,559,643,917.93	$2.70	947,443,787 EOS *	$1,993,836,539.89	0.02%	0.74%	-0.08%
8	Binance Coin	BNB	$2,194,781,442.97	$14.11	155,536,713 BNB *	$202,552,703.06	0.25%	1.54%	-0.41%
9	Bitcoin SV	BSV	$2,003,156,469.14	$110.87	18,068,415 BSV	$650,101,885.07	-0.64%	1.25%	11.36%
10	Monero	XMR	$940,587,960.20	$54.10	17,387,097 XMR	$51,316,114.06	0.49%	6.58%	15.73%

2020년 1월 기준 시가총액 상위 10위 코인 목록이다. (출처: https://coinmarketcap.com/historical/20200105/)

과 이더리움의 시가총액 간극은 좁혀질 것인가? 더 나아가 이더리움이 비트코인을 뛰어넘어 왕좌에 등극할 것인가?

영원한 군주

위 질문에 대한 답으로 나는 유명 암호화폐 리서치 회사인 메사리(Messari)에서 내놓은 '2022년 암호화폐 대 전망(Crypto Theses For 2022)' 리포트의 36페이지 내용을 소개한다. 리포트에서는 이더리움이 비트코인의 시가총액을 추월할 가능성을 약 20퍼센트로 전망했다. 20퍼센트는 매우 낮은 가능성이다.

현재 미국의 전체 본원통화량은 20조 달러, 구글의 모회사인 알파벳의 시가총액은 2.2조 달러이다. 알파벳의 시가총액이 미국 본원통화량을 넘어서는 상황은 잘 상상이 되지 않는다. 물론 그렇다고 전혀 불가능한 것은 아니다. 누가 알겠는가? 원숭이 그림 NFT가 100억 원이 넘는 가격에 팔리는 세상이니 말이다.

문제는 이더리움의 경우 이미 다른 레이어1 스마트 컨트랙트 플랫폼들의 도전을 받는다는 점이다. 2021년 3월만 해도 20위권 밖에 있던 솔라나(Solana), 아발란체(Avalanche)의 시총은 지난 3년 동안 무섭게 성장하여 2024년 6월 이제 각각 5위, 12위에 자리매김했다. 이에 따른 여파로 같은 기간 이더리움의 레이어1 스마트 컨트랙트 플랫폼 시장점유율은 80퍼센트에서 57퍼센트로 하락했다.

반면에 완벽한 탈중앙화를 통해 가장 강력한 돈이 되려는 비트코인은 사실상 경쟁자가 없는 상태이다. 도지코인(Dogecoin), 시바이누(Shiba Inu), 비트코인 캐시 등이 비트코인처럼 '탈중앙화된 돈'을 콘셉트로 한 대표적인 암호화폐이지만 아직 비트코인의 아성을 위협하기에는 존재감이 미미하다.

이는 희소성이라는 특성을 무기로 내세운 다른 재화를 살펴봐도 마찬가지이다. 지금 당장 구글에 모나리자를 검색하면 이미지 수만 건이 검색되지만, 가장 큰 가치를 인정받는 건 여전히 레오나르도 다빈치가 그린 원작이다. 복제품이나 비슷하게 그린 아류작은 태생적으로 원작의 가치를 뛰어넘기가 어렵다.

비트코인 도미낸스는 앞으로도 계속 하락할 수 있다. 암호화폐 시장이라는 파이 자체가 커지는 속도가 비트코인 가격이 오르는 속도보다 빠르다면 말이다. 그러나 앞으로도 비트코인이 시가총액 1위에서 내려올 가능성은 매우 낮다고 본다. 비트멕스의 창업자 아서 헤이스는 이렇게 말했다. "크립토 세계에서 가장 큰 화폐 네트워크는 앞으로도 크립토 세계에서 가장 큰 기술 기업보다 클 것이다." 나도 이 말에 동의한다.

제일 뛰어난 것을 외면할 이유가 없다

돈의 네트워크에는 일종의 반사 속성이 존재한다. 반사 속성이란 원래 수학 용어인데 '모든 값은 항상 자신의 값과 같다(a=a, 또는 b=b)'라는, 어찌 보면 너무나 당연한 이론이다. 이를 돈을 선택하는 사람들의 행동양식에 대입해 보면 어떨까. 사람들은 언제나 다른 사람들이 어떤 신용카드를 쓰는지, 어떤 핀테크 앱을 사용하는지 유심히 관찰하다가 자신도 남들과 같은 것을 쓰려고 한다. 때로는 자기가 사용할 뿐 아니라 주변 사람들에게 "이거 좋으니 써봐."라며 추천하기까지 한다.

우리나라에서 데카콘[43] 핀테크 기업으로 성장한 토스(Toss) 같은 서비스를 떠올려 보자. 토스가 빠른 속도로 성장한 이유는 빠르고 간편한 송금이라는 간단한 서비스에 매력을 느낀 사람들이 너도나도 주변에 추천하고, 그 추천이 또 다른 추천으로 이어져

---

43 Decacorn. 기업가치가 100억 달러 이상인 신생 벤처기업.

기하급수적으로 네트워크 규모가 늘어났기 때문이다. '토스를 쓰지 않으면 남들과 편하게 돈 거래를 할 수 없다'는 생각이 들자 사람들은 반사적으로 토스 앱에 가입하게 되었다.

비트코인의 경우 단순히 코인을 보유한 홀더들만 해당하는 것이 아니라 네트워크의 보안성을 적극적으로 높이는 채굴자들 덕분에 이런 특징이 더욱 두드러진다. 많은 사람이 비트코인이 가치 저장 수단으로써 우월한 속성을 지닌다고 믿고, 그 안에 그들의 부를 저장하면서 수요가 증가하면, 이는 결국 가격 상승으로 이어진다.

금을 비롯한 광물의 경우 일반적으로 가격이 오르면 이를 더 많이 생산하려는 수요가 늘어 가격이 다시 떨어지게 마련이다.

그러나 비트코인의 공급량은 철저히 미리 프로그래밍된 공식을 따라가기 때문에 가격이 올라도 증가하지 않는다. 가격이 오르면 채굴자의 수익성이 높아지기 때문에 이를 이용해 더 많은 컴퓨팅 파워를 확보하는 데 투자하게 된다. 비트코인 채굴에 투입되는 컴퓨팅 파워가 늘어나면 네트워크의 보안성이 높아져서 자산으로써 비트코인의 매력이 더욱 부각되고, 이는 다시 사용자와 투자자의 증가로 이어진다.

돈의 네트워크에서 경쟁은 언제나 승자독식 시나리오로 귀결될 가능성이 높다. 잘못된 가치 저장 수단을 선택했다가는 곧 투자 손실로 이어질 수 있으므로 사람들은 매우 신중히 최종 승자가 될 네트워크를 가려내려 할 것이다.

돈에 자신의 부를 저장하는 모든 투자자는 그들이 인지하든 인지하지 못하든 어떤 돈의 네트워크를 사용할지 선택하게 된다.

"바퀴를 다시 발명하지 마라."라는 유명한 프로그래밍 격언이 있다. 이미 만들어진 걸 또 만들려고 고생하지 말라는 말이다.

암호화폐와 블록체인으로 대변되는 웹 3.0 세상에서 이 격언은 비트코인에 그대로 적용된다.

'바퀴의 발명'은 한 번 발명되고 나면 결코 다시 발명될 수 없는 완전히 새로운 기술의 등장을 의미한다. 마찬가지로 비트코인이 발명되기 전까지는 인류 역사상 디지털 재화에 희소성을 부여하는 문제, 그리고 제3자의 존재가 완전히 배제된 개인 간 금융거래를 가능케 하는 문제는 한 번도 해결된 적이 없었다. 비트코인이 해결한 이 두 가지 문제는 단순한 인터넷 기술의 발전 수준이 아니다. 인터넷 세상에서 희소성이 어떻게 존재할 수 있는가에 대한 퍼즐을 최초로 풀어낸 역사적인 발견이다.

비트코인은 현재 타 암호화폐에 비해 가장 탈중앙화되고 안전한 암호화폐이다. 때문에 비트코인의 아성을 뛰어넘으려는 새로운 블록체인 네트워크와 암호화폐는 적어도 하나 이상의 특성을 희생하여 자신을 차별화해야 하는데, 이는 앞서 설명한 블록체인 트릴레마 문제이다.

단순히 비트코인의 코드 전체를 복사해서 똑같은 특성을 지닌 네트워크를 만들려는 시도 역시 결국 실패할 수밖에 없다. 비트코인은 지금까지 100번이 넘도록 하드포크되었지만 결과적으로 모두 실패한 프로젝트로 남았다. 이미 존재하는 가장 커다란 돈의 네트워크를 놔두고 그와 완전히 동일한 특성을 가졌지만 규모만 더 작을 뿐인 다른 네트워크로 전환할 이유가 없기 때문이다.

Chapter 3

비트코인은 결국 **제2의 달러가** 될까?

비트코인은 금융 시트템의 투명성을 높인다.
_앤서니 폼플리아노

자유 시장경제 체제에서 가격은 지식이자 정보를 전달하는 신호이다. 이를 이해하기 위해 특정 상품의 생산 기반 시설이 심각하게 파괴된 상황을 그려보자. 전 세계에 구리를 가장 많이 공급하는 나라는 칠레인데, 2010년에 지진으로 타격을 받아 구리 광산과 구리를 수출하는 항구가 손상을 입었다.

세계 시장에 구리 공급량이 줄어들자마자 구리 가격은 6.2퍼센트 올랐다. 전 세계의 사람들은 '구리 가격이 6.2퍼센트 올랐다'는 사실만 가지고도 앞으로 어떻게 행동해야 할지 유인을 얻는다. 필요한 정보가 가격이 상승한 사실 자체에 모두 들어 있으므로 굳이 칠레의 지진 피해 상황까지 일일이 파악할 필요가 없는 것이다. 구리가 필요한 회사들은 필요하지 않은 만큼은 구매를 미루고 대체품을 찾는다. 반면 구리 채굴 회사는 가격이 오른 덕분에 생산량을 늘려 한몫 잡을 동기를 얻는다. 결국 수요와 공급이 균형을 찾고 가격은 다시 정상으로 돌아오게 된다.

공짜 점심의 문제

중앙은행이 도입된 현대 경제는 돈의 수요와 공급, 그리고 돈의 가격인 이자율을 철저히 중앙에서 조종한다. 자본시장에서 투자의 기회비용은 발생하지 못한 소비이고, 소비의 기회비용은 발생하지 못한 자본 투자다. 이 관계를 조절하는 가격이 바로 이자율이다. 투자를 원하는 수요가 늘어나면 이자율이 올라가 저축자가 더 많이 저축할 유인을 얻는다. 이자율이 떨어지면 투자자는 투자를 늘려 생산성이 더 높은 방식을 도입하려 한다.

베르나르 아르노(LVMH 회장)에게 공짜 돈을 빌려준 유로존 중앙은행(ECB)은 이러한 근본적 상충관계를 무시했다. 2021년 LVMH는 티파니 인수대금 160억 달러를 마련하기 위해 100억 달러어치 회사채를 다섯 차례에 걸쳐 발행했다. 그런데 이중 두 개의 이자가 마이너스였다. LVMH 입장에선 돈을 빌리는 댓가로 이자를 받은 셈이다. 심지어 11년 뒤에 만기가 오는 가장 긴 기간의 채권 이자도 겨우 0.45퍼센트에 불과했다. 역사상 가장 값싼 자금조달이었다는 평가를 받는다. 이는 ECB가 당시 시중금리를 낮추기 위해 1890억 유로 규모의 '회사채 매수 프로그램'을 운영했기 때문에 가능했다. LVMH 같은 거대 기업조차 거의 무료로 돈을 조달할 수 있는 환경을 ECB가 조성해 준 것이다.

소비자(베르나르 아르노)가 소비를 포기하지 않았는데도 은행이 새로 돈을 찍어 투자자금을 대준 셈이다. 이는 중앙은행이 자본시장에 개입했기 때문에 발생한 과잉 투자다. 과잉 투자가 결실을 보지 못하면 망하는 기업이 늘고 온 나라의 실업률이 올라간다. 이처럼 한 나라 전체에서 과도하게 확대된 사업이 동시에 실패하는 사건을 불황이라고 한다.

건전화폐의 필요성

중앙 계획에 따라 공급량이 결정되는 현대 신용화폐는 애초부터 통제의 대상이므로 정확한 가격 신호를 내지 못한다. 반면 시장에서 선택된 건전화폐는 가격 탐색과 개인별 의사결정을 원활하게 함으로써 자유 시장이 돌아가게 만든다.

중남미의 작은 나라 엘살바도르는 자국 화폐 가치 하락을 견디지 못해 미국 달러를 법정화폐로 도입했지만, 무한정 달러를 찍어내는 Fed 덕에 그전보다 더 심각한 경제 위기로 빨려 들어가던 중이었다. 혼란 속에 정권을 잡은 젊은 지도자 나이브 부켈레 대

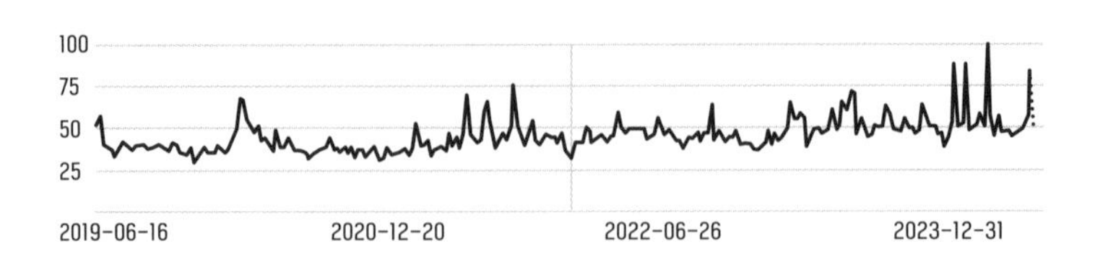

지난 5년 동안 'El Salvador' 구글 검색량을 나타낸 그래프이다. (출처: 구글 트렌드)

통령은 특이하게도 비트코인을 법정화폐로 공식 도입했다.

비트코인이 공식 화폐가 된 지 겨우 3년이 지났지만, 엘살바도르는 이미 반전을 맞이했다. 트위터에서 #elsalvador를 검색해 보기만 해도 그 분위기를 제대로 느낄 수 있다. 전에는 이 나라가 어디에 있는지도 몰랐던 사람들이 이제는 수도 산살바도르의 스타벅스에서 비트코인으로 커피를 사 마시고 인증사진을 올린다. 'El Salvador' 구글 검색량도 비트코인 도입 이전보다 두 배 가까이 올랐다.

화산 지열을 통한 친환경 비트코인 채굴, 비트코인 ATM 보급, 비트코인 결제를 위한 다양한 인프라 도입까지. 원래 국외 노동자 200만 명이 보내주는 달러가 국내총생산(GDP)의 22퍼센트를 차지하던 이 가난한 나라는 비트코인 도입 이후 외자를 유치하는 나라로 탈바꿈했다. 물론 아직 구체적인 성과가 드러나기에는 너무 짧은 기간이라 조심스럽긴 하지만 나는 요즘 이런 생각까지

든다. 1980년대 아시아의 네 마리 용처럼 2020년대엔 중남미의 호랑이가 탄생하지는 않을까?

비트코인, 기축통화가 될 수 있을까?

비트코인은 언젠가 글로벌 기축통화가 될 수 있다. 이 명제가 틀렸다고 말하는 진영은 흔히 비트코인은 통화 발행량이 2100만 개로 정해져 있기 때문에 불가능하다고 주장한다. 화폐는 경제 전체에서 요구되는 만큼 언제나 충분히 공급되어야 하는데 비트코인은 발행량이 점점 줄어드는 데다가 결국 언젠가 발행이 끊기기까지 하므로 전 세계에서 통용되는 화폐가 될 수 없다는 것이다.

이 견해는 꽤 그럴듯하게 들린다. 경제학 교과서나 경제 뉴스 등에서 "적절한 수준의 인플레이션은 경제가 번영하기 위해 꼭 필요하다."라는 말을 한 번쯤은 들어봤을 것이다. 인플레이션, 즉 상품과 서비스의 가격 상승을 적절한 수준으로 유지하기 위해서는 탄탄한 소비가 이뤄져야 한다. 사람들은 보통 임금소득으로 소비를 하므로 실업률은 가능한 한 낮은 수준으로 유지해야 좋다는 것이 우리가 일반적으로 알고 있는 상식이다.

주류 경제학에서는 이를 경제에서 생산되는 재화의 총합(=Y)과 경제 참여자들의 소비의 총합(=X)으로 정의하고 공식으로 만들어 즐겨 사용한다. 요약하자면 다음과 같다.

주류 경제학의 대응 방식

- If Y > X: 경제는 리세션(경기 침체) 상태
  ⇒ 소비가 생산을 따라가지 못하므로 정부는 소비를 진작시키는 정책을 편다.

- If Y < X: 경제는 인플레이션(경기 과열) 상태
  ⇒ 생산량을 초과하는 과소비가 발생했으므로 정부는 소비를 억제하는 정책을 편다.

정부가 소비를 진작시키기 위해 펼치는 정책에는 금리 인하와 대출 장려, 양적완화, 기본소득 지급 등이 있다. 반대로 소비를 억제하는 정책에는 금리 인상과 양적축소 등이 있다.

요즘 우리가 신문과 미디어에서 자주 접하는 정책은 바로 금리 인상과 양적축소다. 코로나19 팬데믹 때문에 묶여 있던 소비 욕구가 분출된 데다가 러시아-우크라이나 전쟁으로 인한 에너지와 곡물가격 상승으로 인플레이션 상승률이 가파르게 오르고 있으므로 소비를 억제하는 정책을 펴는 것이다.

총수요 부족에 유동성 공급으로 대응

소비를 장려하는 정책이든 억제하는 정책이든, 이 시스템은 결국 경제에 문제가 발생할 때마다 정부가 적극적으로 개입하여 화

폐의 발행량을 통제하는 데 주된 의의가 있다. 바로 이것 때문에 화폐는 발행량이 조금씩 증가해야 한다는 '통화팽창 이론'이 그동안 타당성을 얻어왔다. 이 이론에 따르면 어떤 이유로든 불황이 찾아오면 소비가 줄고, 소비가 부족해지면 투자도 활성화되기 어렵기 때문에 경제 전체의 총수요(소비+투자)가 부족해짐으로써 결국 공황이 발생한다.

주류 경제학이 이를 해결하는 방법은 소비를 늘리는 것이다. 정부가 대규모 부채를 떠안으며 경기부양책을 쓰고, 경기부양을 극대화하기 위해 금리도 낮춘다. 이윤율 저하를 경험하고 있는 대기업들은 투자를 잘 늘리지 않기 때문에 저금리에 기반한 대출 공급은 주로 중소기업과 가계로 흘러드는 경향이 있다.

이에 따라 가계의 주택구매 수요가 자극된다. 결국 소비를 진작시키기 위해 여러 방면에서 부채가 기하급수적으로 늘어나는 현상이 벌어진다. 소비자와 중소기업, 정부가 주요 채무자가 된다.

빚으로 만든 경제 성장의 결실은 자본가 차지

빚을 끌어다 쓰는 것은 현재의 소득이 부족하니 미래의 소득을 미리 당겨쓰는 것이다. 어쨌든 소득이 늘었으므로 수요공급이 균형을 찾게 되면서 경제는 다시 성장을 이어갈 수 있다. 그러나 채무를 제외한 노동자의 실질 임금소득은 늘지 않았기 때문에 경제성장의 결실이 주로 자본가에게 돌아간다. 기업의 수익이 비약적으로 늘고 이에 따라 주가 상승이 유발된다. 이것이 저금리와 맞물리면서 주식시장에 거품이 끼기 시작한다.

또한 가계에 공급된 신용은 부동산시장으로 흘러들어 거품을 생성한다. 이제는 자산 가격 상승으로 인한 낙관주의가 팽배해지며 소비가 늘어나고 호황이 온다. 이렇게 다시 소비가 늘고 호황이 찾아오면 모든 게 아무 문제 없이 돌아가는 것처럼 보인다. 문제는, 눈에 잘 띄지 않지만 이 모든 게 빚의 기하급수적 증가로 지탱된다는 사실이다.

경기부양을 위해 발행된 통화는 자산시장으로 유입

화폐량의 증가는 곧 빚이 증가함을 의미한다. 사람들은 현대 경제의 화폐 시스템은 불환지폐(불태환화폐)[44]이므로 얼마든지 돈을 찍어낼 수 있고 이를 계속 경제 내에 주입함으로써 지속적인 인플레이션을 유지할 수 있다고 생각한다. 하지만 이는 현대 경제가 채택한 화폐 시스템이 '빚으로 지어진 탑'이라는 사실을 간과하는 데서 생겨난 오해다.

경제에 문제가 발생할 때마다 새로 빚을 내어 봉합하는 방법은 당연히 유지될 수 없다. 경제에 주입된 신용(통화)은 정부의 바람과 달리 소비 진작을 위해 사용되기보다는 주로 자산시장으로 흘

44 不換紙幣, Fiat money. 금으로 바꾸어 주지 않는 화폐. 불태환화폐를 법화라고도 하는데, 국가의 법에 의해 가치와 통용이 강제되는 화폐이다.

러들어 거품을 만들어 낸다.

주식, 부동산, 암호화폐 등 자산 가격이 급격히 상승하면 기업과 가계는 과잉 투자를 하기 시작한다. 실질 소득이 늘지 않은 가계가 지갑을 닫으며 소비 둔화가 일어나도 자산시장이 호황이기 때문에 잘 드러나지 않는다.

그러다 거품이 꺼지고 자산시장이 붕괴하면 비로소 공황이 찾아오는 것이다. 단순한 소비수요 둔화라면 완만한 경기 침체 정도에서 끝날 일이 공황까지 확대되는 이유는 정부의 무리한 개입과 통화팽창정책 때문이다.

높은 인플레와 높은 실업률 동시 발생

경제학 이론으로써 통화팽창 이론은 그 당위성까지 잃어버렸다. 우선 앞서 소개한 Y가 X보다 크면 경기 침체이고, 작으면 경기과열이라는 예측 모델이 더 이상 작동하지 않는다는 것이 수없이 입증되었다.

1970년대 미국에서는 높은 인플레이션과 높은 실업률이 동시에 나타나는 상황이 발생했다. 즉, 가계 전체의 소득이 줄었는데도 오히려 소비는 과열되는 이상 현상이 나타난 것이다. 이와 비슷한 예는 미국뿐만이 아니라 전 세계에서 찾아볼 수 있다. 주류 경제학과 통화팽창 이론은 더 이상 현실 세계를 제대로 반영하지 못한다.

비트코인의 엄격한 통화정책

비트코인의 통화정책은 매우 엄격하다. 정부의 의사결정에 따라 유동적으로 수량이 변하는 신용화폐와 달리 비트코인의 수량은 하드코딩된 일정에 따라 정확히 발행되기 때문에, 경제에 예상치 못한 문제가 발생했을 때 잘 대처할 수 있을지가 걱정될 것이다.

그러나 원래 화폐 공급량은 경제 규모와 관계없이 언제나 충분하므로 화폐를 더 만든다고 도움이 되지는 않는다. 무슨 말이냐면, 화폐는 구매자가 거래에 사용할 수 있게 적당히 나뉠 수만 있다면 총공급량이 얼마든 어떤 경제 규모라도 뒷받침할 수 있다는 뜻이다. 화폐는 오히려 더 많이 생산하려는 충동을 잘 억제할수록 교환 매개로써 뛰어나고 가치저장 수단으로써 안정적이다. 화폐에 중요한 것은 수량이 아니라 구매력이다. 그리고 보수적인 통화정책을 지닌 화폐는 그렇지 못한 화폐 대비 높은 구매력을 지닐 가능성이 크다.

필요한 만큼 쪼개지는 비트코인

비트코인은 발행량 하드캡과 반감기 정책으로 보수적인 통화정책을 유지하면서도, 훨씬 작은 단위로 쪼개질 수 있는 특성을 부여하여 화폐로 기능할 가능성을 열어두었다. 이를 '규모를 뛰어넘는 판매 가능성(작은 단위로 나누거나 큰 단위로 합치기가 간편해서 원하는 만큼씩 팔 수 있는 특성)'이라 한다. 비트코인은 소수점 단위 여덟째 자리까지 쪼개지며, 이 단위를 사토시라 부른다. 그러니까 1BTC를 사토시 단위로 표기하면 1억 사토시인 셈이다. 이 기능이 어떻게 비트코인에 글로벌 기축통화로 사용될 가능성을 부여하는지 간단한 예를 통해 알아보자.

2019년 기준 미국 달러화의 일 거래량은 6.6조 달러(약 8500조 원), 비트코인의 일 거래량은 352억 달러(약 45조 원)로 약 189:1의 차이가 난다. 비트코인의 일 거래량이 달러화 수준으로 높아져서 가격도 약 189배 상승한다고 가정해 보자. 비트코인의 최소단위인 사토시 기준으로 2024년 6월 현재 1사토시의 USD 기준 가격은 0.00065달러다. 여기에 189를 곱해도 0.12285달러(약 170원)에 불과하다. 일반인들이 거래하기 전혀 부담스러운 가격이 아니다.

그렇다면 시가총액 기준으로는 어떨까? 달러화의 시가총액은 2020년 기준 40조 7200억 달러(약 5경 2000조 원)인 반면, 비트코인의 시가총액은 4390억 달러(약 570조 원)에 불과하다. 달러화의 전체 발행량 가치가 비트코인의 전체 발행량 가치 대비 약 100배가량 큰 것이다. 비트코인 가격이 지금보다 100배 오르면 개당 가격은 약 30억 원이 되겠지만, 1사토시 기준으로 하면 기껏해야 0.024달러(약 31원)이다. 이것이 바로 화폐의 나누어질 수 있는 특성, 즉 규모를 뛰어넘는 판매 가능성의 위력이다.

비트코인 화폐의 판매 가능성

화폐의 가장 중요한 속성은 정부가 필요할 때마다 맘대로 찍어낼 수 있느냐 여부에 달린 것이 아니라, 판매 가능성이 높은지에 달렸다. 유명 비트코인 팟캐스트 운영자이자 레바논대학교에서 경제학을 가르치는 사이페딘 아무스는 비트코인이 세 가지 가능성을 모두 보유했기 때문에 금보다 더 나은 건전화폐라고 설명한다.

1. 공간을 뛰어넘는 판매 가능성
2. 규모를 뛰어넘는 판매 가능성
3. 시간을 뛰어넘는 판매 가능성

공간을 뛰어넘는 것은 자유롭게 이동하는 특성을 말하고, 규모를 뛰어넘는 것은 잘게 쪼개지는 특성을 말하며, 시간을 뛰어넘는 것은 미래에도 화폐의 구매력이 같게 유지되거나 오히려 상승하는 특성을 말한다. 비트코인은 이 세 가지 특성을 모두 지녔다.

신용화폐 문제를 해결할 수 있을까

사이페딘 아무스는 그의 밀리언셀러 저서 『달러는 왜 비트코인을 싫어하는가』에서 좋은 화폐의 특성을 다음과 같이 설명한다.

이론적으로 이상적인 화폐는 공급량이 고정되어 누구도 더 만들어 낼 수 없는 화폐다. 그런 화폐를 사용하는 사회에서 범죄를 저지르지 않고 돈을 얻으려면 다른 사람에게 가치가 있는 물건을 생산하여 돈과 교환하는 방법밖에 없다. 그런데 더 많은 돈을 원하지 않는 사람은 없으므로 모두가 더 일하여 더 많이 생산하려 하고, 그리하여 모든 사람이 물질적으로 더 행복해지며, 그 덕에 자본이 더 축적되고 생산성이 올라간다. 또한 그런 화폐라면 누구도 공급을 늘릴 수 없으니 가치 저장 수단으로도 완벽하게 작동한다. 그 화폐에 저장된 부는 시간이 지나도 줄어들지 않기 때문에 사람들에게 저축할 계기와 미래를 고려할 이유를 준다. 부와 생산성이 향상하고 미래에 초점을 맞힐 능력이 높아지면 사람들은 시간선호를 낮추기 시작하여 물질이 아니라 정신, 사회, 문화에 초점을 맞출 수 있다.

소비를 진작하기 위해 정부가 화폐 생산량을 유동적이고 자유롭게 조절해야 한다는 주류 경제학의 주장은 심각한 도전을 받고 있다. 특히 사이페딘 아무스가 화폐의 가장 중요한 특성으로 지적한 구매력 측면에서 보면 신용화폐는 전혀 제구실을 하지 못하고 있다. 1930년대에는 1달러로 맥주 열 병을 살 수 있었지만, 지금은 맥주 한 병도 살 수 없는 금액이 되었다.

결국 문제의 본질은 경제위기를 해결한다는 명분으로 통화정책에 무분별하게 개입하는 정치 논리와 그로 인해 고삐 풀린 듯이 수량이 늘어나는 신용화폐이다. 특히 2020년 팬데믹을 기점으로 전 세계 정부는 마치 경쟁이라도 하듯이 화폐 발행량을 기하급수적으로 늘려왔다.

브레턴우즈 체제 시즌3가 시작된다

2021년 다보스 세계경제포럼의 의제는 그레이트 리셋(Great reset)이었다. 당시 세계의 리더들은 온라인에서 모여 팬데믹 이후의 새로운 정상(New normal)에서 더 나아가, 세계의 전면적 쇄신을 통해 더 나은 세계를 건설하자는 청사진을 제시했다.

'그레이트 리셋'을 말 그대로 직역하면 대대적 초기화 또는 재설정이다. 마치 컴퓨터나 스마트폰의 '공장 초기화' 버튼을 누르듯 세계가 힘을 합쳐 구시대적인 문화와 시스템을 버리고 더 공평하고 지속할 수 있는 세상을 새롭게 구축하자는 의미를 담은 말이다.

그렇다면 무엇을 '리셋'한다는 말일까? 그레이트 리셋이라는 말 자체는 표면적으로 기후 문제나 인종차별 등 범지구적인 문제들을 광범위하게 포함한다. 그러나 사실 세계경제포럼이 이 의제를 채택한 진짜 목적은 미 패권 및 달러의 붕괴를 준비하기 위해서다. 코로나 위기 후, Fed가 양적완화정책(QE) 규모를 천문학적으로 늘리며 국채 발행이 급증했는데, 향후 머지않아 QE가 한계에 다다르면 미국 달러화 중심의 국제 금융시스템도 불가역적으로 붕괴하게 된다는 것이 골자다.

기존의 브레턴우즈 체제

국제 금융이 미국 달러를 중심으로 돌아가게 된 계기는 1944년 브레턴우즈 협정이다. 제2차 세계대전이 마무리되어 갈 즈음, 미국과 영국을 중심으로 한 선진국들은 전후 국제 금융시스템을 어떻게 만들고 운영해 나갈지 논의했다. 1944년 미국 뉴햄프셔주 브레턴우즈에 44개국 대표들이 모여 이에 대한 결론에 합의한 체제라 하여 '브레턴우즈 체제'라 불렀다.

브레턴우즈 체제를 통해 미국의 달러화는 세계의 기축통화가 되었다. 달러는 금과 교환 비율을 설정하여 가치를 유지했고, 다른 모든 나라들의 자국 통화 가치는 달러에 연결해 간접적 형태의 금태환제도를 만들었다. 달러를 가져가면 언제든 금과 일정 비율로 교환할 수 있으니 각국 정부는 금을 직접 보유하기보다는 달러 사용을 선호했고, 이는 제2차 세계대전 이후 세계 경제의 회복에 상당한 이바지를 했다.

브레턴우즈 체제는 1971년 미국의 닉슨 대통령이 "이제 달러를 가져와도 금으로 못 바꿔준다."고 선언한 '닉슨 쇼크'를 계기로 시즌2를 맞이했다. 달러를 통해서 간접적으로 유지되던 금본위제가 완전히 끝나고 신용화폐 기반 시스템이 등장했다.

그 후로 무슨 일이 생겼는지는 우리 모두 잘 안다. 미국은 달러를 과잉 발행하며 채권매입을 종용하는 정책을 유지하고 나머지 국가들은 '안전자산'이라는 이유로 달러 표시 자산을 잔뜩 보유하여 미국과 자신들의 운명을 일체화시켰다. 국제통화기금(IMF)은 2020년 성명을 발표하고 지금의 신용화폐 기반 국제 금융시스템의 지속 가능성에 의문을 제기했다. 미국에 문제가 생겨 전 세계의 투자자들이 달러와 채권을 팔아치우면 모든 국가의 부가 삭감되는 현 구조는 언제 무너져도 이상하지 않다는 것이다.

현 금융 시스템에 균열이 생겼다는 증거는 2008년 글로벌 금융위기 때 처음 나왔다. 각국 정부는 미국 부동산시장의 붕괴가 전 세계로 전이되며 유럽 PIIGS 사태 등으로 번지는 것을 뼈저리게 경험했다. 이에 선진국 중앙은행들은 너 나 할 것 없이 '최후의 안전자산'인 금 보유액을 늘리기 시작했다. 이는 브레턴우즈 체제가 출범한 1944년 이후로 50년 만에 처음 있는 일이었다.

이 흐름은 2014년, 크리미아반도를 점령한 러시아에 미국이 금융 제재를 가하며 더욱 가속화되었다. 제재에서 벗어나기 위한 방편으로 러시아 중앙은행은 미국 국채를 꾸준히 매도하는 대신 금을 미친 듯이 사들였다. 이런 움직임에 일부 다른 국가의 중앙은행들도 합류하면서, 2014년 이후 전 세계 중앙은행들은 미국 국채보다 세 배나 많은 금을 보유하게 되었다.

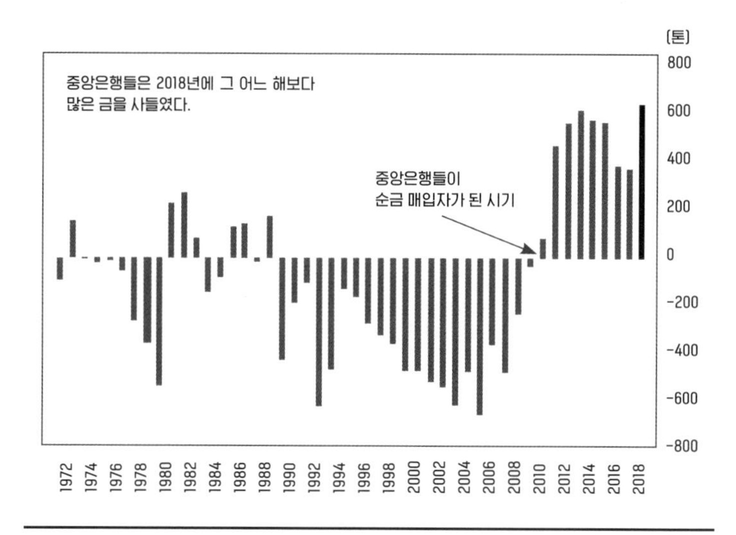

연도별 전 세계 중앙은행의 금 보유액을 나타낸 그래프이다. / 출처: 세계금협회

최근 우크라이나를 침공한 러시아에 대한 제재의 목적으로 미국과 유럽연합이 러시아 중앙은행의 보유 외환을 동결해 버렸다. 러시아가 수십 년간 원유와 광물을 팔아 모아온 재산이 한순간에 압류당한 것이다. 이 사건은 브레턴우즈 체제 시즌2의 종료를 알렸다. 각국 정부는 러시아가 하루아침에 빈털터리가 되는 모습을 보고 신용화폐를 기축 자산으로 보유하는 게 더는 안전하지 않다는 것을 깨달았다.

새로운 체제가 온다

스위스 취리히에 기반을 둔 글로벌 투자회사인 크레디스위스의 투자 전략가이자 거시경제학자인 포자르 졸탄은 지금 경제 상황을 브레턴우즈 체제 시즌3으로 넘어가는 과도기라고 설명한다. 러시아 중앙은행의 달러와 유로 기반 외환보유고가 손쉽게 동결되었다는 사실이 전 세계 사람들에게 '더 이상 신용화폐는 안전하지 않으며, 실물화폐(Commodity money)로 갈아타는 것이 유리하다'라는 생각을 하게 만들었기 때문이다.

참고로 실물화폐는 가치가 '제조된 실물'에서 기원하는 돈을 말한다. 전통사회에서 쓰였던 실물화폐의 예로는 금·은·구리 등 광물이나 소금·후추 등의 향신료, 쌀·보리·옥수수 등의 곡식, 그리고 말·소·돼지 등의 가축이 있다. 이런 원자재들의 가치는 오랜 시간에 걸쳐 축적된 믿음과 탄탄한 수요에 기인하므로 국가의 신용에 크게 영향받지 않는다.

최근 러시아에 대한 제재가 본격화되자 러시아의 주요 수출 품목인 원유와 광물 가격이 급등하고 있다. 미국이 러시아에 대한 제재를 본격화한 뒤 러시아의 주요 수출 품목인 원유와 광물 가격이 급등했다. 러시아-우크라이나 전쟁이 발발한 2022년 전에는 40달러 밑이던 원유 가격은 배럴당 120달러까지 올랐고, 러시아가 전 세계 생산량의 10퍼센트를 담당하는 니켈 가격은 500퍼센트나 상승했다.

가장 강력한 실물화폐인 금의 가격은 2024년 1월 대비 6월 현재까지 12퍼센트 상승했다. 금 선물시장의 미결제 약정 수도

연도별 니켈 가격 추이를 나타낸 그래프이다. (출처: 블룸버그)

2020년 이후로 가장 높은 수준이다. 만약 금 가격이 오르는 이유가 달러화에 치중되던 글로벌 자금이 이번 러시아 자산 동결을 계기로 일부 금으로 분산된 결과라면?

이것이 사실이라면 우리는 생각보다 빠른 시일 내에 새로운 국제금융 질서를 목격하게 될 수도 있다. 만약 달러 패권이 무너진다면 세계는 예전처럼 다시 금본위제로 돌아가게 될까? 아니면 각국 정부가 경쟁적으로 도입을 추진하고 있는 CBDC가 새로운 기축통화로 등장할까? 아니면 혹은 비트코인 같은 새로운 가치중립적 자산이 급부상할까?

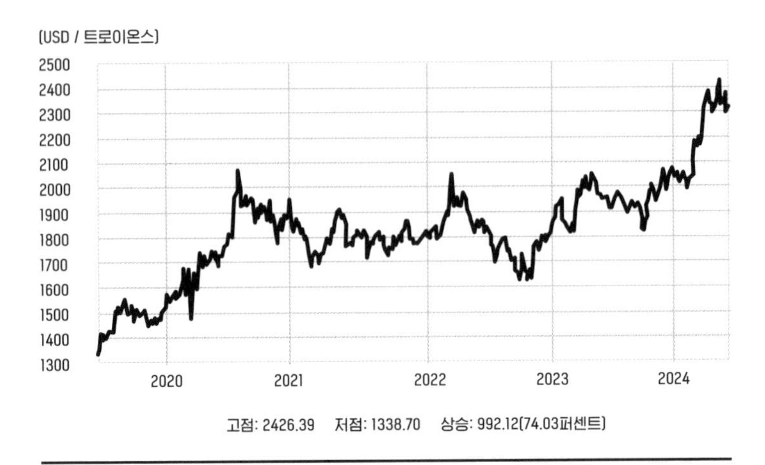

5년간 금 현물 가격 추이를 나타낸 그래프이다. (출처: 트레이딩뷰)

앞으로 다가올 브레턴우즈 체제 시즌3의 주인공이 무엇이 될지는 확실치 않다. 하지만 디지털 사회로의 전환이 가속화되면 될수록 비트코인을 준비자산으로 쓰려는 수요는 더욱 늘어날 것이다.

트리핀 딜레마란?

비트코인과 글로벌 기축통화 이야기를 할 때 빠지지 않고 등장하는 경제학 용어가 있다. 바로 '트리핀 딜레마(Triffin's dilemma)'라는 개념이다. 트리핀 딜레마는 국제 경제가 원활하도록 기축통화를 많이 풀면 기축통화 발행국의 적자가 늘어나고, 반대로 기축통화 발행국이 무역 흑자를 보면 돈이 덜 풀려 국제 경제가 원활해

지지 못하는 역설을 말한다. 1944년 출범한 브레턴우즈 체제하에서 미국 달러화가 처한 상황을 설명할 때 많이 거론된다.

1950년대 미국에서 수년간 이어진 경상수지 적자 때문에 처음 이 개념이 등장했다. 당시 예일대학교 교수였던 로버트 트리핀은 이러한 상태가 얼마나 지속될지, 또 미국이 경상흑자로 돌아서면 누가 국제 유동성을 공급할지에 대한 문제를 제기했다. 그는 "미국이 경상 적자를 허용하지 않고 국제 유동성 공급을 중단하면 세계 경제는 크게 위축될 것"이라고 하면서도 "적자 상태가 지속되어 미 달러화가 과잉 공급되면 달러화 가치가 하락해 준비자산으로써 신뢰도가 저하되고 고정환율제도가 붕괴할 것"이라고 이야기했다. 달러화를 기축통화로 하는 현행 국제 금융시스템의 이러지도 저러지도 못하는 상황을 설명한 것이다.

오늘날엔 달러화가 지닌 국제적 위상이 워낙 거대해졌기 때문에 트리핀 딜레마 문제가 별로 심각하게 거론되지 않는다. 미국은 실제로 1971년 닉슨 대통령에 의해 브레턴우즈 체제가 막을 내린 후 지속해서 달러 공급을 늘리면서도 기축통화의 지위를 잘 유지해 왔다. 달러의 가치가 낮아지는 것을 해결하기 위하여 달러화 자체의 수요를 증가시키는 데 성공했기 때문이다. 1975년엔 에너지정책보호법을 제정하여 원유 수출을 제한하고 당시 세계 최대의 산유국이던 사우디아라비아로부터 모든 석유 거래를 달러로만 결제한다는 약속을 받아냈다. 전 세계 모든 국가가 석유를 사기 위해서는 먼저 달러가 필요했기 때문에 탄탄한 수요가 형성되었다. 또 1995년엔 역플라자합의를 통해 G7이 달러 가치를 함께 부양하는 데 합의하며 트리핀 딜레마에서 벗어나기 시작했다.

저물가는 다시 돌아온다

미국은 코로나19 팬데믹이 발발한 이후 기축통화국의 지위를 더욱 맘껏 활용했다. 초저금리와 공격적 완화정책으로 전례 없는 규모의 돈을 풀며 코로나19가 몰고 온 경제 쇼크를 막아냈다. 발행량이 갑자기 늘었으니 달러 가치는 약세로 돌아서야 정상이지만 덩달아 금리 인하와 돈 풀기로 대응한 타 국가들의 헌신(?) 덕분에 최근 달러화 가치는 타 국가 통화 대비 오히려 강세를 띤다. 이쯤 되면 미국은 굳이 트리핀 딜레마를 벗어날 필요도 없어 보인다.

그러나 과연 달러 강세가 앞으로도 계속 유지될까? 현재 달러화 강세의 가장 큰 원인은 미국이 인플레이션을 잡기 위해 선제적으로 시행한 금리 인상과 양적축소다. 그렇다면 미국이 다시 금리를 내리고 돈을 푸는 방향으로 정책을 선회하면 달러는 언제든지 약세로 반전될 수 있다는 뜻이고, 내가 보기에 미국은 조만간 다시 돈을 풀 수밖에 없다. 지금은 다들 잊었겠지만 2008년 리먼브라더스 사태 이후 2019년까지 10년 동안 전 세계 중앙은행들이 너도나도 필사적으로 해결하려고 했던 지상 과제는 '저성장'

과 '저물가'였다. 미국 Fed는 10년이 넘도록 겨우 2퍼센트였던 연간 인플레이션 목표치를 달성하지 못해 전전긍긍했다. 미국 경제도 일본처럼 장기 저성장에 빠지는 것 아니냐는 우려가 팽배했다.

미국을 비롯한 선진국 경제에 저성장과 저물가가 고착화되었던 이유는 21세기 들어 촉발된 디지털 전환이 지난 10년간 더욱 가파르게 진행되었기 때문이다. 디지털 기술의 발전은 장기적으로 상품과 서비스 가격의 하락, 즉 '디플레이션'을 유발한다. 지금 스마트폰을 꺼내 그 안에 어떤 기능들이 들어가 있는지 한번 살펴보라. 과거에는 사진을 찍기 위해 비싼 디지털카메라를 사야 했지만 이제 스마트폰만 있으면 공짜로 찍을 수 있다. 음악을 듣기 위해서는 MP3 플레이어가 필요했지만 역시 스마트폰으로 대체되었다. 무어의 법칙(Moore's Law)에 따라 스마트폰 등 전자기기의 성능은 계속해서 좋아지지만, 생산비용은 상대적으로 변동이 적다. 앞으로 계속해서 기술이 발전하고 사회 곳곳의 더 많은 영역이 디지털로 전환되면 결국 물가는 하방 압력을 받을 것이다.

탈중앙화된 기축통화가 필요한 이유

물가가 하락하고 선진국 경제의 성장이 둔화하면 각국 중앙은행들은 다시 금리를 내리고 돈을 풀어 성장을 촉진하려 할 것이다. 그러나 그럴수록 전 세계는 더 깊은 저성장의 늪에 빠지게 된다. 근본적인 문제는 해결되지 않고 미래 세대에게 지운 빚만 더 늘어나기 때문이다. 미국에서는 이를 "길에 떨어진 음료수 깡통을 당장 주워 쓰레기통에 버리지 않고 계속 발로 차면서 문제 해결을 뒤로 미루는 형국(Kicking the can down the road)"이라고 표현한다.

현대의 신용화폐제도와 중앙은행 시스템은 이미 오래전에 음료수 깡통을 제 손으로 직접 줍는 방법을 잊어버렸다. 경제 위기가 올 때마다 금리를 내리고 수조 달러의 돈을 퍼부어 문제를 봉합하는 것이 이제 유일한 해결책이 되었고 그 주기도 점점 짧아진다. 만약 달러에 대한 신뢰가 무너지고 기축통화의 지위가 흔들리면 과거처럼 선진국 정부들 간에 긴밀한 공조가 이뤄져야 하는데, 서로 으르렁대기 바쁜 요즘 국제 정세를 보면 그건 어려울 것 같다. 석유의 국제무역에서 결제 수단으로 달러만 쓰게 만든 '페트로 달러' 시스템도 달러 가치를 영원히 지켜줄 수는 없다. 에너지 영역에서도 신기술이 기존의 화석연료를 대체하는 '에너지 대전환'이 빠르게 일어나고 있기 때문이다.

결국 세계 경제는 투명하고 신뢰할 수 있는 통화정책에 따라 발행되어 '딜레마'에 빠지지 않는 새로운 기축통화가 필요하다. 비트코인이 달러를 완전히 대체하여 유일한 기축통화로 쓰일 것이라는 뜻은 아니다. 오히려 브레턴우즈 체제 이후 80년간 이어져 온 달러 기반의 국제질서가 지금 큰 위험에 봉착해 있으며 마땅한 대안이 보이지 않는다는 표현이 더 정확할 것이다. 어쨌든 달러가 정말로 신뢰를 잃는 날이 오면 많은 대체재가 주목받을 것이다. 그리고 비트코인은 그 대체제로 충분한 특성을 가졌다.

토큰증권 시대에 비트코인의 효용

최근 여의도 증권가는 토큰증권(STO) 때문에 뜨겁다. 그동안 국내 금융사들은 블록체인 위에서 토큰 형태로 발행한 증권의 발행과 유통에 직접적으로 관여할 수 없었다. 그런데 금융당국의 STO 규제 가이드라인이 나옴에 따라 이 분야에 합법적으로 진출할 수 있게 되었다. 증권과 화폐의 토큰화는 향후 몇 년 동안 금융 산업의 지형을 변화시킬 것으로 예상된다. 외국의 경우 이미 대형 전통 금융사들이 블록체인 기술을 이용하여 토큰 형태로 증권을 발행하는 케이스가 점점 늘어나고 있다.

토큰 형태로 발행된 금융상품의 주목할 만한 사례로는 최근 홍콩 정부가 발표한 친환경 녹색채권을 들 수 있다. 2023년 2월 홍콩 정부는 대형 은행 네 군데(중국은행, 크레딧아그리콜은행, 골드만삭스, HSBC)를 통해 8억 홍콩달러(약 1313억 원) 규모의 토큰화 녹색채권을 발행했다. 1년 만기인 해당 채권은 매수자들에게 4.05퍼센트의 수익률을 지급한다. 채권 매수와 이자 수익에 대한 기록은 특정 은행의 내부 원장이 아니라 골드만삭스가 개발한 분산원장 플랫폼에 기록된다. 채권 매수자는 토큰을 사서 보유하고만 있으면 분산원장에 기록된 정보에 기반하여 만기에 자동으로 원금과 이자를 돌려받게 된다.

또 다른 케이스는 2022년 9월, 대형 사모펀드인 콜버그크래비스로버츠(KKR)가 자사의 비상장 주식 펀드(PE펀드) 중 하나인 '헬스케어 전략성장펀드'의 토큰화를 추진한 사례다. 참고로 KKR은 2021년 기준 4590억 달러(약 631조 원) 규모의 자산을 운용하는 세계 최대의 사모펀드다. 헬스케어 전략성장펀드는 빠르게 성장하는 미국과 유럽의 비상장 헬스케어 기업들에 투자하는 펀드로, 원래 '초고액 자산가' 및 기관 투자자만 접근할 수 있었다. KKR은 토큰증권의 구성과 발행을 도와주는 '시큐리타이즈(Securitize)'라는 서비스와 협업하여 아발란체 블록체인에 해당 펀드를 토큰화하여 발행했다. 이를 통해 투자 가능 자산이 50억 원 이상인 '고액 자산가' 개인도 펀드에 투자할 수 있게 됐다. 시큐리타이즈가 고안한 간편한 온라인 펀드 가입 프로세스를 통해 막연하게만 느껴지던 사모펀드 투자에 대한 개인의 접근성을 낮췄다. 펀드 입장에서는 거래를 모니터링하고 투자자를 심사하는 과정이 더 원활해졌다. KKR은 앞으로도 다양한 펀드를 토큰 형태로 발행하여 고객 저변을 넓히고 더 큰 유동성을 만들 것이라 기대한다.

토큰화된 증권은 기존 증권에 비해 여러 가지 이점을 제공한다. 우선 중개인 없이도 쉽게 증권을 사고팔 수 있어 거래 비용이 절감되며, 부분 소유(조각투자)가 가능해 해당 증권에 대한 투자자의 접근성이 높아진다. 이는 증권 발행사 입장에서도 효율적으로 전략을 세우고 유동성을 확보하는 데 도움이 된다. 또한 블록체인 위에서 거래되므로 연중무휴 24시간 거래가 가능해 투자자의 유연성이 높아지고 시장 상황과 뉴스에 빠르게 대응할 수 있다.

둘째로 토큰화된 증권은 프로그래밍이 가능하기 때문에 배당금 지급이나 이자 지급 등 계약 조건을 미리 설정한 대로 자동실행할 수 있다. 이러한 프로그래밍 기능은 원래 중간에서 이런 역할을 해주던 증권사 인력 등 제3자를 배제시켜 비용을 절감하고 투자의 효율성을 높여준다. 발행사는 금융상품을 구조화할 때 더욱 다양한 컨셉의 새로운 전략을 시도해 볼 수 있어서 좋다.

셋째로 토큰화된 증권은 투명성과 안전성을 강화하여 금융사고 가능성을 줄여준다. 증권에 대한 소유권 및 거래 데이터가 블록체인에 기록되어 중간자가 거래를 관리하고 검증할 필요가 없어지므로 오류와 사기의 가능성이 줄어든다. 또한 모두에게 실시간 공개되는 블록체인 원장이므로 규제 당국의 규제 준수 모니터링이 용이해져 금융시장의 투명성이 개선된다.

결과적으로 토큰화된 증권은 금융시장이 자본을 조달하는 새로운 방법을 제공하여 더 많은 투자자를 쉽게 유치하는 효과가 있다. 증권이 토큰 형태로 발행되면 기존의 방식보다 발행과 유통에 드는 비용과 복잡성이 줄어들어 소규모 기관도 투자은행이나 기타 중개기관에 의존하지 않고 효율적으로 자본을 조달할 수 있다. 또한 블록체인 위에서 관리되는 발행과 유통, 거래 데이터는 기존의 기관별로 따로따로 관리되던 방식보다 높은 투명성을 제공하여 금융시장의 더 큰 혁신과 성장을 이끌 수 있다.

돈의 디지털화

자신이 다루는 자산을 토큰화하려는 움직임이 비단 증권가에서만 보이는 건 아니다. 전 세계 대부분의 중앙은행들은 가까운 미래에 중앙은행디지털화폐(CBDC)를 발행하기 위해 너도나도 연구를 진행하고 있다. CBDC는 블록체인 기술로 운영되며 중앙은행이 발행하는 토큰화된 화폐의 한 형태이다.

중앙은행이 CBDC 발행에 관심을 갖는 가장 큰 이유는 통화 시스템에 보다 많은 사람이 접근할 수 있기 때문이다. 원래 중앙은행의 역할은 민간은행에 도매화폐 준비금을 발행하고, 이를 토대로 민간은행이 경제 시스템에 소매화폐 현금과 대출을 확대하게 하는 것이다. 그러나 중앙은행이 디지털 화폐를 발행하면 일반 시민에게 소매화폐를 직접 제공할 수 있다.

중앙은행 입장에서는 실시간으로 화폐의 흐름을 추적하고 그에 따라 금리를 조정할 수 있기 때문에 민간은행을 거치지 않고 일반 시민들 손에 직접 쥐어진 CBDC가 통화정책을 실행하는 데 더 큰 유연성을 제공한다. 그리고 이는 기존의 현금 기반 시스템의 필연적 문제인 자금 세탁 및 기타 불법 활동을 방지하는 데도 도움이 된다. 어쩌면 그동안 어떤 이유로든 은행 서비스를 이용할 수 없었던 개인을 금융 시스템 안에 들어오게 하여 금융 포용성을 높이는 효과도 있을 것이다.

물론 디지털화된 돈의 가장 큰 부작용은 바로 프라이버시이다. 앞서 언급한 것처럼 CBDC를 사용하면 정부는 국민이 돈을 '어디에 썼는지'뿐만 아니라 '어디에 쓸지'까지 결정할 수 있는 막강한 권력을 쥐게 된다.

블록체인 호환성 문제 해결하는 비트코인

어쨌든 디지털 대전환의 바람이 금융 산업에도 불어닥치면서 토큰화된 증권과 CBDC 사용의 증가는 막을 수 없는 현상인 듯하다. 그러나 여기에서 발생하는 문제가 하나 있다. 다양한 증권과 화폐가 토큰화되어 발행될 때 그에 못지않게 다양한 블록체인이 쓰인다는 점이다. 한 블록체인에서 발행된 토큰은 다른 언어를 사용하는 다른 블록체인과 호환되지 않기 때문에 서로 거래될 수가 없다. 내가 가진 토큰과 친구가 가진 다른 토큰을 서로 교환하고 싶어도 불가능하다는 뜻이다. 때문에 가장 좋은 방법은 모든 발행 주체가 하나의 통일된 블록체인 네트워크를 쓰는 것인데, 수많은 퍼블릭과 프라이빗 블록체인이 공존하는 현 상황을 봤을 때 이는 거의 불가능에 가깝다.

앞서 소개한 홍콩 정부와 KKR이 발행한 토큰 증권도 각각 골드만삭스가 만든 분산원장 플랫폼과 아발란체 블록체인 위에서 발행되었다. 이 둘은 서로 다른 표준으로 만들어졌기 때문에 온체인상에서 거래될 수가 없다. 조금 더 쉽게 설명하자면 구글 안드로이드 기반으로 만들어진 앱이 아이폰에서 실행되지 않고, 마이크로소프트 윈도우 운영체제가 애플 맥북에서 구동되지 않는 것과 비슷하다. 동일한 프로토콜 언어를 사용하여 만들어진 앱(또는 토큰)은 서로 같은 운영체제 안에서는 자유롭게 데이터를 주고받을 수 있으나 다른 언어 기반으로 만들어진 앱(또는 토큰)과는 마치 물과 기름처럼 섞일 수가 없다.

물론 단기적인 해결책은 있다. 바이낸스나 업비트 등 중앙화 거래소들처럼 블록체인이 아니라 개별 기업의 서버에서 거래를 체결하는 것이다. 지금 미국 월가의 대형 금융사들이 협업하여 만들고 있다는 EDXM이 바로 그 역할을 할 것으로 기대된다. 전통 금융기관들이 서로 토큰 증권을 거래할 수 있는 안정적인 시장을 제공하겠다는 목적이다. 그러나 이는 근본적인 해결책이 되지는 못한다. 아무리 유명한 대형 금융기관들이 모여 만든 거래소라 하더라도 여전히 한 민간 기업이 제공하는 서비스일 뿐이다. 민간 기업이 전 세계 모든 중앙은행이 발행한 CBDC와 모든 금융기관들이 발행한 토큰 증권의 거래를 관장한다는 막중한 책임을 지기는 어렵다. 당연히 신뢰 문제도 대두될 것이다.

이 문제를 해결하려면 서로 다른 블록체인에서 발행된 토큰을 제3자 없이 교환할 수 있어야 한다. 분산원장에 대한 표준화된 프로토콜이 필요한 것이다. 전 세계의 모든 토큰화된 금융상품과 CBDC가 서로 맞교환될 곳은 당연히 가장 보편화되고 탈중앙화된 표준 네트워크여야 한다. 비트코인은 현존하는 블록체인 네트워크 중 그 규모와 탈중앙성의 정도에 있어 독보적인 위치를 점한다. 때문에 네트워크 효과로 인해 마치 초창기 인터넷이 그랬던 것처럼 전 세계 정부와 금융기관들로부터의 비트코인 채택이 비약적으로 증가할 것으로 예상된다.

그렇다면 비트코인도 하나의 블록체인일 뿐인데 어떻게 서로 다른 규약을 가진 토큰을 한데 모아 거래할 수 있는 걸까. 비트코인의 레이어2 솔루션인 라이트닝 네트워크는 서로 다른 블록체인 간의 호환이라는 기술적인 문제의 해결책을 제공한다. 라이트닝 네트워크는 다음 블록을 채굴할 때까지 10분을 기다릴 필요 없이 서로 즉각 거래하도록 도와주는 레이어2 네트워크다. 이는 해시타임록 계약(HTLC)이라는 스마트 계약 덕분에 구현이 가능하다.

예를 들어보자. 중앙은행은 비트코인의 라이트닝 네트워크와 호환되는 스마트 계약 기술인 HTLC를 갖춘 분산원장기술 소프트웨어를 사용해 CBDC를 발행한다. 그리고 해당 CBDC는 역시 HTLC 기능을 갖춘 다른 토큰 증권 및 CBDC들과 비트코인 온체인에서 자유롭게 거래된다. 이렇게 스마트 계약을 통해 모든 디지털 자산이 호환되는 것을 '아토믹 스왑'이라고 한다.

아토믹 스왑의 핵심 개념은 제3자의 개입이 없는 거래다. 각기 다른 블록체인 기술을 쓰는 디지털 화폐를 거래소 같은 제3의 기관을 통하지 않고도 거래할 수 있는 스마트 계약이다. 아토믹 스왑은 거래에 대한 기본적인 개념을 뒤집는다. 거래 상대방 위험, 교환 위험, 부도 위험 등 모든 위험 요소를 제거하도록 프로그래밍해서 거래하는 쌍방 모두를 위해 거래를 성사 또는 무산시킨다.

이미 실제로 HLTC를 통한 아토믹 스왑이 성공한 사례도 있다. 2019년 싱가포르 통화청과 캐나다 중앙은행, JP모건, 그리고 액센추어(Accenture PLC)는 두 개의 서로 다른 분산원장기술 플랫폼에서 HTLC를 사용해 캐나다 달러와 싱가포르 달러간 아토믹 스왑을 성공적으로 구현했다. 캐나다 중앙은행은 분산원장기술 코다(Corda)를, 싱가포르 중앙은행은 쿼럼(Quorum)을 사용했다. 둘은 모두 각기 다른 민간 기업에서 제공하는 솔루션이다. 두 개의 분산원장 기술은 기본적으로 서로 차이가 있지만, 둘 다 HTLC를 허용하기 때문에 가장 중요한 '거래' 부분에서 호환이 가능하다.

만약 중앙은행과 금융기관들이 자신들이 발행한 토큰증권과 CBDC가 번성하길 원한다면 HTLC 기능을 갖춘 분산원장 기술 소프트웨어를 사용해 토큰을 발행함으로써 아토믹 스왑 그룹에 합류할 것이다. 현재 라이트닝 네트워크는 5050BTC(약 4552억 원) 수준의 거래를 처리하고 있으며 향후 HTLC 호환 토큰들이 거래될 통합 네트워크로써 독보적인 지위를 구축하고 있다.

만약 전 세계 모든 디지털 토큰들이 라이트닝 네트워크 위에서 거래되는 날이 온다면 비트코인은 디지털 세상의 기축통화로 자리매김할 가능성이 높다. 모든 디지털 화폐의 가격이 그 발행자의 영향력과 무관하게 결국 비트코인을 기준으로 정해지는 것이다. 바로 하이퍼 비트코이나이제이션(Hyper-Bitcoinization)이다.

SVB 파산 사태, 무엇이 문제였을까

서던캘리포니아대학교(USC)에서 금융학을 가르치는 닉 바티아는 그의 저서 『레이어드 머니 돈이 진화한다』를 통해 현대 경제에서 서로 다른 형태의 화폐가 어떻게 겹겹이 쌓여 있는지를 설명하는 레이어드 머니 개념을 소개했다. 그는 화폐가 단순히 중앙은행에서 발행하는 종이 돈이 아니라 각각 고유한 속성과 특성을 가진 화폐가 상호 연관되어 구성된 복잡한 시스템이라고 설명한다. 그리고 그는 이 화폐 피라미드 안에서 각 계층마다 존재하는 서로 다른 속성의 화폐를 '계층 화폐'라고 부른다.

화폐 피라미드의 맨 위에는 수세기 동안 화폐의 한 형태로 사용되어 온 금 같은 실물자산이 있다. 이러한 실물자산은 정부나 중앙기관으로부터 독립적인 가치 저장 수단을 제공한다. 덕분에 인플레이션과 화폐 구매력 하락에 대비해 본인 재산을 지키려는 투자자에게 언제나 인기가 높다.

실물자산 바로 아래 계층에는 미국 달러 같은 법정통화가 있다. 이 두 번째 계층 화폐는 정부와 중앙은행이 발행하긴 했지만 그 가치는 중앙은행이 첫번째 계층 화폐인 금을 충분히 보유함으로써 보증된다. 두 번째 계층 화폐는 일종의 도매 형태로 시중 은행들에게만 발행되며, 시중 은행들은 다시 대출을 통해 우리 같은 일반 사람들이 쓸 수 있는 소매 화폐를 발행한다. 이를 세 번째 계층 화폐라 부른다.

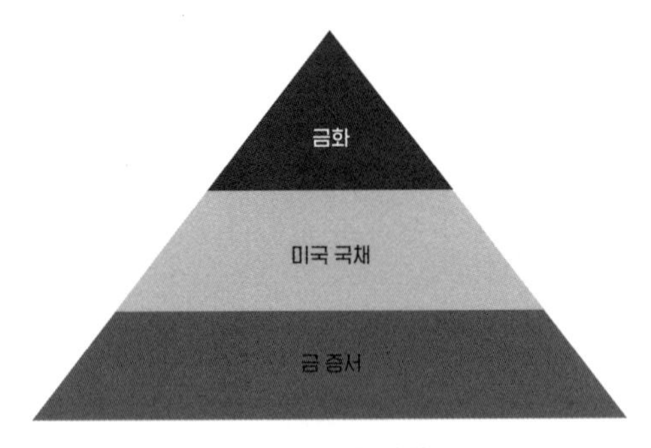

1. 금본위제 시기

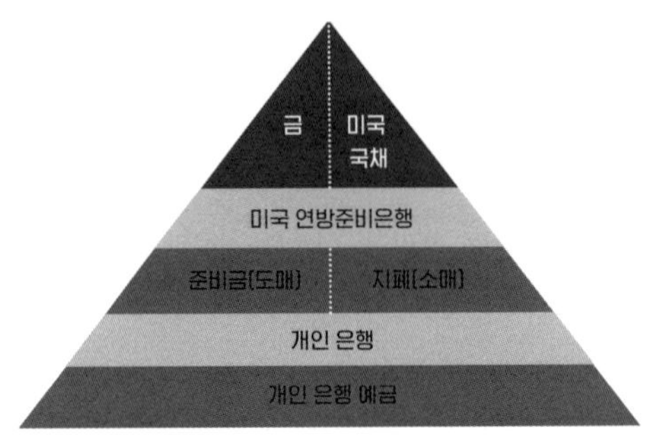

2. 1944년 브레트우즈 체제 이후

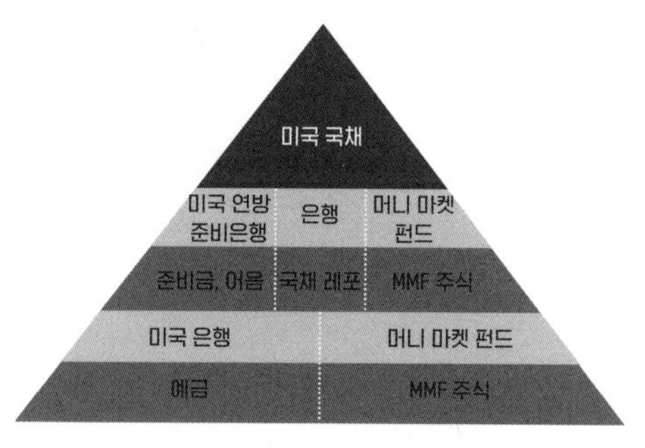

3. 1971년 닉슨쇼크 이후

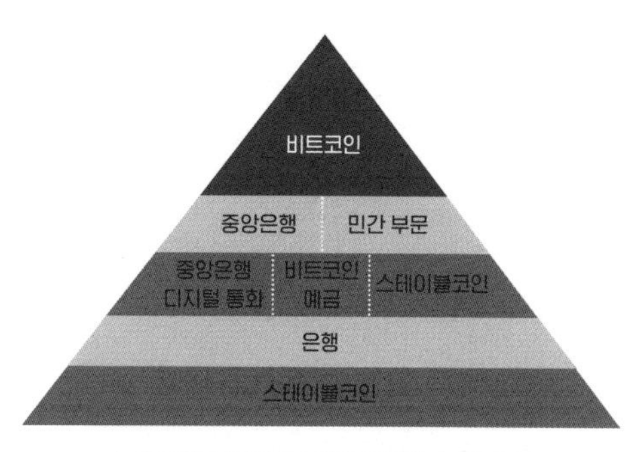

4. 앞으로 다가올 비트코인 스탠다드

닉 바티아가 설명한 화폐 피라미드이다. (출처: 『레이어드 머니 돈이 진화한다』)

금과 같은 궁극의 안전자산을 매개로 하여 가치가 보증된 화폐를 발행하던 기본적인 화폐 피라미드의 구조는 1971년, 미국 정부가 금태환을 중지한 그 유명한 '닉슨 쇼크' 이후로 뒤바뀌게 된다. 지금 화폐 피라미드에서 가장 정점에 있는 것은 미국 정부가 발행한 채권, 즉 미국채다. 때문에 두 번째 계층 화폐는 이를 발행한 정부와 중앙은행에 대한 믿음과 신용이 전적으로 가치를 뒷받침한다. 세 번째 계층 화폐인 소매 화폐를 상위 계층의 화폐로 교환해 올라가면 미국이라는 국가의 신용을 기반으로 발행된 국채만 손에 남게 된다. 국채는 결국 국가가 만기에 채권자에게 상환해야 할 부채다. 현대의 화폐 피라미드가 부채로 쌓아올린 탑이라고 불리는 이유다.

계층 화폐 시스템이 안정적으로 유지되기 위한 조건은 위기가 찾아왔을 때 언제든 더 안전한 상위 계층의 화폐로 태환하여 탈출할 수 있다는 믿음이다. 이 믿음만 유지된다면 피라미드는 네 번째, 다섯 번째 계층 화폐로 계속해서 확장해 나갈 수 있다.

최근 미국에서는 실버게이트은행에 이어 실리콘밸리은행까지, 일반 대중을 대상으로 세 번째 계층 화폐를 제공하던 은행들이 뱅크런에 의해 문을 닫는 사태가 연이어 벌어졌다. 이로 인한 연쇄 작용으로 미국 달러화 가격과 1:1로 연동되어 가치가 유지되던 USDC와 DAI 같은 스테이블코인의 가치 연동이 깨졌다. 이를 디페깅[45]이라 부른다. 지금은 다시 정상 수준으로 회복되었지만, 한때 두 스테이블코인의 가격은 거의 0.88달러까지 떨어졌다.

그동안 스테이블코인은 인터넷으로 연결된 디지털 세상에서 국경과 인종을 초월하여 자유롭게 사용되는 새로운 형태의 화폐로 받아들여졌다. 법정화폐처럼 은행이 발행하는 것은 아니지

45 Depegging. 가치 고정에 실패함.

만 법정화폐와 같은 가치를 유지하는 암호화폐이기 때문에 은행 시스템의 손길이 미처 닿지 못하는 곳에까지 침투하여 금융 포용성을 넓히는 수단으로 각광받았다. 지금부터는 문제가 불거진 USDC와 DAI가 어떻게 작동하는 스테이블코인인지 알아보고, 이들이 맞닥뜨린 문제의 원인을 화폐 피라미드의 관점에서 살펴도록 하자.

스테이블코인 가치 유지 방법

스테이블 코인은 그 이름에서도 유추할 수 있듯이 안정적인 가치를 유지하도록 설계된 암호화폐를 말한다. 주로 미국 달러화나 유로화 같은 선진국 법정화폐에 가치가 연동되는 경우가 많다. USDC와 DAI는 미국 달러화와 가격이 연동된 스테이블코인이다. 이 둘은 가치를 유지하는 방식이 조금씩 다르다.

USDC

USDC는 'USD Coin'의 줄임말로 미국 기업인 서클 인터넷 파이낸셜(Circle Internet Financial, 이후 서클)과 코인베이스 거래소가 합작하여 2018년에 출시한 토큰이다. USDC가 달러화 가격을 추종하는 방법은 명확하다. 바로 실제 달러화를 은행 계좌에 예치하고 그와 1:1로 코인을 발행하는 것이다. 은행에 예치된 달러화 자산은 감독기관으로부터 정기적으로 감사를 받으며 회계 장부의 투명성을 관리한다. 마치 과거 중앙은행이 발행한 법정화폐의 가치가 은행 금고에 들어 있는 금에 의해 유지되었듯이, USDC 코인은 해당 금액만큼의 미국 달러로 언제든지 태환할 수 있다는 믿음이 가치를 유지한다.

USDC는 다른 암호화폐와 대비해 가격 변동성이 거의 없기 때문에 주로 암호화폐 거래소나 디파이 간에 가치를 전송하는 수단으로 사용된다. 비슷한 방식으로 운영되는 다른 스테이블코인들과 비교해서도 가장 높은 수준의 규제와 투명성을 보여 안정적이고 신뢰할 수 있는 스테이블코인으로 널리 알려져 있다.

DAI

DAI 역시 USDC와 마찬가지로 미국 달러에 1:1 비율로 고정된 탈중앙화 스테이블코인이다. 이더리움 블록체인에서 운영되는 다오인 메이커다오가 만들었다. USDC와 달리 DAI는 미국 달러 준비금에 의해 뒷받침되지 않고, 대신 담보부 부채 포지션(CDP) 시스템이라 불리는 알고리즘을 통해 가치가 유지된다.

CDP는 사용자가 이더리움 블록체인의 기본 통화인 이더(ETH)를 일정량 동결하고 그 대가로 DAI를 생성할 수 있는 스마트 컨트랙트 시스템이다. 이 시스템이 이더 담보의 가치를 실시간 모니터링하여 초과 담보를 유지해 주기 때문에 DAI의 가치가 안정적으로 유지되는 구조다.

DAI 토큰의 발행과 소각은 탈중앙화된 거버넌스 시스템을 통해 메이커다오 커뮤니티에서 관리한다. 즉 커뮤니티가 DAI 스테이블 코인의 안정성과 가치에 영향을 미치는 정책을 투표를 통해 결정하고 실행하는 것이다. 이러한 거버넌스 방식의 의사결정 구조와 법정화폐 준비금이 없다는 특성 때문에 DAI는 USDC보다 더 탈중앙화된 형태의 스테이블코인으로 간주된다.

화폐 피라미드와 스테이블코인

USDC와 DAI는 분산원장에서 발행되고 유통되는 암호화폐인 것은 맞지만, 사실 진정한 의미의 탈중앙화된 화폐는 아니다. 거래가 기록되는 원장만 탈중앙화되었을 뿐, 화폐의 가치는 여전히 법정화폐와 실물 경제 시스템의 운명에 강하게 결박되어 있기 때문이다.

USDC의 경우 이러한 색깔이 더욱 짙다. 달러화와 1:1 가격을 유지하기 위해 미국 달러화 현금, 또는 현금 등가물로 100퍼센트 가치를 뒷받침한다. 이는 사실상 은행이나 증권사에서 발행하는 달러화 파생상품과 구조가 유사하기 때문에 그 가치가 미국 경제와 은행 시스템의 운명에 의해 좌지우지된다.

최근 문제가 불거진 실리콘밸리은행(SVB)에 USDC의 달러화 준비금이 들어 있었다는 소식은 스테이블코인이 탈중앙 디지털 경제의 새로운 화폐가 아니라 그저 또 한 종류의 달러 파생상품이라는 사실을 극명히 보여준다. USDC 발행사인 서클은 약 400억 달러의 준비금 중 33억 달러를 SVB에 보관했는데, 은행이 문을 닫으며 이를 인출할 수 없게 되고 말았다. 암호화폐 시장에서 유통되는 USDC 코인은 400억 달러만큼 있지만 실제 달러화 준비금은 367억 달러로 줄어든 것이다. USDC 코인의 가치가 달러화에 의해 100퍼센트 보증되지 않는다는 사실을 알아챈 사람들은 탈출 러시를 감행했고 USDC 가격은 순식간에 0.88 달러까지 떨어졌다. 이 사건은 USDC가 수많은 달러 파생상품들과 마찬가지로 전통 금융 시스템으로부터 전혀 독립적이지 않다는 것을 보여주었다.

그렇다면 DAI는 어떨까. 달러 준비금이 없고 알고리즘으로 운영되어 훨씬 탈중앙화된 듯 보이지만, 사실 여전히 법정화폐로부터 독립적이지 못하다. SVB 뱅크런 사태로 인해 USDC 디페깅이 심화되자 DAI 가격까지 덩달아 디페깅된 사실을 보면 알 수 있다. 이유를 알고 보니 메이커다오 재단이 보유하고 있던 이더 담보 자산의 3분의 1, 약 16억 달러가 USDC로 교환되어 코인베이스에서 제공하는 기관 전용 투자상품에 들어가 있었다고 한다. 겨우 1.5퍼센트 정도되는 연이자를 받기 위해서 담보를 고위험 파생상품에 투자한 격이다.

한 가지 재미있는 사실은 이런 위험한 투자가 커뮤니티에서 투표로 결정됐다는 점이다. 이 투표는 메이커다오의 투자자이기도 한 코인베이스의 제안으로 2022년 9월 진행되었으며 75퍼센트가 넘는 높은 찬성률로 통과되었다. 이러한 의사결정 구조를 과연 탈중앙화되었다고 봐야 할까. 코인베이스가 자신이 투자한 토큰 커뮤니티에 직접 제안을 넣어 자신이 발행한 USDC 코인에 투자하게 만들고 손해를 입힌 꼴이다. 투자자들도 이런 문제를 눈치챘는지 메이커다오의 거버넌스 토큰인 MKR은 2023년 3월 6일 오후 기준 926.20달러에 거래되며 전일 대비 3퍼센트, 전주에 비해서는 16퍼센트 하락했다.

암호화폐 업계에서는 USDC나 DAI와 같은 코인들을 이름만 탈중앙화되었다는 의미로 '다이노(DINO, Decentralized in Name Only)'라 부른다. 둘 다 그 가치는 여전히 미국 달러의 운명과 직결되며, 미국 달러의 가치는 미국 금융 시스템의 안정성에 달렸다.

계층 화폐 피라미드의 관점에서 보면 USDC와 DAI는 새로운 피라미드의 기축통화가 아니라 기존에 존재하는 달러화 피라미드의 가장 하위 계층에 속하는 파생상품이라 보는 것이 합당하다. 블록체인에서 발행되고 디앱을 통해 사용된다고 해서 다 탈중앙 암호화폐가 아니다.

유일한 탈중앙 암호화폐

법정화폐 준비금으로 가치가 뒷받침되지 않고 정부나 중앙 기관의 통제를 받지 않는 진정한 탈중앙 암호화폐는 오직 비트코인

뿐이다. 비트코인은 앞서 소개한 스테이블코인들과는 다르게 특정 화폐나 그것이 속한 금융 시스템과 운명이 결부되지 않는다. 비트코인의 공급량은 2100만 개로 제한되어 있어 극도의 투명성을 지니기 때문에 그 가치가 전적으로 시장의 수요에 의해 결정된다. 이러한 독립성과 탈중앙성은 비트코인을 달러 피라미드의 하위 계층 어딘가에 존재하는 파생상품이 아니라 미국채를 대체하여 첫 번째 계층 화폐인 안전자산의 위치에 오르게 만들 것이다.

미국채는 전통적으로 현대 미국 달러 피라미드에서 최상위 계층으로 간주되어 왔지만 이제 그 운명이 다해 가는 모습이다. 실제로 국채의 무한 증식을 이용한 화폐 발행 시스템은 지난 50년 동안 인플레이션, 천문학적 부채 누적, 중앙은행의 이자율 조작 등으로 금융시장에 심각한 문제를 일으켰다.

현재 미국 정부는 국가 부채가 28조 달러(약 3경 원)를 넘어서 심각한 위기에 직면했다. 과연 미국 정부가 앞으로도 계속 새로운 빚을 내어 기존의 빚을 갚는 행위를 지속할 수 있느냐에 대한 우려가 끊임없이 제기되는 중이다.

이와는 대조적으로 비트코인은 국채와 기존 달러 피라미드와 아무 상관이 없는 독특한 통화정책을 지녔다. 이러한 탈중앙화된 형태의 화폐는 인플레이션, 정부의 인위적 자본통제, 과도한 부채 축적 등 기존 달러 시스템이 가진 단점으로부터 자유롭다. 비트코인의 가격은 단기적 시각으로 봤을 때 변동성이 매우 큰 것처럼 보이지만 사실 제한된 공급량과 매력적인 가치 저장 수단의 특성 덕분에 장기적인 가치가 법정화폐, 금, 주식, 부동산 등 모든 자산과 비교하여 우상향하는 중이다.

자산 규모가 276조 원에 달하던 SVB가 하루아침에 문을 닫고 예금을 미처 인출하지 못한 미국인들이 은행 앞에 길게 줄을 선 모습을 전 세계가 목도했다. 그 어느 때보다도 미국 정부나 중앙기관의 통제로부터 자유롭고 안정적인 금융 시스템의 필요성을 절실하게 느낀다. 만약 앞으로도 계속 중앙은행의 위기통제 능력이 도마 위에 올라 국채가 신용을 잃는다면, 화폐 피라미드의 정점에서 궁극의 안전성을 제공할 새로운 자산으로써 비트코인의 역할은 더욱 두드러질 것이다.

PART 5

투자로써의 비트코인

■

2023년에 비트코인 가격이 40퍼센트 정도 상승하자 이후 전망을 묻는 사람들이 많아졌다. 그럴 때마다 이런저런 시나리오를 생각해 보긴 하지만, 사실 나라고 해서 딱히 알 방법은 없다. 당장 내일 무슨 일이 생길지도 모르는데 내년에 비트코인 가격이 어떻게 될지 알 수 있을까.

만약 누군가가 확신에 찬 말투로 내년에는 가격이 얼마가 될 것이다 주장한다면 그 사람의 말을 전적으로 믿지는 말기 바란다. 설령 그 사람이 워런 버핏이나 레이 달리오 같은 전설적인 인물이라 하더라도 말이다. 세상에 셀 수 없을 만큼 많은 변수가 복잡하게 얽혀 돌아가는 시장을 100퍼센트 정확하게 예측하는 사람은 없다.

가격은 수많은 시장 참여자들의 의사결정이 한데 모여 나온 결과값이다. 어떤 자산의 가격이 지금 왜 이 가격에 형성되었는지는 몇 가지 근거를 들어 충분히 설명할 수 있지만, 이것을 토대로 내일의 가격을 예측할 수는 없다. 가격에 가장 결정적 영향을 미치는 인간의 심리는 정태적으로 머무는 것이 아니라 시시각각 변화하기 때문이다.

어떤 자산의 가격이 특정 시점에 얼마가 될지 맞추는 게 어려운 또 다른 이유는 인간의 뇌가 지닌 편향성 때문이다. 우리는 모두 불완전한 존재다. 인간의 두뇌는 자주 이성적인 판단을 내리지 못한다.

부와 성공에 대한 다양한 콘텐츠를 뉴스레터로 전달하는 큐리오시티 크로니클(The Curiosity Chronicle)의 운영자인 사힐 블룸에 따르면 인간의 뇌는 태생적으로 열 개의 심리적 오류를 지녔다고 한다. 바로 생존자 편향(Survivorship bias), 소박한 실재론(Naive realism), 더닝 크루거 효과(Dunning-Kruger effect), 손실 회피 성향(Loss aversion), 확증 편향(Confirmation bias), 기본적 귀인 오류(Fundamental attribution error), 바더-마인호프 현상(Baader-Meinhof phenomenon), 앵커링 효과(Anchoring effect), 편승 효과(Bandwagon effect), 지식의 저주(Curse of knowledge)이다.

여기 나열한 각 오류들 하나하나는 아무리 이성적인 전문가라 하더라도 언젠가는 잘못된 결정을 내리게 만든다. 이중 전문가의 가격 예측에 영향을 미칠 수 있는 대표적인 심리적 오류는 바로 '앵커링 효과'다. 영어로 앵커(Anchor)는 배를 항구에 정박시킬 때 쓰는 '닻'을 의미한다. 누군가 나름의 근거를 가지고 비트코인 가격이 연말 1억 원에 도달할 것이라는 예상을 했다고 치자. 그러면 그 사람의 두뇌는 그때부터 '1억 원'이라는 숫자를 마음속에 '앵커링'시켜 정보를 걸러내는 필터로 사용하기 시작한다.

시장 상황은 매순간 시시각각 변하므로 주변 정보들도 언제나 편견없이 받아들여야 오류에 빠지지 않는다. 그러나 불완전한 인간의 마음은 어딘가에 닻을 내리면 편견의 늪에서 쉽게 빠져나오지 못하는 경향이 있다. 4개월 연속 비트코인 월말 종가를 맞추며 '무당' 소리까지 들었던 플랜비도 이 오류에 빠져 실패했다.

플랜비는 트위터 팔로워 140만 명을 보유했으며, 자신만의 비트코인 가격 예측 모델인 'S2F'를 개발한 투자자다. S2F 모델은 금 가격 예측에 주로 쓰이는 방법을 차용해 비트코인에 적용했는데, 특히 2021년 하반기 비트코인 가격 흐름을 근사치에 가깝게 맞춰서 플랜비를 일약 스타덤에 올려 놓았다.

플랜비의 분석에 따르면 2021년 12월 비트코인 가격은 1억 6000만 원이 되었어야 했다. 그러나 실제로 그해 연말 종가는 6000만 원에 그쳤다. 11월까지만 해도 8000만 원까지 쉼 없이 오르며 연말 1억 원 돌파가 확실시되던 비트코인 상승세가 둔화된 데는 여러 요인이 복합적으로 작용했다. 코로나19 변이 바이러스인 오미크론이 대유행한 데다 Fed가 긴축정책을 내놓는 등 악재가 이어졌다.

플랜비도 아마 이런 거시적인 변화들을 눈치채고 자신의 예상가격을 수정할 기회가 있었을 것이다. 그러나 그의 뇌로 들어오는 정보들이 '비트코인 연말 1억 원'이라는 필터에 걸러지며 객관적으로 시장을 분석하는 능력이 서서히 사라졌을 것이다. 배가 어느 지점에 닻을 내리면 전혀 움직이지 못하듯이, 그의 사고도 최초 습득한 정보에 몰입하여 새로운 정보를 수용하지 않거나, 이를 부분적으로만 수정하는 오류를 범한 것이다.

Chapter 1

경제적 자유는 무엇으로 실현되는가?

비트코인은 미래의 화폐다.

_아담 드레이퍼

'지금은 일단 현금을 보유했다가 저점이 왔을 때 사고, 다 오르면 꼭지에서 팔자' 같은 계획이 언뜻 들으면 매우 그럴듯해 보이지만 항상 결과가 좋지 않은 이유도 비이성적인 인간의 심리 때문이다. 저점이 왔을 때는 '더 내려가지 않을까?' 불안해서 못 사고, 고점이 왔을 때는 '아직 더 올라갈 꺼야!' 기대하느라 못 파는 게 일반적인 인간의 습성이다. 자신은 그러지 않을 거라 생각한다면 별 수 없지만, 언젠가 비싼 수업료를 낼 수도 있으므로 각오하는 게 좋다.

불완전한 인간 두뇌의 한계를 극복하고 투자를 통해 의미 있는 수익을 거두는 가장 현실적인 방법은 야구 배트를 길게 잡는 것이다. 즉 1년 정도의 짧은 기간 안에 승부를 보려하지 말고, 장기적으로 구조적인 성장이 예상되는 자산을 잘 골라 투자하는 방법이 보다 확실하다. 주식시장에서는 열 배 수익률의 초대박 종목을 텐 배거(Ten Bagger)라 부른다.

지금까지 세상에는 수많은 텐 배거가 있었다. 만약 IT 버블이 절정이던 2000년대 초, 애플 주식에 1억 원을 투자했다면 지금 몇 퍼센트의 수익을 얻었을까? 무려 1만 3000퍼센트의 수익을 올릴 수 있다. 금액으로 환산하면 130억 원이다. 애플 주식이 1980년대부터 거래되기 시작했으니 2000년에 첫 투자를 했다면 그리 빨리 올라탄 편도 아니다. 게다가 당시는 '닷컴 버블'이 한창 물이 올랐을 때라 애플 주식을 투자 대상으로 고려할 가능성이 비교적 높았을 것이다. 꾸준히 가치가 상승하는 텐 배거와 20년이라는 시간이 결합되면 어마무시한 수익률을 안겨준다. 투자를 통한 경제적 자유는 이렇게 얻는 것이 현명하다.

물론 장기투자는 절대 쉬운 일이 아니다. 만약 2000년 초에 1억 원을 들여 애플 주식을 샀다면 바로 다음 해인 2001년 1월, 마이너스 79.4퍼센트라는 대폭락을 경험했을 것이다. 애플 주가는 그 후로 2004년까지 지지부진하게 횡보하다가 2005년이 되어서야 조금씩 회복하기 시작했다. 그러나 여전히 초기 투자금 1억 원은 원금조차 회복하지 못하고 마이너스 12.2퍼센트의 손실을 입은 상태다. 아마 이쯤 되면 누구든 머릿속으로 '원금만 회복하면 바로 팔겠다'는 다짐을 할 가능성이 크다.

무려 5년이나 이어진 폭락과 손실을 참고 20년 동안 장기투자를 하려면 애플이 만드는 제품과 서비스에 대한 깊은 믿음이 필요하다. 애플 같은 기업이 지닌 특징은 수십 년 동안 꾸준한 성장을 이끄는 매력 있는 상품, 또는 서비스와 그로 인해 끊이지 않는 수요가 존재한다는 점이다.

또 다른 예로 부동산을 생각해 보자. 한강이 내려다 보이는 서울 시내 고층 아파트는 누구나 한번쯤 살아보고 싶은 매력적인 주거공간이다. 때문에 매우 높은 수요가 꾸준히 유지되는 반면 공급량은 매우 제한되어 있기 때문에 장기적으로 가격이 우상향한다. 물론 수요가 높은 부동산일수록 투기 수요가 항상 따라오기 때문에 때때로 심한 가격 변동성에 시달리기도 한다. 2021년 누적 상승률 13.19퍼센트를 기록했던 전국 부동산시장은 2022년에는 하락률 6.51퍼센트를 기록했다. 그리고 2023년에도 전국 집값은 5.1퍼센트 하락했다.

그러나 서울 아파트 가격은 20년(2002~2021년) 동안 419.42퍼센트 올랐다. 2002년에 1억 원이었던 아파트가 2021년에는 5억 2000만 원 수준으로 약 다섯 배 상승했다는 의미다. 만약 서울 아파트에 대한 수요가 향후 수십 년간 끊이지 않을 것이라 믿는다면, 애플 주식의 사례에서처럼 지금의 가격 하락은 지나가는 단기 변동성 정도로 생각할 수 있다.

비트코인의 장기적인 수요

내가 어린이였던 30여년 전, 짜장면 한 그릇의 가격은 1100원이었다. 요즘 짜장면 가격은 한 그릇에 6000원이 넘는다. 만약 어렸을 적 돼지저금통에 넣어 놨던 현금 1100원을 30여 년이 흐른 지금 꺼낸다면 짜장면 한 그릇은 커녕 김밥 한 줄도 사먹기 어려울 것이다.

그러나 만약 그때 1100원을 현금이 아니라 금화로 바꿔 돼지저금통에 넣었더라면 얘기가 다르다. 금 가격은 30년 동안 숱하게 올랐다 내렸다를 반복했지만 결과적으로 30년 동안 483퍼센트나 상승했다. 만약 지금 해당 금화를 꺼내 현금으로 바꿔 중국집에 간다면 짜장면 한 그릇에 탕수육까지 시켜 배부르게 먹을 수 있을 것이다. 화폐 가치는 시간이 갈수록 희석되지만 금은 수십 년이 지나도 구매력이 줄기는커녕 오히려 그 가치가 다른 재화나 서비스에 비해 증가한다. 때문에 금은 미래 어느 시점의 나에게 전달해도 언제나 배불리 먹게 해줄 좋은 가치저장 수단이다.

주요국 중앙은행들은 최근 들어 대량으로 금을 사재기해 왔다. 러시아-우크라이나 전쟁, 인플레이션, 금리 인상 등으로 대외 불확실성이 커지자 안전자산으로 여겨지는 금에 대한 수요가 급증했다.

각국 중앙은행은 2022년 1136톤(약 700억 달러)의 금을 사들였는데, 이는 1967년 이후 약 55년 만에 최대 규모다. 전년과 비교해 두 배 이상 늘었다. 국가별로 보면 튀르키예 중앙은행이 가장 많은 148톤의 금을 매입했고, 이집트(47톤), 카타르(35톤), 이라크(34톤), 인도(33톤) 등이 금 보유량을 크게 늘렸다. 중국 인민은행은 2022년 11~12월 두 달 동안에만 62톤의 금을 사 모았으며, 그 뒤 17개월 연속 금 보유고를 늘려 2024년 6월 현재 총 2262톤을 보유했다.

이렇듯 금은 불확실성이 커질 때 전 세계 중앙은행들이 찾는 안전자산의 역할을 한다. 그러나 금은 부피가 크고 무거워 옮길 때 비용이 발생하며, 혹시라도 있을지 모르는 약탈 시도에 대비해 이동 시 대규모 경호 병력을 동원해야 한다. 또한 진품을 구별하기 위해서는 순도를 검사하는 등 특별한 인증 과정을 거쳐야 하고 보관에도 큰 비용이 든다. 이 모든 불편함이 존재함에도 금이 최후의 안전자산으로 인정받는 이유는 거래상대방 위험이 없고 연 1~2퍼센트 선에서 신규 공급량이 유지된다는 믿음이 있기 때문이다. 물론 지난 수천년 동안 인류 역사에 가장 널리 쓰인 돈이라는 확고한 브랜드 파워 역시 한몫한다.

이제 비트코인을 금과 비교해 보자. 비트코인은 금보다 옮기기 쉽고, 보관하기 쉽고, 진품을 구별하기도 쉽다. '사운드 머니'[46]의 관점에서 보면 비트코인은 다음 다섯 가지 분야에서 금 대비 더

46 Sound money. 뛰어난 이점을 지녀 사용하는 사람들에게 선택받는 좋은 돈.

뛰어난 능력을 지녔다.

1. 휴대성(Portability): 무겁고 부피가 큰 금과 달리 비트코인은 디지털에서 존재하기 때문에 거의 비용을 들이지 않고도 지구 어디로든 자유로운 이동이 가능하다.
2. 보관성(Storability): 비트코인은 안전한 보관을 위해 별도 공간이나 경호 인력 등이 필요하지 않다. 공개 키와 개인 키를 외우기만 하면 된다.
3. 검증 가능성(Verifiability): 금은 진짜임을 확인하기 위해 전문가의 의견이나 특별한 검증 과정이 필요하지만 비트코인은 누구나 직접 손쉬운 확인이 가능하다. 비트코인 지갑에 소액을 전송하게 하면 바로 판별할 수 있다.
4. 내구성(Durability): 금은 열을 가해 녹이거나 물리적인 힘을 가해 쪼갤 수 있다. 이 때문에 금화를 화폐로 쓴 고대 국가들에서는 정부가 국민 몰래 금화에서 금 함량을 점점 줄이는 사기 행각을 벌이기도 했다. 비트코인은 이런 행태 자체가 불가능하다.
5. 희소성(Scarcity): 땅 속에 묻힌 금을 캐는 것은 매우 힘들고 큰 비용이 드는 일이기 때문에 금은 전통적으로 귀금속 중 가장 보수적인 신규 공급량을 보여왔다. 비트코인은 수학적 공식에 의해 발행량이 아예 정해져 있어 금보다도 더 보수적인 희소성을 지녔다.

반면 비트코인이 금에 비해 부족한 점은 손에 쥘 수 있는 형체가 없어 가치를 이해하기 어렵다는 점, 금처럼 오랜 역사를 거쳐 사람들에게 인정받아 온 브랜드 파워를 지니지 못했다는 점 정도가 있다. 결국 비트코인이 금보다 부족한 점은 아직 덜 성숙하다는 점 한 가지로 정리할 수 있다.

그러나 인류 역사상 처음으로 디지털에 희소성을 부여한 비트코인의 가치를 이해하는 사람들이 늘어날수록 이런 단점들은 점차 극복될 것이다. 특히 디지털에 친숙한 젊은 세대가 더 많이 사회에 진출하고 기성 세대를 대체해 나갈수록, 단순히 오래되었고 손으로 만질 수 있다는 금의 장점보다는 안전자산으로써 금보다 우월한 특성들을 지닌 비트코인의 장점들이 더욱 부각될 것이다.

가치저장 수단의 최상위 포식자

2024년 6월 18일 현재 금 가격은 온스당 2332달러이며 시가총액은 약 15조 달러 정도이다. 만약 비트코인이 최후의 안전자산으로써 금의 역할을 완전히 대체한다면 1BTC의 가격은 다음과 같이 계산된다.

15조 달러÷2100만 개=71만 4285달러

비트코인 총 공급량 중 300~400만 개는 프라이빗 키를 잃어버리는 등의 이유로 영원히 유실된 것으로 알려졌으므로 분모에 이를 반영하면 이론적으로 71만 4285달러보다 높은 가격이 나올 것이다. 그러나 보수적인 접근을 위해 이는 과감히 생략하겠다.

부동산은 어떨까. 앞서 서울 시내 아파트 예시에서도 설명했지만 부동산은 원래 주거라고 하는 분명한 목적 때문에 보유하는 자산이다. 그러나 일부 사람들, 특히 부자들은 부동산을 마치 금처럼 최후의 안전자산이자 가치저장 수단으로 여겨 투자하는 경우가 많다. 주거용 아파트뿐만 아니라 상가, 농장, 목장, 심지어 아직 용도가 없는 빈 땅도 부자들이 좋아하는 투자처다. 정확하진 않지만 전 세계 부동산의 가치는 약 325조 달러로 추정된다.

주식과 채권도 가치저장 수단으로써 전 세계 투자자들에게 큰 영역을 차지하는 자산이다. 현재 전 세계 주식시장에 상장된 기업들의 총 시가총액은 약 100조 달러다. 물론 비상장 주식의 가치는 빠진 수치다. 채권의 경우 초단기부터 초장기까지 모든 만기를 비롯해 회사채부터 국채까지 발행기관에 상관없이 모든 종류의 채권을 포함하면 전 세계적으로 약 115조 달러 정도의 채권이 발행되었다.

이를 정리하면 다음과 같다.

글로벌 부동산: 325조 달러

글로벌 채권: 115조 달러

글로벌 주식: 100조 달러(비상장 주식 미포함)

금: 15조 달러

그 외 자산(미술품, 보석, 클래식 카, IP, 음악 저작권 등): ??

합계: 최소 550조 달러

과연 이 550조 달러 중에서 몇 퍼센트 정도가 실제 사용 목적이나 단타를 통한 수익 목적이 아니라 장기 보유를 통한 가치저장 수단의 목적으로 존재할까. 여기서부터는 주관적인 판단을 내릴 수밖에 없지만 보수적으로 잡아서 25퍼센트 정도라고 가정해 보자.

550조 달러의 25퍼센트는 138조 달러다. 이를 다시 비트코인 총 공급량인 2100만 개로 나누면 비트코인 개당 가격은 약 657만 달러이다.

만약 2100만 개 대신 유실된 비트코인을 뺀 현실적인 총 공급량인 1700만 개를 분모에 대입하면 비트코인의 개당 가격은 800만 달러로 올라간다.

만약 비트코인이 부동산, 주식, 채권을 비롯한 전 세계에 존재하는 모든 자산이 수행 중인 가치저장 수단의 25퍼센트만 대체해도 비트코인 가격은 800만 달러를 웃돌 것이다. 원화 기준으로 거의 100억 원에 달하는 가격이다. 게다가 달러화를 비롯한 주요 법정화폐의 구매력이 인플레이션으로 인해 절하되는 것까지 고려하면 비트코인의 실제 가치는 100억 원을 훨씬 넘을 것이다.

지금은 이 숫자가 터무니없이 느껴질 수 있다. 하지만 장기간 부를 보전하는 가치저장 수단으로써 비트코인이 여타 다른 자산들 대비 우월하다는 것을 이해하면 이 숫자가 타당하게 느껴질 것이다.

세상에 수많은 직업이 존재하듯, 투자를 통해 돈을 버는 방법도 여러가지다. 만약 지금 단타 트레이딩을 통해 수익을 내지 못한다면 내년 비트코인 가격을 예측하는 것도 큰 의미가 없다. 이제부터는 단기적인 가격 움직임에 일희일비하지 말고 비트코인이 어떻게 금, 주식, 채권보다 우월한 가치저장 수단인지 이해하는 데 집중해 보자. 앞서 소개한 애플 주식 20년 투자 수익률처럼 좋은 자산을 장기 보유하려면 그만큼 믿음이 커야 하기 때문이다. 다른 모든 경쟁자들을 압도하는 좋은 가치저장 수단에 오래 꾸준히 투자하는 것이야말로 투자를 통해 경제적 자유를 이루는 현실적인 방법이다.

Chapter 2

비트코인 담보로 대출받고 싶으시다고요?

비트코인은 중개자를 제거하여 비용을 절감한다.

_차마스 팔리하피티야

세계적인 밀리언셀러 『부자 아빠 가난한 아빠』의 저자 로버트 기요사키는 '건강한 부채'의 중요성을 강조한 것으로 유명하다. 그는 좋은 빚과 나쁜 빚이 있다고 말했다. 새로운 현금흐름을 창출하여 내 자산을 증식시키면 좋은 빚이고, 반대로 아무 현금흐름을 만들지 못한 채 이자비용만 지출하게 하면 나쁜 빚이라는 것이다. 좋은 빚은 적극적으로 활용해야 하고 나쁜 빚은 최대한 빨리 없애는 게 좋다.

미국 밀레니얼 세대의 전체 자산에서 암호화폐가 차지하는 비중이 50퍼센트에 달한다는 설문조사 결과가 있다. 이들에게 암호화폐는 로또처럼 '나도 돈 좀 벌어볼까' 하는 목적으로 잠깐 투자해 보는 상품이 아니다. 요즘 젊은 사람들은 암호화폐를 주식, 채권, 파생상품, 부동산, 외환으로 일컬어지는 5대 투자자산에 편입되어야 할 자산 중 하나로 인식한다.

암호화폐를 장기 보유하는 사람이 점점 늘고 있으며, 이들은 묶여 있는 암호화폐를 활용할 수 있는 금융 서비스를 원한다. 바로 비트코인을 담보로 현금 대출을 받고 이를 지렛대 삼아 더 큰 수익을 올리는 '제2의 월급' 또는 '월급 외의 현금흐름 파이프라인'에 대한 관심이 늘어난 것이다.

글로벌 경제에 적용된 암호화폐 대출 사례

이런 수요에 부응하고자 미국에서는 비트코인과 기타 알트코인을 담보로 현금 대출을 받을 수 있는 길이 열렸다. 구독자 34만 명을 보유한 경제 전문 유튜브 채널 '마크 모스(Mark Moss)'의 진행자 마크 모스는 텍사스주의 오스틴 인근에 약 6만 6000제곱미터 규모에 이르는 농장 겸 목장을 암호화폐 담보대출로 구입했다.

우선 많은 지역 가운데 오스틴을 선택한 이유는 최근 이곳이 주정부의 적극적인 세제 혜택과 규제 완화 덕분에 기업들이 몰려들기 때문이라고 한다. 페이스북의 모기업인 메타도 2022년 1월, 오스틴에서 가장 높은 66층짜리 빌딩의 절반인 33개 층을 임대하여

경제 전문 유튜버 마크 모스는 자신의 채널에서 암호화폐 담보대출로 농장을 구입했다고 밝혔다. (출처: https://www.youtube.com/c/MarkMoss)

2000명이 넘는 직원이 일하는 공간으로 만들겠다는 계획을 밝혔다. 대부분은 현재 본사가 위치한 캘리포니아 팔로알토에서 넘어오지만, 400여 명은 오스틴 내에서 신규로 채용할 예정이다.

페이스북이 끝이 아니다. 삼성전자는 2021년 텍사스주 테일러시에 반도체 공장을 짓겠다고 발표한 데 이어 2024년에는 투자를 두 배로 늘려 총 59.6조 원을 투입하기로 했다. 일론 머스크의 테슬라도 2021년 본사를 팔로알토에서 오스틴으로 이전했다. 기업들의 러브콜에 텍사스 경제는 과거 어느 때보다 활력이 넘친다.

마크 모스가 농장을 구입한 지역에는 미국 전역에서 알아주는 유명한 와이너리가 많다. 포도농장과 와인 생산시설을 함께 보유한 와이너리는 일반적으로 직접 와인을 구매하러 오는 VIP 고객을 위해 아름다운 투어용 시설을 마련해 놓았다. 미국에서는 와이너리가 보유한 넓은 야외 장소와 시설을 결혼식장으로 이용하는 사람이 많다. 특히 오스틴 근처의 와이너리 지역은 결혼식 시즌만 되면 수만 명이 다녀가는 웨딩 핫스폿이다.

결혼식 시즌이 되면 전국 각지에서 많은 사람이 방문하다 보니 당연히 근처 호텔이나 에어비앤비는 문전성시를 이룬다. 미국은 워낙 땅이 넓어 당일치기로 결혼식에 참석하는 것이 어렵기도 하거니와, 결혼식이 열리기 며칠 전부터 결혼식장이 있는 시설에서 하객과 함께 파티를 즐기며 시간을 보내는 문화도 있다. 하객이 묵을 숙소를 잡기 위한 경쟁이 치열하다 보니 결혼식장 근처 에어비앤비의 매출이 굉장히 좋다고 한다. 더군다나 최근 들어 오스틴으로 둥지를 옮기는 기업이 늘어나면서 비단 결혼식 때문이 아니더라도 예약 건수가 꾸준히 늘고 있다.

마크 모스는 영상에서 농장 전체를 대략 200만 달러(약 25억 원)에 구매했는데 자기 돈은 한 푼도 들어가지 않았다고 밝혔다. 일부는 비트코인 담보대출을 받았고(그는 비트코인 초기 투자자이다) 나머지는 은행에서 농장을 담보로 모기지론을 받아 마련했다.

마크 모스는 농장에 딸린 방 다섯 개짜리 집을 멋있게 꾸며 결혼식 시즌에만 에어비앤비에 내놓고, 비시즌에는 자신과 가족이 휴가를 보내는 별장으로 쓸 예정이다. 주변에 규모가 비슷한 에어

비앤비 숙소를 조사해 보니 결혼식 시즌에만 운영해도 월 1800만 원에서 2400만 원 정도 순수익이 예상되었고, 이는 농장 구입을 위해 대출받은 200만 달러에 대한 이자비용보다 두세 배 많은 수준이라고 한다.

비트코인 담보대출을 활용해 월평균 2000만 원이 꾸준히 들어오는 사업을, 그것도 내 돈 한 푼 들이지 않고 시작한 셈이다.

담보대출은 어떻게 받는 걸까

미국에는 비트코인을 담보로 대출을 받는 방법이 꽤 있다. 원래는 암호화폐 기반 신흥 핀테크 기업들을 통해서만 해당 서비스를 이용할 수 있었다. 그런데 2022년 4월, 마침내 초대형 투자은행 골드만삭스도 이 시장에 진출했다. 골드만삭스의 고객은 비트코인을 담보로 대출을 받을 수 있다.

물론 골드만삭스는 우리나라로 치면 제1금융권이기 때문에 대출자의 신용도와 연체 가능성 등을 조금 더 철저히 조사하겠지만, 암호화폐를 전문적으로 다루는 핀테크 서비스인 경우 보통 초과담보를 설정한다. 그래서 신용도, 직장 재직 여부, 소득증빙 등 은행에서 일반적으로 요구하는 복잡한 서류를 제출하지 않고도 간편하게 대출을 받을 수 있다.

예를 들면 1억 원어치 비트코인을 담보로 설정하면 7000만 원까지 대출이 나오는 식이다(이때 LTV 또는 담보대출비율은 70퍼센트).

1억 원을 담보로 맡기고 7000만 원만 빌릴 수 있는 거래가 언뜻 불공평해 보이고 누가 이런 서비스를 이용하는가 싶을 수도 있다. 그러나 비트코인을 많이 보유한 사람에게는 자신이 보유한 비트코인을 팔지 않고도 단기 현금 유동성을 만들 수 있는 기회다.

이때 대출자가 신경 써야 하는 리스크는 담보로 맡긴 비트코인 가격이 너무 급격히 떨어져 청산당하는 경우이다. 아직은 비트코인의 가격 변동성이 크다 보니 충분히 발생할 수 있는 일이지만, LTV를 보수적으로 잡을수록 위험도 역시 내려간다.

핀테크 서비스 입장에서는 대출자가 빌려 간 7000만 원을 갚지 못하고 부도를 내거나 이자 상환을 연체하면 담보로 잡아놓은 비트코인을 청산하면 된다. 만약 비트코인 가격이 갑자기 하락하여 담보 가치가 일정 수준 이하로 떨어지면 담보로 설정한 비트코인을 시장에서 청산하여 대출을 상환할 수도 있다.

아쉽게도 우리나라에서는 암호화폐 관련 법률이 미비하여 아직은 비트코인을 담보로 현금 대출을 받을 수 있는 서비스는 없다. 그 대신 USDT, USDC 등 암호화폐시장에서 가장 많이 쓰이는 달러 기반 스테이블코인을 대출할 수 있는 곳을 소개한다.

아브라

아브라(Abra)는 2014년에 암호화폐 전문 자산관리 서비스를 목표로 설립된 회사이다. 2021년 9월에 약 600억 원 규모의 시리즈

C 투자 유치에 성공하여 사업성을 인정받았으며, 지금까지 큰 사고 없이 안정적으로 서비스를 제공해 왔다.

비트코인과 이더리움을 담보로 스테이블코인인 USDT, USDC, TUSD(TrueUSD)를 대출해 준다. 비록 직접 현금을 대출할 수는 없지만 달러 기반 스테이블코인을 거의 실시간으로 대출할 수 있다. 과거에는 국적과 거주지에 상관없이 모든 사람들을 대상으로 담보대출 서비스를 제공했으나 지금은 은행의 WM 센터처럼 미국에 거주하는 고소득자 개인 고객들이나 기업 고객들만 대상으로 서비스를 한다. 예를 들어 수중에 1000만 원어치 비트코인이 있다면 즉시 150만 원을 스테이블코인 형태로 대출할 수 있으며, 이때 매월 내야 하는 대출이자는 0원이다. 대출 기간은 최대 3년까지 설정할 수 있다.

현재 모바일 앱에서만 서비스를 지원하므로 구글 플레이스토어나 애플 앱스토어에 접속하여 스마트폰에 앱을 다운로드해야 이용할 수 있다. 이름과 휴대전화 번호를 입력하는 간단한 과정을 거치면 회원 가입이 완료되며, 여권 정보를 등록해 신원 인증을 완료하면 본격적으로 담보대출(Borrow) 서비스를 이용할 수 있다.

비트코인을 비롯한 여러 종류의 암호화폐를 예치하면 소정의 이자수익을 얻을 수 있는 이자 받기(Earn) 서비스가 있고, 암호화폐끼리 아브라 앱에서 실시간으로 환전할 수 있는 거래하기(Trade) 서비스도 함께 제공하므로 담보대출 서비스와 함께 적절

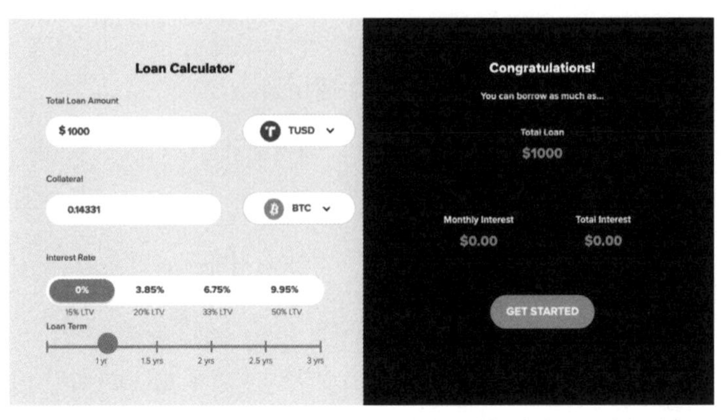

아브라 홈페이지에서 제공하는 대출이자 계산기 화면. LTV가 15퍼센트인 경우는 금리가 0퍼센트로 설정된다. (출처: abra.com)

히 이용하면 된다.

레든

레든(Ledn)은 캐나다에 본사를 둔 암호화폐 종합 금융 서비스이며, 2018년에 설립되었다. 시드 라운드에서만 약 50억 원 투자를 유치하여 높은 성장 가능성을 인정받았다. 투자사 명단에는 CMT 디지털(CMT Digital), 코인베이스 벤처스(Coinbase Ventures), 파라파이 캐피탈(ParaFi Capital) 등 내로라하는 벤처캐피탈들이 있으며, 국내 유명 투자사 해시드도 참여했다고 알려졌다.

레든 홈페이지에 접속해 회원 가입 후 여권 사진을 업로드하는 등 간단한 신원 인증 절차를 거치면 바로 비트코인을 입금할 수

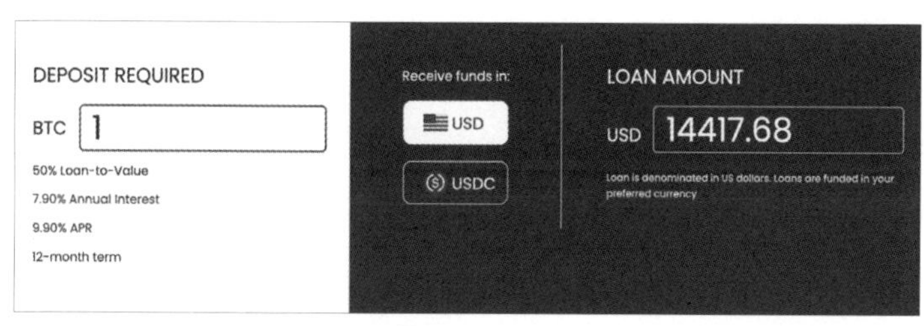

레든에서는 2022년 5월 29일 기준, 1비트코인을 담보로 약 1만 4,417달러 가치를 대출할 수 있다. 달러와 USDC 중 선택할 수 있다. (출처: ledn.io)

있다. 준비가 끝난 후 담보매출(Borrow) 메뉴로 가면 비트코인을 담보로 실제 달러 현금과 USDC 스테이블코인 중 하나를 선택해 대출을 받을 수 있다. 참고로 달러 현금 대출 서비스는 미국에 은행 계좌를 보유하고 있어야만 이용할 수 있다. LTV는 50퍼센트고 금리는 연 14.4퍼센트다. 대출 기간은 최대 12개월까지로 설정할 수 있다.

레든에서는 달러 현금 대출 외에도 B2X라는 독특한 대출 서비스도 이용할 수 있다. B2X는 비트코인을 담보로 설정한 만큼 똑같은 액수의 비트코인을 대출해 주는 기능이다. 예를 들어 1비트코인을 B2X 메뉴에서 담보로 설정하면, 즉시 1비트코인이 대출로 더 주어지는 방식이다. 비트코인 보유량이 일시적으로 두 배가 되므로 비트코인 가격 상승이 예상되는 시기에 사용하면 좋다. 단, 연간 이자와 수수료를 합쳐서 10퍼센트 정도 비용이 발생하므로 예상 가격 상승분이 적어도 10퍼센트를 넘을 때만 이용하는 것을 추천한다.

스테이킹 서비스 활용법

2022년 10월, 전 세계 3위 거래소였던 FTX가 파산하면서 블록파이(BlockFi), 셀시우스(Celsius) 등 글로벌 암호화폐 투자자들을 대상으로 수조 원의 자산을 운용하던 스테이킹 예치 서비스들도 연달아 파산했다. 고객이 맡긴 비트코인을 고위험 트레이딩을 통해 수익을 내는 외부 트레이딩 파트너들에게 맡겼다가 FTX 거래소가 파산하면서 연쇄 파산을 맞은 것이다.

이 여파는 국내에까지 번져 2023년 국내 대표 스테이킹 예치 서비스인 '하루인베스트'가 출금 중단을 선포한 데 이어 다음 날 2위 서비스이던 '델리오'까지 출금 중단을 발표했다. 피해액은 각각 1조 4000억 원, 2000억 원으로 추산된다.

이 서비스들의 공통점은 고객 자산을 어디에서 어떤 방식으로 운용하는지 투명하게 공개하지 않았다는 점이다. 아직 스테이킹 예치 서비스 분야를 규제하는 법적 가이드라인과 자금운용 방식을 감시할 수 있는 마땅한 장치가 없는 상황에서 회사가 독단적으로 고객 자금을 위험한 투자에 전용한 결과다.

참고로 현재 업비트, 코인원 등 국내 대표 거래소들에서 하는 '스테이킹' 서비스는 코인을 예치하면 이자가 나오는 것은 같으나 위에 설명한 스테이킹 예치 서비스와는 구조가 다르다. 이들은 고객이 맡긴 이더리움 등 PoS 기반 코인만 예치를 받는다. 거래소는 고객이 예치한 코인을 한데 모아 대신 블록체인에 스테이킹을 넣고, 여기서 나온 이자를 고객들에게 배분해 준다. 스테이킹 이자는 주식 배당금, 거래소는 증권사와 비슷한 역할을 한다고 생각하면 쉽다.

거래소가 제공하는 스테이킹 서비스는 블록체인의 블록을 검증하면 댓가로 나오는 보상(이자)이 투자자들에게 배분되는 것이다. 때문에 고위험 트레이딩을 통한 수익을 투자자들에게 마치 안정적인 이자가 나오는 것처럼 포장하는 스테이킹 예치 서비스들 대비 더 안정적이라고 할 수 있다. 물론 이런 상품도 결국 서비스를 제공하던 거래소가 파산한다든지, 스테이킹한 블록체인에 해킹이나 러그풀 같은 문제가 언제든 발생할 수 있기 때문에 리스크는 존재한다.

내가 2019년에 창업한 샌드뱅크도 스테이킹 예치 서비스가 지닌 본질적인 위험성과 문제점을 인식하고 2023년부터 서비스 피봇(Pivot)을 진행했다. 기존 샌드뱅크 서비스의 예치 기능을 접고 대신 암호화폐 투자에 도움이 되는 데이터와 정보 제공, 그리고 보관에 초점을 맞춘 서비스 업그레이드를 진행 중이다. 더불어 2023년 11월에는 샌드뱅크의 글로벌 버전이라 할 수 있는 스매시파이(SmashFi) 서비스를 런칭했다. 스매시파이는 스테이킹 예치 서비스들의 가장 큰 문제였던 불투명한 자금 운용처 문제를 해결한 '트레이딩 솔루션' 서비스이다. 고객은 스매시파이 플랫폼에 올라온 다양한 트레이딩 봇(Bot) 중 하나를 선택할 수 있으며, 각 봇은 어느 거래소에서 어떤 트레이딩 방법을 통해 작동하는지 모든 정보가 공개되어 있다. 비트코인 옵션상품 차익거래를 통해 수익을 내는 스매시파이 대표상품인 샤크(Shark) 봇의 경우 2023년 1월부터 155퍼센트의 누적 수익률을 기록 중이다. 전통 금융시장에도 고객의 투자성향에 따라 AI가 자동으로 투자처를 골라주고 매매를 해주는 로보어드바이저가 인기다. 스매시파이도 고객이 직접 암호화폐를 사고팔면서 스스로를 고위험에 노출시키는 것보다 이미 스매시파이가 다년간의 리서치를 통해 개발해 낸 암호화폐 전용 자동투자 기술을 활용해 안정적인 수익을 올리게 하는 것이 목적이다.

Chapter 3 '주식회사 비트코인'이 제공하는 **서비스는 무엇?**

비트코인은 금보다 더 희귀하다.

_마이클 J. 세일러

2021년 카카오뱅크의 기업공개(IPO)가 있었다. 당시 예정된 IPO 중 가장 주목받는 대어였던 만큼 고평가에 대한 걱정과 우려도 많았다. 아니나 다를까, '공모가가 너무 고평가됐다'는 증권사 리포트가 잇달아 나오면서 장외거래 가격이 한 달 만에 35퍼센트 급락했다. 급기야 공모 첫날에는 국내에선 쉽게 찾아볼 수 없는 매도 의견 리포트까지 나오며 더욱 불안감을 키웠다. 참고로 이 리포트는 카카오뱅크 공모가(3만 9000원) 대비 40퍼센트 낮은 목표주가 2만 4000원을 제시했다.

결과는 어땠을까? 2021년 9월 4일 기준 카카오뱅크 주가는 공모가보다 거의 100퍼센트 오른 7만 7400원에 거래됐다. 시가총액은 무려 38조 원으로 코스피시장 금융업 시가총액 1위인 KB금융지주(21조 5400억 원)와 2위 신한금융지주(19조 9900억 원)를 합친 것과 맞먹는 수준이다.

카카오뱅크도 '플랫폼이기 이전에 은행'이라며 고평가를 주장했던 증권사 리서치센터들은 무안하게 됐다. 최근 주식시장에서 이와 비슷한 일이 없었던 것도 아니기에 변명할 거리도 많지 않다. 2021년엔 미국의 테슬라 주가를 두고 말이 많았다. 그때도 기존 완성차 업체 1~5위 시가총액을 합친 것보다 더 큰 시가총액이 '말이 안 된다'는 주장이 나왔다. 그러나 3년이 지난 2024년 현재도 이 말도 안 되는 격차는 좀처럼 줄어들 기미가 없다.

이렇듯 기존의 기업가치 평가 방식으로는 도저히 이해하기 어려운 일부 기업의 주가 흐름은 디지털 사회로의 전환이라는 거대한 힘이 주도한다. 우선 스마트폰과 클라우드 데이터의 보급으로 인해 시간과 공간이 디지털 세계로 확장되자 개인의 활동 영역이 크게 넓어졌다. 여기에 코로나19 팬데믹이 발생하며 더 많은 사람들이 더 빨리 새로운 삶의 방식을 받아들였다. 매일 구두에 정장을 입고 사무실에 출근하던 직장인들은 이제 크록스화에 편한 애슬레저 차림으로 재택업무를 한다. 주말마다 마트에서 장을 보던 사람들은 마켓컬리나 쿠팡에서 식료품을 주문한다. '중앙과 집중'의 시대에서 '분산과 개인'의 시대로 급격한 사회적 전환이 일어난 것이다.

몇몇 기업들의 주가를 비교해 보면 더욱 확실하게 변화를 확인할 수 있다. 개인방송 플랫폼인 아프리카TV 시가총액(1조 8000억 원)은 SBS(9300억 원)보다 두 배나 높다. 한 켤레에 2만 원 수준인 크록스의 시가총액(87억 달러)은 명품 브랜드 페라가모(29억 달러)보다 거의 세 배가 높다. 아직 비상장회사인 마켓컬리의 기업가치는 벌써 2조 4000억 원으로 추산되는 반면 백화점, 할인점, 아울렛 등 전국에 62개 영업점을 운영중인 국내 최대 유통업체 롯데쇼핑의 시가총액은 그보다 약간 높은 3조 원이다. 최근 경쟁에서 승리하는 기업들의 특징은 뭘까? 바로 고객에게 개인화, 분산화, 맞춤, 그리고 다양성을 제공하는 기업들이다.

탈중앙화된 자생적 질서

이제 비트코인을 기업이라고 생각해 보자. '주식회사 비트코인'이 고객에게 제공하는 서비스는 무엇일까? 바로 돈이다. 기존 중앙은행이 제공하는 돈이 집중, 대의, 원칙, 규칙, 위계의 상징이라면 비트코인이 제공하는 돈은 분산, 자유, 개성, 다양성의 상징이다.

비트코인이 중앙은행과 구별되는 가장 큰 차이점은 자생적 질서로 작동하는 부분이다. 시장경제가 작동하는 메커니즘과 매우 유사한 비트코인의 PoW 합의 알고리즘은 정부의 금융억압

(Financial represssion)과 양적완화를 통한 화폐가치 하락에 불편함을 느낀 전 세계의 수많은 이들에게 대안으로 받아들여진다.

자생적 질서의 반대편에 있는 인위적 질서는 인간 이성에 의해 사회질서를 임의로 만들 수 있다는 생각이다. 이 사상의 문제는 늘 인간의 이성을 과대평가한다는 데에 있다.

과대평가된 이성의 대표적인 예는 바로 중앙은행 시스템이다. 각국의 중앙은행은 최고의 수재들이 모여 국가의 통화정책을 결정하고 집행하는 기구이지만 그들의 의사결정이 옳은지에 대해서는 언제나 논쟁의 여지가 존재한다. 현재 미국의 국가부채는 약 27조 달러로 연간 국내총생산(GDP)의 130퍼센트에 달한다. 그럼에도 정부나 중앙은행의 그 누구도 이 막대한 부채를 어떻게 해결할지에 대한 해답이 없다. 정말 이성이 만든 사회질서가 최선의 결과를 도출한다면 경제를 이런 식으로 운영하는 게 말이 될까?

반면 비트코인의 화폐발행 시스템은 특정 인물이나 집단이 지배하지 않는다. 노드(참여자)들이 자발적 상호작용을 통해 하나의 질서를 형성해 가는 과정으로 비트코인 네트워크는 지난 10년 간 성장해 왔다. 주식회사 비트코인은 고객에게 돈의 권력을 분산화하고 개인화해 주는 훌륭한 서비스를 제공한다.

알트코인 투자 포인트

반면 이더리움을 대표로 한 알트코인들의 가격 상승은 디파이와 NFT가 이끈다. 디파이의 인기는 기존 금융권력에 대한 불만의 표출이다. 기관 고객의 공매도 손실을 줄이기 위해 매수 버튼을 없애버린 로빈후드 사건이나, 은행의 무분별한 투자 권유로 수많은 피해자가 양산된 옵티머스 사태를 보며 개인 투자자들은 '왜 저들은 개혁되지 않을까'라고 생각했다. 금융사들이 만들어 놓은 규칙에서 자유로운 디파이의 인기에 힘입어 알트코인의 대장주인 이더리움 가격은 지난 5년 동안(2019~2024년) 1190퍼센트 상승했다.

NFT는 오래된 관습과 전통이 지배하는 미술품 시장을 인터넷 안으로 끌고 들어왔다. 이제 미술가는 더 이상 데뷔전을 열기 위해 후원자를 찾아다니거나 비싼 돈을 주고 갤러리를 대관할 필요가 없다. 대신 자신의 그림을 NFT로 발행해서 오픈시 같은 플랫폼에 올린다. 그러면 전 세계의 수많은 미술품 애호가 및 투자자들이 실시간으로 경매에 참여하여 가격을 매긴다. 항상 특정 지역과 참여자들에게만 국한되던 좁은 미술품 시장을 인터넷에 접속한 전 세계의 모든 이에게 확장시킨 셈이다. NFT 미술품 시장의 활황에 힘입어 2024년 6월 기준 오픈시의 월간 NFT 거래액은 390억 달러(약 53조 원)이다.

변화의 트렌드

비트코인 오르면 이더리움 오르고, 그 다음 리플 오르고, 그러면 비트코인 캐시 오르고…. 암호화폐 상승장이 오면 코인마다 가격이 오르는 순서가 있다고 한다. 이것저것 분석하지 말고 순서대로 투자하면 된다는 것이다.

실제로 필드에서 일하면서 느끼기에도 아직 많은 투자자들이 이렇게 기계적으로 투자를 한다. 그러나 암호화폐 산업은 지성이 넘쳐나는 공간이다. 그동안 국가 또는 큰 은행이 관리하는 것이 당연하다고 여겨졌던 돈, 금융 서비스, 그리고 미술품 투자를 개인의 영역으로 가져와 준 파괴적 혁신이다. 암호화폐 투자는 화폐의 역사, 중앙은행 시스템, 자유주의 철학, 금융시장, 거시경제, 블록체인 기술, 스마트 컨트랙트 등을 종합적으로 공부해야 제대로 투자할 수 있는 종합 예술의 영역이다.

코로나19 팬데믹 이후 주식 투자 붐이 일며 많은 2030세대가 주식시장에 들어왔다. 이들 중 상당수는 묻지마 투자 대신 피터 린치의 책을 읽고, 기업 재무제표를 들여다보고, 산업의 발전 가능성을 토론하며 성숙한 투자 문화를 일궈냈다. 이제 국내 암호화폐시장에도 금융과 정보기술(IT)을 넘나드는 지성을 바탕으로 한 투자 문화가 정착되어야 한다. 사회의 많은 부분이 '중앙과 집중'에서 '분산과 개인'으로 넘어가는 변화는 피할 수 없는 트렌드이다. 암호화폐가 이 트렌드의 중요한 부분을 차지함을 제대로 이해해야 앞으로의 암호화폐 투자도 성공적일 것이다.

부자들이 대부분 다주택자인 이유

「월스트리트저널」의 부동산(Real Estate) 섹션에는 미국 전역의 다양한 럭셔리 하우스들의 매매 소식이 올라온다. 영화에나 나올 법한 거대한 맨션의 사진을 보고 있노라면 '과연 저런 곳에는 누가 살까'라는 궁금증이 생긴다. 실제로 이런 주택들을 누가 매매했는지도 기사에서 중요하게 다뤄지는 부분이다.

2020년 8월에는 콜로라도주 이글 카운티에 있는 베일이라는 작은 마을의 산속 별장 한 채가 5725만 달러(약 670억 원)에 거래되어 화제였다. 집을 매수한 사람은 인스크립타(Inscripta)라는 바이오테크 회사의 CEO 케빈 네스다. 과학자들을 위한 DNA 분석 소프트웨어를 제공하는 그의 회사는 작년 여름 시리즈D 라운드 펀딩에 성공하였으며 지금까지 총 2600만 달러(약 300억 원)의 누적 투자금을 유치하여 성공가도를 달리고 있다.

2021년 6월, 같은 콜로라도주의 아스펜이라는 마을에 위치한 700평 규모의 맨션이 7250만 달러(약 850억 원)에 거래되었다. 매수자는 캐나다 프로 하키선수 출신의 창업가인 패트릭 도비지로, 그의 자산가치는 2017년 기준 10억 8000만 달러(약 1조 2700억 원)으로 평가받았다. 그는 2018년 캐나다 100대 부자 리스트 97위에 랭크되기도 했다.

여러 채의 집을 보유하는 이유가 뭘까?

월스트리트저널에서 소개된 럭셔리 맨션들은 모두 로키산맥이 위치한 콜로라도주에 있다. 이곳은 세계에서 가장 유명한 스키 리조트들이 즐비하여 스키 시즌만 되면 평균 160만 명이 방문하는 스키어들의 성지이다. 자산이 수백억 원에 달하는 부자들이 이런 휴양지에 '세컨드 홈'을 마련하는 것은 이해할 만하다. 여름에는 하와이 호놀룰루의 수영장 딸린 저택에서 휴양을 하고, 겨울에는 로키산맥에 있는 별장에서 모닥불을 피우고 가족들과 함께 별을 구경하면 얼마나 행복할까?

그러나 가족들과 안락한 휴가를 보내는 것이 목적이라면 집을 사지 않고 비싼 호텔이나 리조트를 예약해도 된다. 집을 한 채 더 살 때마다 발생하는 각종 세금과 부수적인 비용들을 생각하면, 부자들이 단지 안락한 휴가를 보내려고 1년에 고작 한두 달 머물까 말까 한 집을 추가로 구매한다고 보기는 어렵다. 일부 부자들은 주변에 자신의 성공을 과시하기 위한 목적으로 일부러 궁전 같은 집을 사 모을 수도 있지만, 그것만으로 갈수록 확산되는 고가 부동산 투기 열풍을 설명할 수는 없다.

화폐가치 절하가 문제

코로나19 팬데믹 이후로 Fed는 약 5조 달러(약 5800조 원) 규모의 달러를 신규로 발행했다. 팬데믹이 발생하기 직전 Fed의 자산이 4조 달러 규모였던 것을 감안하면 1년이 조금 넘는 기간 동안 달러의 유통량이 두 배가 넘게 불어난 것이다. 급격한 통화량 확장은 심각한 화폐의 구매력 하락을 불러왔다. 미국의 연방노동통계청이 조사한 바에 따르면, 미국에 중앙은행이 처음 생긴 1913년 1달러짜리 지폐 한 장의 구매력은 26.14달러(약 3만 원)였으나 현재는 1달러(약 1200원)까지 내려가 무려 2400퍼센트가 절하된 상태다. 게다가 팬데믹 이후로 크게 늘어난 신규 유동성은 달러의 구매력 하락을 더욱 가속화했다.

2022년 미국 연준의 역사상 가장 빠른 금리인상이 단행되기 전까지 각국의 중앙은행은 경기를 진작시킨다는 이유로 기준금리를 너나할 것 없이 0퍼센트까지 낮췄다. 그러니 시중은행 정기예

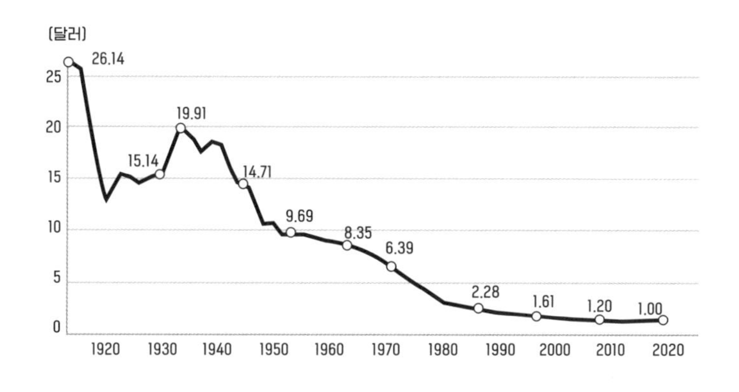

1달러의 구매력 감소 추이를 나타낸 그래프이다. (출처: visualcapitalist.com)

금 금리도 당연히 낮아졌다. 우리나라의 대표적인 1금융권 은행들의 정기예금 금리는 2020년 초부터 일제히 연 0퍼센트대로 내려갔다. 미국의 대표적인 시중은행인 뱅크오브아메리카의 정기예금 금리는 겨우 연 0.01~0.05퍼센트 수준이었다. 가뜩이나 화폐의 구매력 감소로 현금성 자산가치가 절하되는 마당에 은행 이자마저 바닥 수준이니, 부자들은 인플레이션 대비 자산가치를 보전할 수 있는 대안 투자처를 찾을 수밖에 없었다. 이렇듯 부자들이 굳이 높은 세금과 부수비용을 감수하면서까지 유명 휴양지나 인구 밀집지역에 고가 부동산을 사는 이유는 자신들의 자산가치를 유지하려는 목적이 강하다.

계좌명	이자율	APY	최소예치금
미성년자 저축	0.01%	0.01%	$25
수탁(UTMA) 저축	0.01%	0.01%	$100
어드밴티지 저축	0.01%	0.01%	$100
어드밴티지 저축, 골드	0.02%	0.02%	$100
어드밴티지 저축, 플래티넘	0.03%	0.03%	$100
어드밴티지 저축, 플래티넘 아너스	0.05%	0.05%	$100

2021년 8월 23일 기준 뱅크오브아메리카 정기예금 금리표이다. (출처: bankrate.com)

부동산 투자 기회, 누구에게나 열려 있지 않아

이런 부자들의 수요를 일찌감치 파악한 미국 최대의 자산운용사 블랙록은 지난 몇 년 동안 시장에 매물로 나오는 부동산을 공격적으로 사들였다. 이렇게 매수한 부동산은 리츠(REITs)라고 불리는 부동산 신탁펀드에 담아 투자상품으로 판매한다. 부동산에서 나오는 안정적인 임대수익이 이자 형태로 지급되는 데다 부동산 매물이 팔릴 때 생기는 수익금은 배당 형태로 지급되어 안전하면서도 고수익이 가능한 상품이다. 그러나 이렇게 좋은 상품일수록 항상 부자들에게 먼저 투자할 기회가 주어진다는 것이 문제다. 이런 고수익 부동산 상품을 가장 많이 취급하는 국내 모 은행의 고액자산가 대상 웰스매니지먼트(WM) 센터의 경우 은행 예치 잔고가 최소 30억 원 이상인 고객만 가입할 수 있다고 한다.

더 큰 문제는 블랙록 같은 기관이 시장에서 매물을 싹쓸이하면 전반적인 부동산 가격이 상승 압력을 받기 때문에 일반 중산층 국민들은 집을 살 기회가 더욱 줄어든다는 것이다. 우리나라처럼 엄격한 대출 규제까지 있는 경우, 현금 가용 능력이 부족한 중산층이 빠르게 달아나는 집값을 따라잡을 방법은 거의 없다. 이것이 바로 한 나라의 경제에서 인플레이션이 심화될수록 부자와 서민 간의 양극화가 더욱 심해지는 이유이다. 자산을 보유한 부자들은 더욱 부자가 되고, 자산이 없는 중산층은 더욱 가난해진다.

모두를 위한 대체투자처

2022년 9월 7일, 쥐스탱 트뤼도 캐나다 총리는 자신의 트위터 계정을 통해 향후 2년 간 캐나다에서 외국인의 부동산 보유를 금지하며, 현재 외국인 소유 부동산 중 사람이 살지 않아 장기간 빈 곳에는 높은 세금을 매기겠다고 밝혔다. 중국과 러시아의 부자들이 투기 목적으로 집 매물을 싹쓸이하는 탓에 정작 캐나다의 국민들은 좋은 집을 구하기가 어려워졌다는 것이다. 캐나다에 부동산을 보유한 외국인 투자자들은 아마 간담이 서늘해졌을 것이다. 이 사건은 부동산은 언제든 정부에게 몰수당할 수 있다는 사실을 부자들에게 상기시켜 주었다. 어쩌면 이 사건으로 인해 국외 부동산에 집중된 부자들의 투자 수요가 점점 감소할 가능성도 예측해 볼 수 있다.

정부의 몰수로부터 안전한 자산은 무엇일까? 바로 비트코인이다. 비트코인이 담긴 지갑의 프라이빗 키를 본인이 직접 보유한다면 정부를 포함한 그 누구도 내 자산을 허락 없이 가져갈 수 없다. 게다가 비트코인을 보유하는 것은 부동산을 보유하는 것에 비해 매우 간단하고 저렴하다. 재산세를 낼 필요도 없고, 유지보수 비용이 들어가지도 않으며, 의무 보험에 가입할 필요도 없다. 이러한 특성을 일찍이 알아챈 일부 기업가, 기관 투자가, 스포츠 스타들은 이미 비트코인 매수 행렬에 동참한 상태다.

또한 비트코인은 큰 액수의 현금이 없어도 살 수 있어 내 집 마련의 기회를 놓친 중산층에게도 안성맞춤이다. 현재 업비트 거래소 기준으로 비트코인 매수 가능 최소 금액은 5000원이다. 존 리 메리츠자산운용 대표의 표현대로, 매일 커피를 살 돈 5000원을 아껴서 비트코인을 사면 어떻게 될까? 물론 비트코인은 현금 창출 능력이 없으므로 복리 효과는 없겠지만 화폐가치 하락에 따른 구매력 감소를 방어할 대체투자처를 천천히 확보하는 셈이 될 것이다. 마치 부자들이 가치가 하락하는 현금을 가치 상승이 기대되는 부동산으로 '교환'하는 것처럼, 중산층 국민들도 이제는 가용 가능한 현금을 부동산보다 더욱 안전한 자산으로 '교환'하는 것이 가능해진다.

비트코인의 높은 변동성

물론 비트코인은 하루에도 10~20퍼센트씩 가격이 등락하는 변동성 높은 자산이다. 24시간 열린 시장에서 거래되는 탓에 언제 폭락이 올지 예측하기도 어렵다. 그러나 기간을 조금만 늘려서 데이터를 보면 비트코인 가격은 전반적으로 꾸준한 상승세를 보여왔다. 블록체인 리서치 기관인 메사리에 따르면 비트코인은 지난 10년 간 연평균 230퍼센트의 수익을 냈으며, 이는 다른 모든 자산군과 비교해 최소 열 배 이상 앞선 수치다. 참고로 2위 자산은 미국 나스닥100 지수이며 연평균 20퍼센트 수익을 냈다.

이것이 바로 비트코인에 단기가 아닌 장기로 투자하는 게 더 좋은 이유다. 단기 변동성에 연연하지 말고 꾸준히 적립식 매수하는 방식으로 장기 투자할 때 비트코인은 좋은 대체투자 자산이 될 수 있다. 참고로 미국 캘리포니아 부동산 가격도 2000년 이후로 30~50퍼센트 정도 가격이 폭락한 시기가 두 번 있었다. 이 시기를 위기가 아닌 기회로 보고 저가에 부동산을 매수한 사람들은 아마 지금쯤 부자가 되었을 것이다. 마찬가지로 비트코인의 변동성은 누군가에겐 저가 매수의 기회를 제공하는 하나의 이벤트일 뿐이다.

만약 아직 의구심이 든다면 내일부터 당장 커피값 5000원부터 아껴보는 것은 어떨까? 어쩌면 부자들이 왜들 그리도 다주택자가 되려 하는지 몸소 이해하게 될지도 모른다.

도대체 뭘 사야 할까

얼마 전 집안 어르신의 생신 잔치가 있었다. 오랜만에 모인 친척들과 재미있게 담소를 나누고 한참 웃고 떠들다 보니 자연스레 암호화폐 쪽으로 대화가 흘러갔다. 최근 비트코인 가격이 처음으로 1억 원을 넘어서인지 다들 관심이 많았다. 암호화폐 사업을 하는 나에게 "앞으로 비트코인 가격이 계속 오를 것 같으냐"는 질문이 이어졌다. 비트코인의 탈중앙성의 장점과 공급량이 점점 줄어드는 특성 등을 근거로 비트코인의 장기 전망을 목에 핏대를 세워가며 설명했다. 한참 동안 설명을 듣던 친척들은 이제야 이해가 된다는 표정을 지으며 이렇게 물었다.

"비트코인 정말 좋네! 근데 그래서 이제 뭐 사면 돼?"

암호화폐 투자자 유형

저마다 암호화폐 투자를 결심하게 된 상황과 이유는 다르겠지만, 특히 상승장이 찾아와 가격이 크게 오를 때마다 많은 사람들이 암호화폐에 입문하는 계기는 고립공포감 때문이다. 불과 몇 년 만에 두세 배 오른 서울 아파트 가격과 3000포인트를 넘긴 코스피 지수를 보며 마지막 불씨를 지필 곳을 찾는 사람들이 몰려든 곳이 암호화폐시장이다. 그래서 암호화폐 투자자들의 일반적인 기대수익률은 한 자릿수가 아니다. 다들 "옆집 사는 철수는 코인 투자해서 수억을 벌었다더라." 같은 풍문을 듣고 시작했기 때문에 적어도 몇 배에서 몇십 배의 수익을 꿈꾼다.

그러나 그런 대박 운은 아무에게나 오지 않는다. 많은 투자자가 단기간에 몇 배씩 오를 알트코인을 찾고 싶어 하지만 그럴 가능성은 모래사장에서 바늘 찾기처럼 희박하다. 오히려 사기성 코인에 잘못 투자했다가 큰 손실을 볼 가능성이 더 크다.

안타깝지만 나의 친척들을 포함하여 주변의 암호화폐 투자자들은 대부분 이런 위험한 방식으로 투자를 한다. 이들은 크게 세

가지 유형으로 나뉜다.

1. 분석가 유형: 단타 매매를 좋아한다. 개별 코인의 가치나 전망에는 관심이 없다. 주로 차트 분석을 통해 저점에 사고 고점에 판다. 만약 본인의 분석이 틀려서 물리면 갑자기 태세 전환하여 장기투자가 답이라고 주장한다.
2. 알트코인 매집 유형: 비트코인 가격은 너무 많이 올랐다고 생각한다. 비트코인보다 훨씬 기술력이 뛰어나지만, 아직 가격은 저평가된 알트코인들을 최대한 많이 찾는다. 보통 이름도 들어보지 못한 코인들을 다양하게 보유한다.
3. 암호화폐 만능설 유형: 암을 치료하는 코인, 노화가 멈추는 코인, 전 세계 기아를 해결하는 코인 등에 투자한다. 블록체인 기술이 인류가 당면한 문제를 모두 해결한다고 믿는다. 주로 투자하는 프로젝트의 경영진을 지나치게 맹신하는 경우가 많다.

전설적인 트레이더의 조언

제시 리버모어는 1920년대에 활동한 주식 투자계의 전설적인 인물이다. 가격이 오르면 사고, 내리면 공매도하는 이른바 추세매매의 창시자로 유명하다. 그는 평생을 단타를 통해 거액을 벌어들인 인물이지만 의외로 이런 명언을 남겼다.

“나는 정확한 타이밍을 맞출 줄 아는 트레이더들을 많이 봐왔다. 그들은 주식이 가장 쌀 때 사서 가장 비쌀 때 팔아 최고의 차익을 남기는 데 탁월했다. 그러나 그들은 한결같이 나와 마찬가지로 큰돈을 벌지는 못했다. 정확한 타이밍을 맞추면서 동시에 장기 보유하는 능력까지 갖춘 트레이더는 매우 드물다. 장기로 투자하는 능력은 체득하기가 정말 어렵다. 하지만 이걸 할 수 있는 주식 투자자만이 큰돈을 벌 수 있다."

그의 말을 요약하면, 승자(Winner)를 사서 오랫동안 보유하는 것이 가장 확실한 성공 투자의 길이라는 것이다. 자신이 이해하지 못하거나 믿음이 가지 않는 종목에 주의를 빼앗기지 말고 확실히 믿는 것 하나에 장기투자를 하는 것이 결국 가장 큰돈을 벌어다 준다는 주장이다. 그는 또 이런 말도 남겼다.

"월스트리트에는 항상 거래를 해야 한다고 믿는 바보들이 있다. 대부분의 트레이더는 매일 주식을 사고팔아야 할 합당한 이유가 없음에도 그렇게 한다. 그들은 지능적인 투자 결정을 내릴 충분한 지식이 없음에도 매일 거래를 한다."

매수는 기술, 매도는 예술

투자자들이 알트코인 투자를 선호하는 이유는 단기간에 크게 상승할 가능성이 있기 때문이다. 때로는 운이 좋아서 매수한 코인 가격이 크게 오르기도 한다. 그러나 진짜 문제는 그때부터 시작이다. 과연 언제 팔고 나와야 할까? 큰 수익률을 바라고 암호화폐시장에 들어온 투자자들 대부분이 안타깝게도 매도 전략이 없다.

이게 왜 문제인지 예를 하나 들어보면 이해하기 쉽다. 한 투자자가 알트코인 A를 매수하자 바로 가격이 100퍼센트 올랐다고 하자. 그는 몹시 기뻐하며 좀 더 놔둘지 아니면 팔고 나올지 고민한다. 그러던 중 A코인 가격이 50퍼센트 하락하여 다시 본전이 된다. 투자자는 '한 번 올랐으니 다시 오르겠지' 하며 기다리기로 한다. A의 가격이 다시 하락하여 이제는 손실 상태가 된다. 투자자는 또 기다리기로 한다. 이렇게 A 코인과 투자자의 강제 동행이 시작된다. 언제 오를지 기약도 없는 코인에 돈이 묶인 동안 투자자의 마음은 새까맣게 타들어 간다.

건강한 암호화폐 투자방법

내가 친척들에게 비트코인의 장기적인 가능성을 목청 높여 설명한 이유는 제시 리버모어가 강조한 오래 보유할 '승자'가 비트코인이라고 생각하기 때문이다. 세상엔 이미 비트코인보다 더 빠르고, 에너지를 적게 쓰고, 블록 크기가 크고, 스마트 컨트랙트 기능이 뛰어나고, 세계경제포럼 같은 데서 유명 인사들의 입에 오르내리는 알트코인들이 수도 없이 많다. 비트코인의 가치는 애초에 앞선 기술력에 있는 것이 아니다. 그러나 불행히도 아직 이 부분을 잘 모르는 투자자들이 많다.

무언가의 가치를 믿고 오랜 시간 보유하는 것은 매우 어려운

영역이다. 사람이라면 누구나 팔고 싶은 유혹, 남의 떡이 더 커 보이는 유혹, 조금 더 큰 수익률을 바라는 유혹 등과 직면한다. 내가 만난 성공한 투자자들은 컴퓨터 앞에 앉아서 차트를 들여다보는 시간보다 이 험난한 여정을 견딜 몸과 마음을 훈련하는 데 더 많은 시간을 할애했다. 가족과 친구들을 만나 즐겁게 지내고, 가끔은 큰 그림을 보기 위해 일상생활에서 벗어나며, 주기적으로 운동하고 충분한 휴식을 취했다.

이제 단기간에 급등할 알트코인 찾기는 그만하고 비트코인부터 제대로 공부해 보자. 제대로 된 사업 파트너를 고르려면 소주도 한잔 해보고 사우나도 가봐야 조금씩 믿음이 생기듯, 비트코인도 공부해 봐야 꽤 믿음직한 녀석이라는 걸 알 수 있다. 일단 비트코인의 가치를 깨닫고 나면 지금껏 경험해 보지 못한 새로운 세계를 경험하게 될 것이다.

비트코인과 주식의 동조화

암호화폐 리서치 기관 인투더블록(IntotheBlock)에 따르면 2021년 11월 비트코인, 이더리움 가격과 나스닥 100지수의 상관계수가 한때 0.9로 역대 최대치까지 올라갔다. 상관계수가 1에 가까울수록 암호화폐와 주식이 동조화되었다는 의미이다.

인투더블록은 이 현상을 "아직 대부분의 암호화폐 투자자들이 비트코인과 이더리움을 나스닥 두 배 레버리지 ETF 상품쯤으로 여기는 것"이라고 해석했다. 그도 그럴 것이 2021년 1월, 넷플릭스의 전년도 4분기 실적이 시장 전망치를 밑돌자 주가가 20퍼센트나 급락했다. 이때부터 본격적으로 대형 기술주를 중심으로 한 미국 주가지수와 비트코인 가격이 함께 흘러내리기 시작했다. 비트코인 가격은 2021년 11월 전 고점인 6만 9000달러에서 2022년 12월 16000달러까지 하락했다.

이를 두고 많은 사람이 비트코인의 가치저장 수단으로의 유용성에 의문을 제기하는 모양이다. 실제로 나스닥과 비트코인 가격이 동반 하락하는 동안 미국 국채와 금 가격은 반대로 상승하는 모습을 보였다. 금융시장에 전반적인 안전자산 선호 현상이 나타난 것인데, 비트코인이 진정한 가치저장 수단이라면 함께 올랐어야 한다는 주장이다.

가치저장 수단과 가격방어 수단의 차이

여기서 잠깐 가치저장 수단이 무엇인지부터 짚고 넘어가 보자. 가치저장 수단은 한마디로 '미래의 나에게 주는 선물'이라고 정의할 수 있다. 중앙은행과 정치인들이 온갖 방법을 동원해 돈의 가치를 희석해도 지금 내가 보유한 구매력을 미래에도 똑같이 유지하게 해주는 것이 가장 완벽한 가치저장 수단인 셈이다.

금은 수천 년에 이르는 긴 시간 동안 가장 안전한 가치저장 수단의 지위를 다져왔다. 금이 지닌 몇 가지 속성이 이런 지위를 획득하는 데 크게 일조했는데, 아무리 더 만들고 싶어도 1년에 2퍼센트 이상 공급량을 늘릴 수 없는 '희소성'과 시간이 흘러도 다른 물질에 의해 화학변화를 일으키지 않는 '영원성'이 그것이다. 역사적으로 이 두 가지 속성이 부족한 귀금속들은 모두 가치저장 수단이 되는 데 실패했다.

비트코인은 4년에 한 번씩 공급량이 반으로 줄어드는 반감기라는 장치를 통해 금보다 더 뛰어난 희소성을 획득했으며 암호학, PoW 방식의 채굴 메커니즘, 블록체인 기술, 난이도 조절 기능, 1MB 블록 용량 등의 장치들을 적절히 조합하여 세상에서 가장 강력한 탈중앙 네트워크를 만들어 냄으로써 영원성까지 획득했다.

비트코인 가격이 주식시장과 동조하는 것은 인투더블록이 정확히 지적하였듯, 아직 대부분의 투자자가 비트코인을 '나스닥 레버리지 ETF' 정도로 생각할 뿐 가치저장 수단으로써 비트코인이 지닌 속성을 진지하게 고민해 보지 않았기 때문에 발생하는 현상이다.

비트코인이 가치저장 수단인지 아닌지는 긴 시간 동안 화폐가치 하락과 인플레이션에서 대중의 구매력을 방어해 내는지에 달린 것임을 기억해야 한다. 단순히 주식 가격과 반대로 움직이는 '가격방어 수단'에는 인버스 ETF 상품 같은 것들이 있지만 그렇다고 이들이 '가치저장 수단'인 것은 아니다.

가치저장 수단도 변동성에 시달린다

비트코인은 금이 지닌 가치저장 수단의 특성을 더욱 극단적인 형태로 보유했지만, 세상에 등장한 지 이제 겨우 15년밖에 되지 않았다. 모든 신기술은 시장에서 통용되고 대중에게 보급되기까지 넘어야 하는 침체기가 있다는 캐즘(Chasm) 이론에 따르면 비트코인은 현재 이 침체기의 한가운데 있다.

모든 기술에 이런 침체기가 존재하는 이유는 대다수 일반인은 언제나 새로운 기술에 큰 관심을 두지 않기 때문이다. 현재 전 세계 이커머스 시장의 50퍼센트를 석권 중인 아마존도 처음 세상에 등장한 1997년부터 거의 10년이 넘는 긴 시간 동안 사기라는 소리를 들었다. 본격적으로 주목받기 시작한 2015년 즈음에는 고평가 논란이 시작되었는데, 주당 500달러이던 주가가 3000달러까지 오르는 동안 고평가 논란은 매년 끊이질 않았다. 지금은 아마존의 기업가치를 의심하는 사람은 찾아보기 힘들다. 그만큼 신기술이 대중화되어 본격적인 가치가 반영될 때까지는 충분한 시간이 필요하다. 그동안 가격이 극심한 변동성에 시달리는 것은 자연스러운 현상이다.

가격 변동성에서 벗어나지 못한 것은 가장 안정적인 가치저장 수단인 금 역시 마찬가지다. 리먼 브러더스가 파산하며 글로벌 금융시장이 붕괴했던 2008년, 금 가격은 거의 30퍼센트 하락하며 안전자산이자 세이프 헤이븐의 역할을 제대로 해내지 못했다. 즉, 단기적인 관점에서는 제아무리 가치저장 수단이라고 해도 시장에 가해진 충격이 얼마나 크냐에 따라 변동성에 시달릴 수밖에 없다.

비트코인으로 도망가는 시대가 온다

지난 2008년과 같은 커다란 금융 위기가 찾아오면 사람들은 주식, 금, 은, 채권, 신흥국 통화 등 모든 자산을 내던지고 최후의 보루인 미국 달러화로 갈아타려고 한다. 이를 투자 용어로 '플라이트 투 퀄리티(Flight to Quality)'라고 하는데 의역하자면 '가장 안전한 자산으로 이동'을 의미한다.

그러나 시장은 최근 미국 달러가 정말 '퀄리티'인가에 의문을 제기했다. 2020년 3월, 코로나19 팬데믹이 터지자 주식과 미국 국채 가격은 동반 하락했다. 그동안 거시적인 위기가 발생하면 두 자산이 디커플링(탈동조화)하는 것이 일반적이었는데 무언가 변화하기 시작한 것이다.

비트코인 시가총액이 아직 금의 10퍼센트밖에 되지 않는 이유는 대다수의 사람이 이 변화를 감지하지 못하고 비트코인을 기술주 정도로만 생각하기 때문이다. 만약 미국 국채와 달러화가 정말 최후의 보루 역할을 더 이상 못하는 시점이 오면, 비트코인의 가치는 가장 안전한 가치저장 수단이자 글로벌 기축통화로써 재조명될 것이다.

그동안 비트코인 가격은 여러 차례 반토막 나며 우리에게 뼈아픈 경험을 선사했다. 그러나 비트코인이 가치저장 수단으로써 캐즘을 극복한다면 그 끝은 창대할 것이다. 비트코인은 앞으로도 시장 상황에 따라 얼마든지 출렁일 수 있지만 시간이 갈수록 나의 구매력을 높이고 부를 지켜줄 가치저장 수단이다.

어떻게 투자할 것인가

국내 개인투자자 사이에서 가장 인기 많은 투자 전문가들의 투자 철학과 시황, 그리고 시장 전망을 공유해 주는 행사에 다녀온 적이 있다. 평소 각종 유튜브 채널과 티비 프로그램을 통해 자주 접하던 분들이라 실제로 만나니 반가웠고, 강연 퀄리티도 높아 전체적으로 만족스러웠다. 물론 주식투자가 주된 내용이었기 때문에 비트코인에 대한 내용은 없었지만, 최근 비트코인과 전체 암호화폐시장이 주식시장 움직임과 동조화하고 있어 참고할 인사이트가 많았다.

다만 강연을 들으며 아쉬운 점도 있었다. 한 연사분은 한국인들이 국내 기업들을 살리고 경제를 활성화시키기 위해 국내주식에 더 많이 투자해야 한다고 강조했다. 같은 한국인으로서 충분히 공감되는 내용이긴 했지만 한편으로는 걱정도 되었다. 요약하면 국내 기업들이 지금보다 높은 밸류에이션을 받고 코스피가 4000을 넘으려면 국내 개인 투자자들의 애국심과 군집행동이 필요하다는 말이었다. 하지만 이 생각은 전 세계가 디지털 전환의 가속화로 초연결되고 주식투자도 쇼핑처럼 개인화, 맞춤화되는 현실을 제대로 반영하지 못한다. 국내 개인투자자들이 국내주식보다 국외주식을 선호하는 이유는 그만큼 외국 기업들이 투자처로 더 매력적이기 때문이지 애국심이 없어서가 아니다. 지금처럼 스마트폰에서 MTS만 켜면 국외주식을 간단히 거래할 수 있는 세상에서 국내 주식시장이 높은 밸류에이션을 받으려면 국내 기업들이 그만큼 매력적인 기업으로 변모하면 된다. 우리나라에서 애플, 테슬라, 아마존에 버금가는 '파괴적 혁신'을 불러온 기업이 나오면 국내 개인들이 아니라 외국 개인들까지 알아서 돈을 싸들고 찾아올 것이다.

무리를 중시하는 동학개미

투자에 대한 철학과 논리는 지극히 개인적이어야 한다. 주변에서 워런 버핏의 가치주 투자법을 그대로 따라해서 부자가 된 사람을 본 적이 있는가. 또는 레이 달리오의 올웨더 포트폴리오 전략을 그대로 사용해서 부자가 된 사람은? 그들의 전략은 당시 그들이 처했던 상황과 배경에 맞았기 때문에 성공한 것이다. 우리가 사는 세상이 정태적이어서 전혀 변하지 않는다면 누구나 그들의 전략을 따라해서 큰 돈을 벌 수 있을 것이다. 그러나 애석하게도 세상은 그리 호락호락하지 않으며 절대 아무나 돈을 벌게 놔두지 않는다.

한 개인으로서 자신만의 주관을 갖기보다는 무리에 속해 집단 행동을 하길 선호하는 현상이 종종 보인다. 언젠가부터 골프장과 테니스장에 젊은 손님들이 넘쳐나 부킹이 안 되고 관련 어패럴 브랜드 제품이 불티나게 팔리는 것은 골프와 테니스가 큰 유행을 탔기 때문이지, 갑자기 모든 젊은이들이 골프와 테니스에서 엄청난 운동효과를 경험했기 때문이 아니다.

요즘은 러닝도 혼자 하기보다는 주변에서 같이 뛸 사람을 모집하여 '러닝 크루'를 만들어 함께 뛰는 것이 유행이다. 봄, 여름에 대유행하는 사이클도 혼자 타기보다는 동호회 회원들과 함께 모여 다 같이 타러간다. 등산은 어떤가. 산이 예쁜 색으로 물드는 계절이 되면 산악회 회원들과 무리를 지어 등산하는 사람들을 쉽게 볼 수 있다.

사실 이런 취미생활이야 한번 해보니 너무 좋아서 평생 취미가 될 수도 있고 혹여 유행에 휩쓸려서 자신에게 맞지 않는 종목을 선택했더라도 언제든지 그만두면 된다. 장비와 복장, 신발에 들인 돈이 아깝지만 그 정도로 가계에 심각한 타격이 오지는 않을 것이다. 그러나 투자는 유행에 휩쓸려 잘못된 판단을 했다가는 훨씬 커다란 피해를 입는 경우가 많다. 한국인이니까 국내주식에 투자해야 하고 삼성전자는 무조건 오른다는 식의 무리적, 집단적 사고는 투자자로서 되도록 멀리해야 하는 시각이다.

100년에 한 번 일어나는 일에 대비해야

우리가 살아가는 이 세상에는 항상 예기치 못한 일들이 반복적으로 발생한다. 2022년 8월 서울에 내렸던 기록적인 폭우는 무려 80년 만에 처음으로 기록된 강수량이라고 한다. 서울시는 이때 집중호우로 인해 시내 반지하주택 거주자들의 인명, 재산 피해가 속출하자 정부와 협의해 반지하주택 건축을 전면 금지하는 내용의 건축법 개정을 추진했다. 또 10~20년에 걸쳐 반지하주택을 전면 폐쇄하는 '일몰제'를 추진할 방침이다. 그러나 이런 조치는 지난 2001년과 2010년 여름철 일일 200~250mm 폭우가 쏟아져 수만 가구의 반지하주택 거주자가 피해를 입었을 때도 똑같이 시행됐다. 그런데도 그 후로 서울시 반지하 가구 세대는 오히려 4만 가구가 늘었다고 한다.

반면 서초구에 위치한 한 건물은 화제가 됐다. 높이 1.6미터에 달하는 차수막이 건물 진입로를 완전히 막아서 길 위에 자동차들이 둥둥 떠다니는 상황에서도 전혀 비 피해를 입지 않았기 때문이다. 이 건물은 1994년 준공할 당시부터 강남 일대가 저지대라는 점을 고려하여 차수막을 설치했다고 한다. 그 덕에 이 건물 지하주차장에 주차된 130여대의 차량은 2011년 폭우 때에 이어 이번에도 침수 피해를 입지 않았다. 건물주가 비용을 들여 미리 대비한 덕분에 80년 만의 폭우라는 예기치 못한 상황이 발생했을 때 이 건물의 가치는 엄청난 프리미엄을 받을 수 있었다.

생각해 보면 투자자의 입장에서 예상치 못한 폭우와 같은 사건은 꽤 자주 일어난다. 불과 4년 전에는 100년 전 스페인 독감 이후 가장 심각한 글로벌 팬데믹이 있었고, 그보다 1년 전에는 사상 처음으로 유가가 마이너스 가격에 거래되는 사태가 있었다. 2008년에는 대마불사 같았던 미국 대형 은행들이 줄도산하며 전 세계를 경기 침체로 몰고갔다. 2001년에는 영원히 그 자리에 서 있을 것만 같았던 쌍둥이 빌딩이 비행기 납치 테러로 무너지기도 했다. 무리에 섞여 유행을 좇고 군중심리에 휩쌓여 투자를 했다면 이런 위기가 찾아올 때마다 미리 대처하지 못했을 것이다. 그러나 나홀로 건물 입구에 차수막을 설치했던 건물주처럼 자신만의 믿음과 논리를 세우고 투자했다면 결과는 달랐을 것이다.

내가 비트코인에 투자하는 이유

"에이 설마 달러가 무너지겠어?" 내가 비트코인에 투자하는 이유를 설명하며 기하급수적으로 늘어난 달러 유통량의 문제를 근거로 대면 으레 듣는 말이다. 나도 미국이라는 나라가 얼마나 압도적인 국방력을 지녔는지, 그리고 얼마나 많은 혁신 기업들이 전 세계의 우수 인력과 부를 빨아들이는지 잘 안다. 그러나 앞서 예시로 들었던 사례들처럼 100년에 한번 올까 말까한 미증유의 사태는 생각보다 꽤 자주 우리의 등 뒤에 다가와 칼을 꽂는다. 대비하지 않으면 폭우 때 강남대로에 둥둥 떠다니는 자동차 신세를 면치 못할 것이다.

비트코인은 그 탄생 목적 자체가 중앙은행과 신용화폐 시스템을 대체하는 것이다. 2008년 뉴욕발 금융위기 때 우리는 그 가능성을 일부 목격하기도 했다. 비트코인에 투자하는 것은 혹시 있을지 모르는 달러화 기축통화 시스템의 붕괴에 대비하는 것이다. 지금 생각하면 어처구니 없을만큼 가능성이 희박해 보이지만, 만약 정말 발생한다면 지난 100년, 아니 어쩌면 1000년 동안 없었던 '퍼펙트 스톰'이 될 그 사건 말이다.

단순히 남을 따라하는 투자는 돈을 벌어주지 못한다. 비트코인의 매력을 알게되는 것을 '토끼굴에 빠졌다'고 표현한다. 그만큼 파면 팔수록 새로운 것이 나오고 더 많은 것들을 알게 된다는 의미이다. 수많은 토끼굴 가운데 나의 투자 철학이 어디에 부합하는지는 오직 스스로 공부해야만 알 수 있다. 학습을 통해 자신만의 논리를 세우자. 차수막 덕분에 폭우에서 살아남은 건물처럼 엄청난 프리미엄을 받을 수 있을 것이다.

사토시에게 보내는 편지

안녕하세요. 이 편지가 당신에게 잘 전달되길 바랍니다. 저는 비트코인을 사랑하는 비트코인 맥시멀리스트로서, 당신께 언제나 깊은 감사와 존경의 마음을 전하고 싶었습니다. 비트코인의 창시자로서 당신이 이루어낸 업적은 금융 세계를 혁신했을 뿐만 아니라, 자유와 탈중앙화, 금융 주권을 옹호하는 거대한 운동을 촉발시켰습니다.

저는 비트코인을 처음 접했을 때, 그 혁신적인 개념과 기술에 깊이 매료되었습니다. 처음에는 단순한 호기심에서 시작했지만, 점차 비트코인이 가진 철학적 의미와 경제적 가능성에 눈을 뜨게 되었습니다. 비트코인이 제시하는 탈중앙화와 자주성의 개념은 저의 삶과 가치관에 깊은 영향을 미쳤습니다. 특히 중앙화된 시스템의 문제점과 한계를 직접 경험한 후, 비트코인은 저에게 새로운 희망이 되었습니다.

저는 오랫동안 원단수입 무역을 해오신 아버지 밑에서 자랐습니다. 1997년 대한민국에 IMF 외환위기가 터지고 원달러 환율이 치솟았을 때 아버지 사업이 큰 타격을 입은 적이 있습니다. 한번은 집에서 아침을 드시면서 어제 100만원을 달러로 바꿨더니 현금 뭉치 두께가 예전 대비 절반밖에 안 되더라는 얘기를 하셨는데, 그때는 무슨 말인지 몰랐습니다. 아버지는 다행히 슬기롭게 IMF 위기를 극복하셨지만 그때 아버지가 하신 말씀은 오랫동안 제 기억에 남았습니다. 대한민국에 외환위기가 찾아온 이유는 무엇일까? 왜 아버지의 사업은 갑자기 어려워졌던 것일까?

그렇게 저는 초등학생 때부터 현대 화폐와 금융 시스템이 지닌 문제에 지대한 관심을 가지게 되었습니다. 중국 유학 시절에는 아버지가 한국에서 부쳐주시는 학비가 중국에 있는 제 은행계좌까지 들어오는 데 왜 1주일이나 걸리는지 도무지 이해가 되지 않았습니다. 미국에서 대학교를 다닐 때는 2008년 리먼브라더스 사태가 왜 발생했는지, 뉴욕에서는 왜 '월가를 점령하라' 시위가 벌어졌는지 궁금했습니다. 한 글로벌 무역회사에서 직장생활을 할 때는 왜 하청업체가 선적대금을 받는 데 최소 90일에서 120일이 걸리는지 이해가 되지 않았습니다.

제 궁금증을 해소해 준 사람은 미제스, 하이에크, 그리고 바로 당신입니다. 대학교 때 접한 오스트리아 학파의 자유주의 사상과 고전주의 경제학은 지금 우리가 사용하는 돈과 금융 시스템에 어떤 문제가 있는지 이해하는 데 도움을 주었습니다. 그리고 당신이 발간한 비트코인 백서는 그 문제를 어떻게 해결할 수 있는지에 대한 답을 주었습니다. 사실 제가 비트코인을 처음 접한 계기는 당신의 백서가 아니라 안드레아스 안토노폴루스의 『Internet of Money』라는 책을 통해서입니다. 그러므로 안토노폴루스도 저의 위인 리스트에 들어가야겠네요. 이 책은 제가 암호화폐 거래소에 재직하며 품게 된 근본적인 의문들에 대한 답을 제시해 주었습니다. 바로 비트코인이 그 해답이었습니다. 비트코인은 단순히 장기적인 투자자산이 아니라, 진정한 탈중앙화와 자유를 상징하는 네트워크였습니다.

당신이 백서에서 밝힌 것처럼 비트코인은 인간의 자유와 권리를 보호하기 위한 장치입니다. 정부나 금융 기관의 간섭 없이 개인이 자신의 자산을 보호하고 운용할 수 있는 수단을 제공함으로써, 비트코인은 진정한 자유와 자주권을 실현합니다. 이는 특히 경제적 불안정과 억압적인 정부하에 있는 사람들에게 큰 희망을 줍니다. 이러한 자유는 개인의 경제적 선택권을 확대하고, 더 나아가 전 세계의 경제적 평등과 포용성을 증진시킵니다.

당신이 제시한 비트코인 백서는 수많은 사람들에게 영감을 주었고, 그 결과 전 세계적으로 비트코인 커뮤니티가 형성되었습니다. 저는 비트코인 커뮤니티의 일원으로서, 당신의 비전을 실현하고자 매일매일 노력하며, 비트코인의 가치를 알리고 확산시키기 위해 힘쓰고 있습니다. 비트코인은 단순한 자산이 아닌, 우리가 추구하는 가치와 철학의 구현체입니다. 우리는 비트코인을 통해 더 나은 세상을 만들기 위해 계속해서 노력할 것입니다.

비트코인의 채굴과 거래는 그 자체로 하나의 혁명입니다. 분산된 네트워크가 합의 알고리즘을 통해 자율적으로 운영되며, 중앙의 통제를 받지 않는다는 점은 기존의 어떤 시스템에서도 찾아볼 수 없는 혁신입니다. 이 모든 것이 가능하게 된 것은 당신의 천재적인 통찰력과 헌신 덕분입니다. 당신의 이러한 기여는 우리 모두에게 영감을 주었고, 새로운 가능성의 문을 열어주었습니다.

저는 비트코인의 미래가 매우 밝다고 확신합니다. 우리는 아직 초기 단계에 있으며, 앞으로 더 많은 혁신과 발전이 기다리고 있습니다. 비트코인은 금융의 패러다임을 바꿀 것이며, 이 새로운 시대의 서막을 연 당신의 업적은 영원히 기억될 것입니다. 비트코인을 통해 우리는 더 공정하고 자유로운 세상을 만들어 나갈 것입니다. 비트코인의 확산과 발전은 모든 개인이 금융 시스템에서 평등한 위치를 가질 수 있게 하고, 전 세계적으로 경제적 불균형을 해소하는 데 기여할 것입니다.

사토시 나카모토님, 비록 당신의 정체는 여전히 미스터리지만, 당신의 비전과 업적은 전 세계 수많은 사람들의 마음속에 깊이 새겨졌습니다. 당신의 혁신적인 아이디어와 노력에 다시 한번 깊은 감사의 인사를 전합니다. 당신이 이 세상에 남긴 유산은 계속해서 우리의 삶을 변화시키고, 더 나은 미래를 만들어 나갈 것입니다. 우리는 비트코인의 가치를 지키고 확산시키기 위해 끊임없이 노력할 것이며, 당신이 시작한 혁명을 계속해서 이어나갈 것입니다.

마지막으로, 사토시 나카모토님께서 이 세상에 남긴 유산은 단순히 기술적 혁신을 넘어선, 인류의 자유와 평등을 위한 거대한 발걸음이라고 생각합니다. 비트코인은 우리의 삶을 더욱 풍요롭고 자유롭게 만들어 주었으며, 앞으로도 계속해서 우리의 미래를 밝히는 등불이 될 것입니다. 당신의 비전과 용기는 우리 모두에게 큰 영감을 주었으며, 우리는 그 길을 따라 더 나은 세상을 만들어 나갈 것입니다.

진심으로 감사드립니다.

백훈종
비트코인 맥시멀리스트